企业公民行为对竞争优势的影响研究

Study on the Impact of Corporate Citizenship Behavior on Competitive Advantage

——基于社会资本视角

——Social Capital Perspective

王希泉 著

经济管理出版社
ECONOMY & MANAGEMENT PUBLISHING HOUSE

图书在版编目（CIP）数据

企业公民行为对竞争优势的影响研究——基于社会资本视角/王希泉著．—北京：经济管理出版社，2018.10

ISBN 978－7－5096－5904－5

Ⅰ.①企… Ⅱ.①王… Ⅲ.①企业竞争—研究 Ⅳ.①F271.3

中国版本图书馆 CIP 数据核字(2018)第 166494 号

组稿编辑：魏晨红
责任编辑：魏晨红 曹 魏
责任印制：黄章平
责任校对：赵天宇

出版发行：经济管理出版社
（北京市海淀区北蜂窝 8 号中雅大厦 A 座 11 层 100038）
网 址：www.E－mp.com.cn
电 话：（010）51915602
印 刷：北京玺诚印务有限公司
经 销：新华书店
开 本：720mm×1000mm/16
印 张：12
字 数：229 千字
版 次：2018 年 10 月第 1 版 2018 年 10 月第 1 次印刷
书 号：ISBN 978－7－5096－5904－5
定 价：48.00 元

仅以此书献给我的母亲钱春英女士！

前 言

经济全球化促使企业生存和发展的外部环境也发生了显著的变化，社会的转型带来了管理转型和管理创新，西方战略管理方式在关注市场和利润的同时也开始关注非市场环境，尤其是政治社会环境，而中国企业高层管理者正处于一个并不十分规范的企业经营环境，同时需要面对更为复杂和动态的环境，处理较为复杂的涉及利益相关者的社会问题，例如在比较热点的“三鹿事件”和“汶川大地震”等重要的社会事件中，企业家和企业面临着一个极为严峻的考验。部分企业由于企业公民责任表现出色，使企业的软竞争力得到了提升，而有的企业则漠视企业公民责任，使企业的品牌价值受到重大损失。基于这些现象，本书认为应将企业公民纳入企业的战略管理中，企业公民包括企业公民理念到行为模式以及企业公民活动的整体，而本书主要研究的是企业公民的行为层面。

从战略管理看企业公民并研究企业公民的战略性行为成为本书的基本出发点。然而学界从战略管理的角度对于企业公民行为相关研究甚少，由于传统战略管理的研究焦点是市场行为和市场战略，对于企业公民行为——企业的非市场行为缺少系统的研究。企业公民概念来源于企业社会责任，突出了企业的主体角色，企业在谋利之外还有一个名字，那就是公民。企业公民涉及范围较为广泛，但其实质是企业所具有的社会角色，企业作为社会公民的行为表现中存在着企业战略意涵。由于企业公民行为涉及企业的价值分配，企业将利益分配给社会的同时也是价值创造的过程，如何分配、分配给谁和何时分配对企业的合理性和合法性以及对企业的竞争优势产生非常大的影响。企业在履行公民责任的价值分配的同时也存在着价值创造和不断谋求自身竞争优势。本书的最终结果是获得关于企业公民行为影响竞争优势的学术性知识，从学理层面解决企业公民行为对于竞争优势的影响机理。以企业公民为核心，结合资源基础观和社会资本理论，对竞争优势进行影响的内在机理进行理论解释，在访谈和较大样本调查问卷的基础上进行假设验证。本书的研究立足于中国企业管理实践，将企业战略管理文献与企业公民理论文献通过社会资本视角进行整合，并引入社会资本视角作为可以连接企业公民理论和战略管理理论的崭新理论视角。

本书的理论意义在于：当前全球化将世界“抹平”，组织赖以生存的外部环境发生了巨变，战略管理不仅要定位于市场情境，也应定位为社会空间。企业不仅要定位于利润，在社会空间也要有自身的定位。战略管理过去强调企业定位于市场空间，而对于企业作为社会公民的社会定位则较少关注，对于这种社会角色定位能否取得企业竞争优势的研究较为零散。不可否认，在政治社会环境中，企业作为公民的社会生态价值决定了企业与社会之间存在着共同体关系。从战略管理的角度透视企业公民，从社会定位战略的高度研究企业公民行为具有前沿的理论价值。同时，从社会资本视角看待企业公民行为与竞争优势的关系，并进而剖析其内在的影响机制，作为一种理论尝试和创新可以进一步丰富和拓展战略管理理论和企业公民理论。

本书的实践意义在于：跨国公司和本土企业越来越强调企业公民并积极参与企业公民行为，然而许多企业只是将企业公民行为视为一种外部的制度环境压力，或者仅是一种慈善行为，而没有看到作为企业公民承担社会责任对于一个经济组织而言不仅是一种经济伦理问题，而且做一个好的企业公民，策略性地实施企业公民行为与竞争优势之间存在着极大的关联机制，正如波特所说，如果割裂地看待企业公民行为和战略管理，企业公民行为难以为企业创造竞争优势，只有策略性地实施企业公民行为才能同时为企业和社会创造经济和社会价值。所以，企业可以从战略管理出发，整体考虑企业公民行为才能为企业谋求最大的价值和培育竞争优势。另外，管理咨询公司虽然也进行了大量的企业公民行为咨询方面的创新，但缺少系统性，本书解决了企业公民咨询工作中理论性不足的缺憾。因此，本书的研究对象是企业公民行为对竞争优势影响，力图在以下几个方面进行突破：①本书将企业公民行为界定为“基于战略的公民责任行为”，基于战略管理看待企业公民行为，将企业公民行为作为企业的一种非市场战略。按企业公民行为的策略类型，分为引领型、搭桥型和缓冲型三种，这种分类是建立在企业社会事务战略的经典文献阅读、7 家大中型企业访谈和较大样本问卷调查的基础之上的。通过探索性因子分析和验证性因子分析得出企业公民行为三因子模型。②基于企业社会资本的视角，提出了一个理论框架以分析企业公民行为与竞争优势的关系。在以往对于企业公民行为与竞争优势关系是正相关还是负相关命题的争论中，本书认为两者之间存在着因果关系，而不仅是简单的相关关系。在梳理“企业社会绩效—企业经济绩效”关系以及非市场行为与竞争优势关系等相关经典文献的基础上，建构企业公民行为影响竞争优势的理论逻辑，形成概念框架。本书通过较大样本的调卷问卷，对长三角地区 455 家企业的中高层管理人员的有效样本数据运用 SPSS11.5 和 AMOS16.0 进行了统计分析。通过环境动荡性和社会资本概念的引入，认为企业必须全面关注社会关系网络，必须像关注股东、企业员工、消费者、供应商和竞争对手一样关注政府、社会、NGO 和公众等非市场主体，在所嵌入社会关系网络中积累社会资本，谋划企业未来和竞争优势。通过回归分析和结构方程模型统计分析发现，企业公民行为对竞争优势存在着两种影响路径：一种是直接影响；另一种是间接影响。研究表明企业公民行为对于竞争优势的间接影响往往远大于直接影响。③企业公民行为与竞争优势的关系仍缺乏较为系统的认识，前人仍停留在相关性的研究上，本书通过中介机制和调节机制的挖掘，即引入环境动荡性（环境的动态性和复杂性）和企业社会资本两个概念，形成本书的理论分析框架，进而应用访谈和问卷，综合运用层次回归分析等实证研究方法验证这一“影响机制模型”的中介作用和调节作用进行了统计检验。④以社会资本为视角构建企业公民行为影响竞争优势的机制模型，将社会资本的结构维度、关系维度和认知维度纳入研究模型中，通过分组结构方程模型分析，结果表明，社会资本的关系维度在两者之间存在的部分中介作用大于结构维度和认知维度，基于不同的环境动荡性，关系维度的作用有逐渐增强的趋势。由此可见在中国情境下，转型社会背景下社会资本的关系维度，即信任和互惠等关系特征在企业公民行为影响竞争优势中起着至关重要的作用。与西方公民社会发育的成熟度相比，中国企业战略管理者需要在企业公民建设中投入更大的精力，因为政府、社会和企业三方关系中的关系资本作为一种稀缺的异质化资源对于企业的长远发展起着重要的作用。

本书的主要创新点如下：

创新点 1：提出并验证了中国情境下的企业公民行为测量模型。对企业公民行为的概念进行了界定，提出存在缓冲行为模式、搭桥行为模式和引领行为模式。这三种企业公民的战略对于竞争优势的影响程度是不同的，其影响机理也不相同。影响机理可以分为中介机制和调节机制，这两种机制均可以通过社会资本的视角予以解释和说明，即作为关系资源的企业社会资本作为中介机制，同时环境动荡性调节了企业公民行为对企业竞争优势的影响。由于本书是以中国企业为样本展开的，因此研究结论不仅可以为企业公民行为测量研究的发展提供实证支持，还可以为我国企业公民行为的定量研究以及实践提供一定的借鉴。

创新点 2：实证检验企业社会资本在企业公民行为对竞争优势正向影响关系中的中介作用。通过整合企业公民理论、社会资本理论和非市场战略等理论，将社会资本视角纳入企业公民行为对竞争优势的影响研究中，企业社会资本构成中介因素。社会资本视角是站在企业与高管和外部的社会环境进行互动的角度，将企业公民行为视为一种战略，其实质就是企业作为社会角色主体与消费者、供应商等市场主体以及政府、社会、NGO 等非市场主体的关系互动和利益博弈关系过程。利用企业问卷调查数据，运用统计分析方法对理论假设进行检验。在全面分析企业公民行为对竞争优势影响的同时，突出了对社会资本的中介作用的探讨。结果表明，中介作用确实存在。因此，企业战略管理应以充分运用企业公民行为，积极采取措施培育和发展社会资本，以影响企业竞争优势。

创新点3：采用结构方程模型方法证实在不同的环境动荡性下企业公民行为作用于竞争优势的调节机制。将环境动荡性特征引入企业公民行为对竞争优势影响关系的研究中，认为企业公民行为对于竞争优势存在着调节的正向影响，环境动荡性构成其调节因素。在前人提出存在着正相关和负相关的研究基础上，认为企业公民行为对于竞争优势的影响是一种正向关系，但同时存在着外部环境因素的调节，即在不同的时间和不同的地点，同一家企业的公民行为对竞争优势的影响并不存在统一关系，而是一种权变关系。这种影响关系受制于企业的外部环境，而非市场环境影响更大，非市场环境影响是利益相关者关系对企业影响的一种表现。在企业公民行为影响竞争优势中，环境动荡性起到了调节作用，在环境动荡性高时，企业公民行为对竞争优势的正向影响关系表现得更为明显。

本书从西方企业公民理论和战略管理的主流文献中寻求理论依据和方法，在此基础上进行中国情境下企业公民行为的研究。从理论性而言，企业公民行为可以从多学科进行研究，本书从战略管理角度系统探讨企业公民行为影响竞争优势的机制。

目 录

1 绪论

1.1 选题背景与意义

1.1.1 企业公民的兴起

改革开放40年来，中国经济在获得了最初想要的富足与进步之后，工商企业也进入了讲求企业公民责任的历史阶段。在社会和经济转型时期及深化改革上，整个中国处于从不规范的制度环境走向规范的制度环境的进程中，中国企业的战略管理也在相应地发生着改变。企业面对着外部的制度环境，其战略行为与外部的制度环境发生着共同适应和共同演化。企业战略为了获得和保持竞争优势，为了与外部的政治与社会环境实现和谐相处与共生关系，不得不面对和处理更多的除了企业正常的产品与服务等主营业务以外的事情，将企业公民行为纳入企业的战略之中，如将公益慈善活动等企业公民行为进行战略化运作已成为时代的必然。德鲁克说过，“企业是社会的器官”，企业的生存与发展离不开与社会上的外部利益相关者的交往，企业在为利益相关者创造价值的过程中谋求自身的发展。企业若不能在社会机体中扮演相应的公民角色则较难在社会中永续经营。

工商企业组织正处于不断演化的进程中，有些企业已经做大做强，正在寻求永续经营，而永续经营的前提是企业必须成为有责任感的企业公民，同时经济全球化和跨国公司的出现，将现代企业公民理念带入中国，社区和非营利组织作为企业以外的重要社会力量登上舞台，中国的工商企业已进入讲求企业公民责任的时代。但是从相当的高度谈企业是否应该承担公民责任，实行企业公民行为的论调是非常多的，然而如果从企业现实看，企业公民行为的实施情况并不能令人感到满意，甚至许多企业将企业公民行为看作与管理毫不相关的事情，许多企业家仍将企业公民行为与其他企业伦理行为混为一谈，认为实施企业公民行为必然有损于企业的利润和发展。因此，现实困境催生了将企业公民行为与竞争优势进行关联研究的现实需要，问题在于企业公民行为对竞争优势影响机理知识的缺失，企业高层管理者难以做到有的放矢，出现了两种倾向：要么盲目地将资源投入与竞争力培育毫无关系的企业公民活动中，要么根本不愿意从事企业公民行为。企业公民行为有着一定的价值创造机制，但如何实现这种影响是企业界迫切需要解决的问题，因为只有获得影响机理的相关知识，才有可能从理论上指导企业和企业高管制定相应的战略。

1.1.2 企业公民行为在我国的发展

企业公民行为源于商业伦理的研究，后逐渐进入战略管理的视野，以企业公民行为的规范研究和实证研究在学术数据库中的数量越来越多，波士顿学院企业公民研究中心对企业公民的定义是：公司将社会基本价值与日常商业实践、运作和政策相整合的行为方式。企业公民行为与战略管理存在着关联。与西方一样，非市场行为的研究正在日益成为战略管理研究中的显学，在中国情境下的非市场行为也正在成为当下中国战略管理研究领域中的热点话题，其主流地位自然不可忽视。虽然非市场行为最早源于对公司政治战略的研究，然而随着企业公民理念的兴起，非市场行为在当今的中国已逐渐关注企业的社会定位和社会维度，在企业战略中将企业公民行为的道义约束纳入其中，实现企业价值和社会价值的统一，从而实现企业的竞争优势。

非市场行为的研究范围已得到不断扩展，并逐渐将研究层面落到某一种细化的非市场行为上，如企业公民行为。由于企业公民行为作为一种具有伦理和利他属性的非市场行为，探索企业公民行为与竞争优势的关系已成为一个长期的、有争议的学术研究话题，学术界的基本认识已形成两大阵营，最远可以追溯到对企业社会责任与经济绩效的讨论上。然而，如果能以一个整合的视角研究企业公民行为对竞争优势的影响机理，可以从理论上解决长期以来对于该问题的认识误区，即要么认为企业公民行为只是一个直接的影响关系，而忽略了其中的影响机制；要么认为企业公民行为对竞争优势的影响关系较复杂，许多学者从不同的视角给予解释和论证，甚至出现了大量的从不同理论视角引入不同概念进行研究的混乱局面，存在着难以从一个整合视角进行研究的理论困境。

1.1.3 企业公民行为的本质——企业与政治社会环境的适应与匹配

目前，企业通用的战略方案选择标准是单位资源投入所获得的最大收益或效用。需要指出的是，衡量企业效用并不仅是利润的多少。随着越来越重视作为

“企业公民”的公益价值贡献，企业在选择战略方案时，除了考虑经济效益外也开始考虑社会效益、生态效益和环境效益等。企业管理实践中确实存在着这样的现象，如频频运用企业公民行为手段，积极捐赠、参与公益事业、提高企业的环保标准、向公众展示自己的优越管理模式，或者在面对灾难时显示出强烈的公民责任，这些构成了一种企业特有的现象，而这些企业并没有因为做了“额外的事情”而失去竞争优势；相反，为企业谋求了更好的生存和发展空间，甚至当企业公民行为是衡量能否成为领先一步成为该行业龙头企业的重要指标时，企业大量运用企业公民行为这一非市场行为或者同时与市场行为相结合的企业行为极大地影响着企业的竞争优势。这是其真实性方面，即企业存在着现实的原型。

1.1.4 研究目的和意义

面对这种真实的企业现象，这一研究问题是有趣的吗？笔者提出了理论建构的想法，即企业公民行为的研究加之以往的企业社会责任的研究已经有几十年的时间，企业公民行为与竞争优势的关系研究存在着较大的理论争议。经济学派以往的研究是从经济视角来看，企业公民行为是一种额外的负担，会加重企业的社会责任，企业如想获得竞争优势需要从企业公民责任和利润中寻求平衡（Tradeoff）；而伦理学派对企业公民行为以规范研究居多，进行道德推理和论证，认为两者的关系是统一的。客观评价上述两大学术流派观点，笔者认为伦理学派的认识观点正确但缺少实证基础。企业讲求公民责任是生存的合法性基础，出现大量企业公民行为值得鼓励和提倡，然而道义的规劝和空泛的说教难以令企业主动地履行公民责任，在转型期的中国，由于道德风险和逐利本性出现了大量的败德行为就是最好的例证。而经济学派的观点未免走极端，拒绝企业公民行为如社会责任等，委托—代理理论认为，企业最大的责任就是赚钱，应该说经济学派的理论对于企业的现实比较有解释力，但其最终结论难免极端。

现有的丰富而浩瀚的文献构成了笔者的研究基础，同时也对笔者构成了巨大挑战，一开始笔者接触这一课题时认为这并不算是全新的研究领域，说它新是因为现有文献鲜有涉及企业公民行为与竞争优势的关系，说它不算全新是因为，如果企业社会责任的文献在企业公民行为和企业社会责任行为中有大量的文献讨论“做好事”（Do good）和“做得好”（Do well）的关联，然而这些研究大多从伦理视角和经济视角进行，对于这种显而易见的企业公民行为现象背后的东西我们所知甚少，如战略的形成和实施，尤其是企业在非市场环境运用企业公民行为谋求竞争优势的过程，企业公民行为影响竞争优势的内在机理基本是个黑箱，在理论上还是未知。

对企业公民行为与竞争优势影响关系的研究总是处于“盲人摸象”的状态，

本书的研究主题是企业公民行为对于竞争优势的影响机制，虽然学术界对企业公民行为与竞争优势的影响关系已基本形成共识，即认为存在正影响关系。但不得不承认企业公民行为与竞争优势并不存在统一的关联机制，即在企业公民行为中投入一元钱就一定能取得多少钱的回报，这种关系是不明晰的。因此，笔者在前人研究的基础上，提出企业公民行为对竞争优势的影响受许多因素的调节，需要控制许多外部因素后，才能厘清这种影响关系。从社会资本视角切入企业公民行为对竞争优势影响机理的研究，是一条较新的研究路径。从企业所面对的市场环境和非市场环境出发，企业公民行为是一种企业与社会进行互动的战略行为，这种互动能够改变企业甚至整个行业的竞争优势，本书基于利益相关者关系的观点，认为难以单从伦理学和经济学解释企业公民行为影响竞争优势何以产生，只有从企业战略管理的实际出发，综合考虑市场环境和非市场环境，认为企业战略性地运用慈善公益等公民行为，充分发挥与利益相关者进行协商对话等互动机制，为企业整体谋求最大利益和价值，同时也实现了企业的长治久安。

研究的主要问题可简洁表述为：企业公民行为影响竞争优势的机理是什么？研究问题归结为企业公民行为对竞争优势是否存在有调节的正向影响及这种客观的影响机制是什么？具体而言，企业公民行为对竞争优势的影响是一种必要关系且非充分关系吗？从社会资本视角看，企业公民行为对竞争优势是如何实现影响的？社会资本是否构成企业公民行为影响竞争优势的中介变量？作为社会回应机制的环境动荡性是否构成企业公民行为影响竞争优势的调节变量？研究目标要得到的是：基于社会资本视角，企业公民行为通过获取关系资源，从而影响竞争优势。有效的企业公民行为作为企业对利益相关者影响的一种特殊能力，对影响竞争优势起到了作用。

从研究成果角度谈，本书的学术价值在于：从科学性而言，企业公民行为相关理论文献已有一定的积累，并在西方管理学主流期刊发表的相关文献较多，如AMR、ASQ、SMJ 等。已开发出较成熟的量表，在此基础上立足中国情境的研究有了一定基础。从理论性而言，企业公民行为研究从战略管理学科进行透视的较少。因此，有必要从战略管理进行系统探讨。本书的理论贡献在于，“深化”了企业公民行为对竞争优势的影响机理研究的认识，通过企业与利益相关者互动关系的解读，透析企业公民行为影响竞争优势的内在机理，企业公民行为本身可以作为企业的一种经营战略，通过与利益相关者，主要是外部利益相关者的关系运作，获取关键的战略资源，通过道德资本谋求社会资本，通过社会运作赢得社会美誉，实现企业的竞争优势。企业作为一个追求经济利益的营利性组织，将企业公民行为纳入企业的战略管理之中，在追求经济利益的同时兼顾社会公益，在社会公益事业中也能够为企业的进一步发展赢得竞争优势，价值创造和价值观追求在企业公民行为中得到了较完美的结合。企业主体有自己的价值观，同时为了履行自己的企业使命也必须向社会提供产品和服务并不断创造物质财富。“精神可以变物质，物质可以变精神”，企业公民行为正是企业针对非市场利益相关者主体进行关系运作和战略谋划的策略行为之一。通过利益相关者的处理和运作，可以使我们对企业公民行为影响竞争优势的过程和机理有更加深入的了解。以战略管理理论为基础，通过利益相关者的视角整合现有理论，为企业公民行为如何影响竞争优势的研究增加新的知识并提供案例和问卷等实证资料，这是本书的主要贡献。

当前全球化将世界“抹平”，组织和组织赖以生存的外部环境都发生了巨变，不同地域的管理文化、组织文化相互交织，反映在企业公民行为方面，其背后制度和文化环境具有多样性，反映在企业组织的做事方式和风格上也各具特色，带来了组织创新，从而也推动着战略管理的创新，因此战略管理不仅要定位于市场组织，也应定位于社会空间。社会组织的生态价值决定了企业与社会的关系是共同体的生态关系，企业公民行为作为一种社会定位战略具有现实价值。企业公民行为对跨国公司和本土企业越来越重要，如何作为战略管理整体来考虑成为企业的现实需要。企业家和高管受到了越来越多的来自企业非市场力量的压力，认识到了企业公民行为作为一种企业战略行为，在为企业获得合法性、声誉和竞争优势以及为企业得到市场机会方面的巨大作用。从企业实践的角度，如何将企业公民行为纳入企业战略体系成为企业管理者迫切需要解决的课题，如何应对非市场环境，为企业谋求做大做强永续经营的战略成长路径寻求理论支撑。另外，管理咨询公司虽然也进行了大量的企业公民行为方面的研究和创新，但往往侧重于测评最佳企业公民行为，或协助政府制订企业公民规范，或为企业出具企业公民行为报告提供咨询，但从学理角度解读企业公民行为影响竞争优势的机理时并没有比较多的积累。因此，咨询报告往往乐于提供企业公民行为如何影响竞争优势的知识，而对于企业公民行为为何影响竞争优势的机理则缺少探索和钻研。

巴纳德强调企业组织与环境相适应（匹配思想），安德鲁斯通过组织的实力与弱点及市场环境的机会与威胁的方式将战略定义为公司能干什么与可以做什么之间的一种配比，并将战略划分为四个要素：市场机会、公司实力、个人价值观和渴望、社会责任。环境、企业的资源是企业战略的出发点、依据和限制条件。资源的价值是由企业所选择的战略和路径决定的。企业战略的根本原理是在适应环境变化的前提下，达到环境、战略、资源三者间的动态平衡。本书主要研究的是，作为一种非市场行为，从战略管理角度看企业公民行为及其与制度环境的互动，从战略、环境和资源的互动关系着手研究企业公民行为。

1.2 国内外相关文献述评

1.2.1 企业公民行为研究综述

（1）企业公民行为的发展脉络。

Waddock 对企业公民的理论渊源进行了系统的梳理，企业公民的发展是经过大量的企业社会责任相关概念进行整合和演化而来的。企业公民源于企业与社会的关系。企业与自然人一样在社会中都是公民，都享有特定的权利和义务。因而，企业公民可以从企业社会责任的概念合乎逻辑地推导出来。无论是“企业公民”（以下简称 CC）还是“企业社会责任”（以下简称 CSR），均源于欧洲和美国。在欧美社会中企业公民是作为企业社会责任的同义词使用的，因此，在中国企业社会责任和企业公民这两个概念并不是混同使用的。作为企业社会责任的含义更直观，更易于理解和把握，与“企业公民”的含义不直观、不容易理解和把握相比，在我国，“企业社会责任”在学术界受到更广泛的使用，但是企业社会责任在使用中被泛化，成为一个伞概念，包含的内容越来越多。因此，有必要将“企业社会责任”和“企业公民”进行概念上的区别。要界定“企业公民”，首先要了解“公民”。“公民”是一个法律概念，指的是有一个国家的国籍，并依宪法和国家法律的规定，享有权利和承担义务的人。宪法规定，公民个人享有的权利与义务属于一个国家的法律关系，是由国家法律赋予的，而且依法享有该国的权利和承担义务。“企业公民”的“公民”，必须是一个法律概念，指的是在一国正式登记，并依法享有权利和承担企业责任和义务的法人。

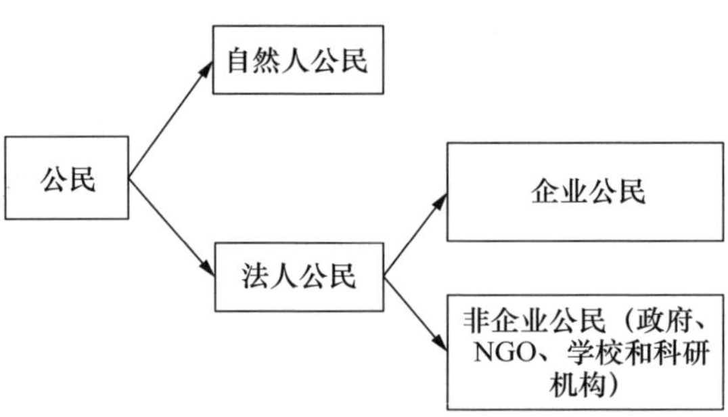

图1-1　公民的分类及其与企业公民的关系

企业公民的权利是根据有关国家法律、《公司法》和公司登记时所享有的各种权利。主要的企业公民权利包括人格权利、企业产权、生产经营权、知情权、对资源的使用权，只有享有权利，才能保证正常的生产和经营活动，才能够产生利润并能为社会创造财富，才能提高人民的福利，实现经济和社会繁荣。"企业公民"这个词的提出及在全球流行是近20年的事。它的流行反映了一种强烈的社会期望：人们期望企业应该能够与公民个人那样，成为对社会的福利与发展负有社会责任与社会义务的社会团体公民。"企业公民说"认为，社会赋予企业生存的权利，是让企业承担管理社会资源的责任，那么企业就必然要为社会的更加美好而行使这项权利、承担这项责任，从而合理地利用这些资源。企业公民已经有了很大的发展，但现实中的企业距实现真正的企业公民还有一定的距离。在学术和实践领域中推进企业公民的进程，仍有很多工作要做。近年来，我国许多公司发生丑闻，如毒奶粉事件。企业公民脱胎于企业社会责任的概念，然而创造出企业公民这一概念的目的主要是强调其角色和自律，企业公民的概念是企业社会责任概念演进的高级阶段，经历了企业社会责任—企业社会响应—企业社会绩效—企业公民的发展历程。社会是抽象的，企业承担公民责任实际上是针对社会成员（个人或团体）而言，但不是泛泛地针对所有社会成员，只是针对企业的利益相关者（Stakeholder），即那些能够影响企业和受企业影响的个人或团体。克拉克森将概括和分析一个以企业社会绩效（Corporate Social Performance，CSP）为题的研究项目（1983～1993年，进行了78项实地研究）的成果，其目的在于建立一个以利益相关者为基础的框架（Stakeholder Framework，或简称利益相关者框架），用来分析和评价企业社会绩效。

（2）企业公民行为的概念与测量。

企业公民与企业公民行为并不是完全相同的概念。企业公民受制于社会文化和制度因素的多重影响，企业公民是个政治学概念，主要指企业替代政府的职能，在现代社会中发挥了越来越重要的作用，可以说企业公民更多的是一种理念性的东西。而企业公民行为突出"行为"主要指的是实践，指的是企业公民理念在企业现实中的行为表现，或者说是企业公民的实践，因此与一般的定义是有所区别的，其中包括公益慈善行为，其目的是实现企业的战略使命，即实现企业的内外和谐，进而实现企业竞争优势和长治久安。

企业不能仅满足于做个"经济人"，还要做一个有责任感和道德感的"人"。企业是社会的细胞，社会是企业利益的源泉，企业在享受社会赋予的条件和机遇时，应该以符合伦理、道德的行为回报社会。具体而言，企业公民的概念包括四个方面的内容：①企业的基本价值观，主要包括遵守法律、规则及国际标准，拒绝腐败和贿赂，倡导社会公允的商业道德和行为准则。②对利益相关群体负责，其中雇员、顾客和股东是最基本的，主要包括安全生产、就业机会平等和薪酬公平，反对性别、种族等歧视，注重员工福利，保护消费者权益，维护股东权益；重视投资者关系，还有企业对所在社区的贡献等。③对环境资源的责任，主要包括维护环境质量、使用清洁能源、共同应对气候变化和保护生物多样性等。④对社会发展的广义贡献，如救助灾害，救济贫困，扶助残疾人等弱势群体和个人，赞助教育、科学、文化、卫生、体育、环保、社会公共设施建设或其他促进社会发展的公共、福利事业。为了研究需要，从描述走向操作地研究这一企业独有的现象，"企业公民"和企业公民行为概念正在被学术界和实务界频繁地使用。为了解释企业公民在实践中的表现、丰富战略管理的理论，我们必须明确各种在学术界使用的概念，如企业社会责任行为、企业慈善行为和组织公民行为。

企业公民行为的测量以内部测量和外部测量为主，研究企业公民行为衡量问题的学者主要有美国的 Sandra Waddock 和英国的 Chris Marsden。Waddock 对各种衡量企业公民行为表现的方式进行了归纳，将对企业公民行为的衡量分为外部衡量和内部衡量两大类。企业公民行为的外部衡量包括各种社会投资对公司在企业公民方面表现的衡量以及从不同利益相关者角度对公司进行的排名；企业公民行为的内部衡量则是采用责任审计或者社会审计的方式。作为外部衡量，社会投资主要有两种做法，即社会甄别和股东积极主义。在社会甄别方面，通常是由投资机构和社会研究机构设计出一套甄别方法，供社会投资者分析和决策使用。例如，KLD 公司创设的用以评价企业公民表现的纳斯达克社会表现指数。股东积极主义，是指股东通过使用代理表决权或者通过董事会表决来改变企业不符合企业公民规范的做法。

关于企业公民行为的内部衡量方法，Waddock 和 Marsden 都强调了"三重底线"在企业公民行为衡量中的重要性。与公司公民概念一样，"三重底线"也是首先由实务界所倡导。所谓"三重底线"是包含盈利能力、社会关注和生态持续性的一种综合衡量方法。与传统的财务评价体系相比，三重底线法能对组织业绩进行全面和综合的衡量，关注组织长期的可持续发展。三重底线的目的是将企业公民与整个公司的价值观和经营实践整合在一起，建立一套全面完整的经营政策，使得公司的环境、社会和财务表现可以作为一个整体来进行管理。显然，三重底线法将公司的环境目标和社会目标放在与财务目标同等重要的位置，并为此牺牲一定的财务回报，至少牺牲短期和中期的财务回报。目前，有不少大公司的可持续报告就是采用三重底线法编制的。Marsden（2000）设计了一个 3×3 矩阵图来描述九种不同水平的企业公民行为，以帮助管理者分析企业在企业公民表现方面所处的地位。

（3）企业公民行为的研究述评。

借用 Cohen 的话来说，“企业公民不是什么新概念，而是代表着一个已经到来的时代”。企业公民行为的相关研究已成为学术研究的新热点，相关的概念如企业捐赠行为、企业社会创业和企业社会责任行为等相近概念在国内已进行了较为系统的研究。付朝庆对企业公民的模型构建及其与企业绩效的关系进行了研究，企业能否成为最佳企业公民不仅是判别企业社会表现的依据，更逐渐演变为衡量综合竞争力的标准。沈正立将企业公民行为作为一种战略适应能力的外部整合策略正式提了出来，将企业公民行为界定为“企业保持与外部关系群体的和谐关系的能力”。通过多案例研究将企业公民行为构思纳入企业战略适应能力中，并通过问卷调查验证了企业公民行为与战略适应能力在 0.01 水平上显著相关，研究表明，企业公民行为与绩效之间存在显著的正向关系，同时其他相关研究也证实，成功的企业是通过整合社会关系（社会资本）以适应环境对市场战略进行补充。

现有对于企业公民行为的研究往往局限于将其与慈善公益行为相混同，或仅将其视为一般意义上的企业社会责任行为，没有突出企业公民行为的存在价值，企业公民行为对企业竞争优势有着重大的影响，具有战略性意义。没有将其与企业非市场战略结合进行整体思考，没有将其视为营造社会关系网络的战略行为，同时也没有对企业公民行为进行必要的类型划分，因此对企业公民行为的研究显得并不丰满。

1.2.2 企业社会资本的研究综述

社会资本既然是“社会”和“资本”的一个结合体，致力于社会研究的社会学理论理所当然地成为它的一个重要理论来源。一般认为，当代对社会资本的研究是从 Jaeobs、Boudrieu 等的研究开始的。经过 Garnovetter、LinNan 等学者的发展，这个概念和分析方法得到进一步完善，被当作一个广义的概念，包括所有有利于以共同收益为目的的集体行动的规范和网络。

Boudrieu 提出的定义清楚地表明，社会资本由两部分构成：一是社会关系本身，使个体可以摄取（Acecssto）被群体拥有的资源；二是这些资源的数量和质量。他关注个体通过参与群体活动不断增加的收益以及为了创造这种资源而对社会化能力（Socibaliiyt）的精心建构。社会网络不是自然赋予的，必须通过投资于群体关系这种制度化的战略来建构，它是其他收益的可靠来源（Portes，1998）。

社会资本是建立在社会网络研究的基础之上，其直接理论来源是美国学者 Granovetter 关于“弱关系的力量”的研究（Granovetter，1973）和“嵌入性”

(Embeddedness) 概念 (Granovetter, 1985), 以及 Lin (1981) 关于社会网络与社会资源的关系研究。尽管 Lin Nan 等学者当时还没有直接使用社会资本一词，但他的“社会资源”概念与其他学者的社会资本概念已无太大的差异，在后来的研究中，Lin Nan 有时也将“社会资源”称为“社会资本”。因此，Coleman 后来也“赞许地引用了他们的成果”(Portes, 1998)。Fukuyama (1995) 也从经济发展和社会繁荣方面研究了社会资本概念。他的讨论集中于一种思想，即经济学家在分析时除了应该考虑传统的资本和资源外，也需要考虑相对的社会资本实力；社会团体中人们之间的彼此信任，蕴含着比物质资本和人力资本更大而且更明显的价值。

Peng 认为“关系是关系，能力和资源是能力和资源”，也就是关系是独立于市场资源之外的东西，战略选择在制度转型经济中有两种形式：一种是基于关系的战略，另一种是基于市场的战略，当然他也不否认即使在发达国家基于关系的战略仍然是大行其道的。那么，企业公民行为作为一种新型的非市场战略行为，其理论根基是落在基于关系网络战略之上的，当然非市场战略也不排斥与市场战略的结合与互动，但是企业公民行为使企业产生差异化，得到差异化的竞争优势的企业主要是运用了关系战略，协调了社会网络的关系，使得资源正向流动，当然这种流入是长期的过程，不能急功近利地向社会索取。在转型期，中国作为新兴经济国家在制度转型的 T3 左右到 T5 (按照 Peng 的观点，他并未直接告诉我们中国现在的位置，应该说中国企业从关系基础战略到规则基础战略的转变过程，要走的路很长)。

1.2.3 环境动荡性的研究综述

正如 Katz 等所说：“任何一个企业的战略，如果能持续实施，则必须有一定程度的可预测性。”但不确定性影响了这个可预测性。特别是在中国经济转型的现实背景中，外部环境不确定性的权变作用更能有效解释企业“高管”行为的差异性。环境的不确定性主要表现在复杂性和动荡性两个方面，复杂性是指企业在外部环境中面临的外部利益相关者的数量和差异程度。例如，企业行为不仅受到市场利益相关者的影响，还受到政府、社会公众等非市场环境利益相关者的影响等。动荡性是指外部环境中的技术要素、市场规则等发生变化的速度。复杂性和动荡性构成了环境不确定性的维度。

前人的研究已经识别出几种不同的环境动荡性，与相关研究保持一致，本书从技术动荡性和市场动荡性（包括竞争强度因素）两个角度来剖析环境动荡性。其中，前者指对技术环境的一种感知，指人们无法准确预测或完全理解技术环境的某个方面。显然，随着新知识的快速采用，新产品的不断推出和实时顾客信息收集、分析与运用技术的进步，技术正促使企业不断对顾客价值的创造与交付过程进行重组；后者指顾客构成及其偏好以及竞争强度的变化。综合前人的有关研究，与环境动荡性调节市场导向与企业绩效的关系类似，在动荡环境里展开经营的企业，需要不断地调整其战略、产品和服务，以便对不同的环境动荡水平做出有效反应，更好地满足顾客不断变化的偏好和对竞争对手的行动及时做出有效反应。环境的动荡性越高，企业就越需要保持高水平的战略柔性，以便有效地对技术环境与市场环境的变化做出反应，实现较高的竞争绩效水平。一般来说，在不稳定的环境里，战略柔性会对企业竞争力或竞争绩效产生积极影响。这是因为在这类环境里，各业务单位需要根据动态的环境变化不断调整既有的经营活动或战略导向，以便更好地应对来自需求波动和技术创新的挑战。而战略柔性则有利于提高沟通与计划效果和战略的有效性，有利于企业动态竞争能力的强化，并对企业绩效产生积极影响。

战略管理的首要前提是对环境的分析和扫描。PEST 分析一般应对政治（Political）、经济（Economic）、社会（Social）、技术（Technological）这四大影响企业的外部环境因素进行分析。然而传统的 PEST 分析并没有将外部的环境，尤其是政治、社会和技术环境作为一种可以影响和管理控制的对象对待，而只是作为一种静态的环境对待。随着非市场战略理论的深入，人们对于非市场环境的认识越来越深刻，对于外部利益相关者所构成的企业外部关系网络以及如何应对这一关系网络提出了新的见解和认识。企业并不是一种“原子性”的存在物，而是嵌入所处的关系网络中，不仅嵌入市场主体构成网络，也深刻地嵌入由政府、媒体和社会公众所构成的非市场环境和非市场关系网络之中。并且这类环境与市场环境相对，具有明显的复杂性和动荡性的特征，企业的外部非市场关系网络表现为较强的不确定性。利益相关者的偏好和诉求，以及对企业的期望构成了企业的压力，而这种需求也具有不确定性。正如市场环境的不确定性一样，非市场环境也存在着不确定性，并且这种不确定性对于企业采取公民行为产生战略绩效影响极大。非市场环境的不确定性表现为政府政策的变化、媒体及其战略的变化、社会公众关注热点的变化等。

环境的不确定性使得企业的战略行为过时或不合时宜。因此，快速变化的非市场环境对战略行为具有非常重要的影响。环境的不确定性可以分为动态性、复杂性等，动态性主要指市场与非市场环境变化的“速度”和“不可预见性”，复杂性指企业外部利益相关者网络主体的多样性。动荡、复杂的环境对于企业高管而言是一种对环境的认知，基于动荡而复杂的环境对企业高管在战略的制定上也会产生影响。贺远琼认为，环境的不确定性主要表现在复杂性和动荡性两个方面。第一个维度是指复杂性，“企业在外部环境中面临的外部利益相关者的数量和差异程度”。例如，企业行为不仅受到供应商、消费者和竞争对手等外部市场利益相关者的影响，还受到“政府、社会公众等非市场环境利益相关者的影响等”。企业在做出企业公民战略决策时，不得不考虑来自市场与非市场多重利益主体的影响，有时不仅要考虑直接作用的主体，还不得不忽视其他边缘的利益相关者群体的间接作用和影响，甚至要将其作为一张网来通盘考虑。因此，环境的复杂性是企业在做出企业公民行为模式时不得不考虑的因素。动荡性是指“外部环境中的技术要素、市场规则等发生变化的速度。复杂性和动荡性构成了环境不确定性的维度”。于珂提出环境不确定性是指“环境的变化性和复杂性”，它对企业竞争优势和战略行为有着深刻的影响。企业对环境不确定性，不能只是简单适应和应变，企业对环境还有更积极的作用。企业一方面受制于环境不确定性，另一方面又能影响环境不确定性，即可以增加或者减弱环境不确定性的水平。Rowley 发展了 Freeman 的利益相关者理论，Freeman 的利益相关者理论对于利益相关者的理解是个体层次，而 Rowley 提出了将利益相关者与企业的二元关系连带转向网络的理解竞争优势。

社会回应成为影响企业公民行为能否实现竞争优势的重要的环境影响要素，这种回应指的不是企业社会回应，而是社会的回应，具体而言，是利益相关者对于企业行为的反应和态度，当然这种反应和态度是具有路径依赖性质的，对企业所产生的影响既有企业现在行为表现，也有企业过去行为表现。例如，如果企业有过败德行为和伤害利益相关者的行为，即使现在表现甚佳，也很难改变社会环境对于企业的态度，对于这种社会回应的影响和认识，我们认为企业会有切身体会，这种社会回应是建立在企业认识的基础上的，因此，认为有可能是一种环境认识。

现有研究往往静态地看待企业公民行为与经济绩效的关系，没有基于环境特征对于企业公民行为如何影响竞争优势进行系统思考。而对企业公民行为对于竞争优势的影响及其机制研究的研究较少。现有研究往往停留在直接影响的研究，而对基于社会资本为中介的间接影响较少，且以规范研究为主，缺少实证研究。没有看到企业公民行为通过社会资本进而影响竞争优势的中介机制，企业公民行为与社会资本的关联性研究散见于文献之中。

从企业所处的区域、行业地位、规模等角度出发，设定符合企业实际的社会责任承担目标，从而对企业公民行为进行有计划的投入。企业内部给予员工安全、培训、公平报酬等是每一个企业必须履行的社会责任，人力资源是企业的第一资本，内部社会责任的履行必须以人为本，以提高员工创新力、凝聚力和企业归属感为目标。外部社会责任除了环境保护责任外，应该结合行业发展趋势，明确社会对企业社会责任的要求。

每一个企业的社会资本都是社会网络体系中的一部分，在利用社会资本的同时也为整个社会网络创造了社会资本。社会资本成为企业重要的战略资源，要想在激烈的市场竞争中获取竞争优势，企业必须构建自己的社会资本价值体系，而企业公民行为与社会资本的转化机理说明，在企业内部构建社会责任管理模式，将企业公民行为积极地转化为社会资本，通过内外兼修，提高企业的内部凝聚力和外部竞争力，才能保证企业的持续发展。

企业社会资本的研究发现，正如边燕杰所说，企业社会资本在创造企业良好绩效中起到重要的促进作用。对企业行为的研究，经济学家重视对市场机制的研究，但对社会结构的研究并不十分关注，而社会学家则重视以个体社会行动者的研究，因此企业社会资本的研究则在战略管理领域为上述情况搭起了一座桥梁。

中国关系本位的文化传统对于发源于西方的社会资本研究也起到了促进作用，中国的 guanxi 也成为一个为西方所认知的学术术语。

企业公民理论的研究仍处于起步阶段，借助于社会资本理论以发展企业公民理论和研究企业公民行为成为本书最初的想法。不难看出，要想在两者之间建立某种关联确实存在着困难。其困难体现在如下方面：企业公民源于企业社会责任，企业社会责任与社会资本存在着一定的关联机制，然而这种关联机制的研究却并不为主流经济学家所认可，这是困难之一。经济学家对于社会结构的忽视，对于市场机制的过度关注，以及以往经济学模型的简约性将人际关系、价值、伦理等在考虑的范围内剔除。尤其是人性假设中，经济学为研究的方便，经济人假设和经济理性、工具理性等基本前提使得人们认识企业公民行为影响竞争优势时总是抱着某种成见。因为企业公民行为有着利他的成分，有着不同于一般企业行为的社会价值追求和政治倾向，企业公民行为与竞争优势的关系是一种正向关系已成为较为普遍的共识。

虽然两者有共同之处，但企业公民不同于企业社会责任，企业社会责任正如弗里德曼所言——企业真正的责任是在守法的前提下赚钱，他的观点虽有偏激之处，但不得不承认企业在做社会责任时要么忽视企业的能力，要么流于伪善，在企业内部责任如员工工资不能发放的情况下从事所谓大量的公益活动将成为对社会的不负责任。只有在商业生态的语境下谈企业公民责任才有现实意义。

正如 GE 的《企业公民报告》所言，企业公民行为不是对社会期望的简单的回应，而是主动将社会期望纳入企业的经营战略中，从变化的社会需要中寻找新的商机和新的战略路径。企业公民与 CSR 最大的不同是把企业放在一个特定的社会网络中思考，在特定的商业生态和社会关系网络中，企业是众多利益相关者中的一员，企业公民行为并不把社会公益和企业自身利益割裂开来，企业公民和企业公民行为的最本质特征是将商业价值和社会价值、企业自身经济利益和社会利益高度统一起来。企业公民行为在社会关系网络谋划社会资本，企业公民行为作为一种非市场战略行为，其战略使命是企业在社会生态网络中不断从战略管理高度寻求自身发展和竞争能力的重要任务。

从做企业到做企业公民，这是一种范式转换，企业公民行为影响竞争优势就依赖于这种范式转换，所谓范式转换正如库恩所言，是在思想活动背后决定思维和行为的看不见的“操作系统”，爱因斯坦将这种思维范式在没有转换下的创新尝试称为“精神失常”，“人们不能依靠本身就导致问题的思维来解决问题”，企业公民行为对于竞争优势的影响就依赖于这种思维范式的转换，正如当年泰罗进行工厂实验一样，没有思维范式的转换、科学对待工作、工人和资本家的合作并共享利润的思想作为思维转换的基础，一切理论尝试将成为徒劳。

社会资本成为管理学、社会学和政治学领域的重要研究工具，成为不同学科都能理解的学术名词，社会资本重视人与人之间的关系，对于资本理论进行了拓展，传统的资本理论强调资本的同质性，人力资本理论拓展了传统的资本理论，强调了资本的异质性，不同的人才对于企业的作用存在着极大差异，但人力资本理论没有强调人与人之间、企业中的人与人之间存在着的社会连带的重要价值，这为社会资本理论的发展提供了空间。

企业公民行为正是从企业所处的关系网络出发，不单纯强调企业应当承担的社会责任，而是企业善待商业生态系统中的主要利益相关者，如顾客、员工、社会、环境和供应链伙伴、股东和政府。

企业公民行为讲的是底线伦理，在企业社会关系网络中的利益相关者承担应尽的责任，强调自律，随着社会文明程度的提高和信息技术发展，企业正处于一个透明的运营状态，企业如不接受自律，将会遭受来自社会非市场力量的影响，甚至对企业经营的合法性产生巨大的影响。

因此，对于企业公民行为应从一种口号走向企业战略，成为企业的一种核心能力。如果存在着企业公民行为对于社会资本的影响，这种影响客观是什么？石军伟认为，企业是社会资本与非社会资本的关系集合体，企业是市场结构与社会结构层次上双重嵌入的实体；Aghion 和 Tirole（1997）认为，在一个经济由不规范向规范转变的过程中，社会资本对竞争优势的贡献将逐渐变小，而非社会资本如人力资本和物质资本的作用将变大。石军伟通过实证研究说明社会资本能为企业带来软信息，在企业决策中，社会资本带来的软信息的贡献要大于其硬信息的贡献，如果企业能同时运用两种信息渠道将为企业带来更好的绩效。

企业社会资本的三个维度中，认知社会资本正是社会资本中可以带来软信息的部分，从企业公民行为的现有研究看，是将企业公民行为等同于公益行为进行研究，其概念界定较为不明确。

从企业公民行为和 CSR 行为的现有研究看，一个令笔者最不满意之处是人际关系因素和社会资本被严重弱化了，企业公民行为与社会资本的关联仅停留于理论探索，而缺乏相应的实证研究。企业公民行为正是企业在外部关系网络中的定位，企业是具体的企业而不是经济学意义上追求利润最大化的抽象，企业本身在管理学中不应成为研究的黑箱，因此本书除了理论研究之外，还通过大量的实证研究，以坚实的数据事实来验证所构建的企业公民行为对竞争优势的影响模型不是“空箱子”，而是存在着社会结构嵌入的企业规范行为。

企业公民概念肇始于西方，然而在今天的中国社会，企业公民已成为时代的必然，企业公民行为可以划分为缓冲型、搭桥型和引领型。这样划分的理由是受西方企业公共事务战略和非市场战略的启发，非市场战略主要源于政治战略和政治行为，然而起源于企业社会公共事务战略，将企业公民行为纳入战略正是一种对企业社会公共事务战略的回归，因为现在的非市场战略理论偏重于政治维度，而忽略了社会维度，偏重于谋略而轻视责任。尤其是国内的非市场战略几乎等同于政治战略，因此，从非市场战略的源头即企业社会公共事务战略的经典文献中寻求企业公民行为如何纳入战略管理，这成为本书的一个重要的逻辑起点。

随着社会资本研究的深入，很多学者从战略管理角度提出了企业社会资本的概念，根据社会资本理论，可以对企业的社会资本做一个比较明确的界定。根据国内学者的定义，企业社会资本就是企业通过社会联系获取稀缺资源的能力。企业社会资本涉及很多方面的内容，在不同的情况下又有不同的表达形式，本书为了分析方便，将其分为企业内部社会资本与企业外部社会资本。

企业内部的社会资本是指企业内部存在的，有利于推动企业成员之间的信任和合作，促进企业各部门的沟通与协调，从而增加企业内部凝聚力的人际关系网络以及蕴含在其中的潜在资源。企业内部的社会资本包括：①存在于一般员工之间的社会资本。②存在于员工与管理者之间的社会资本。③存在于管理者之间的社会资本。④存在于各部门之间的社会资本。⑤企业文化等。

企业外部的社会资本是指企业外部存在的、有助于企业汲取各种稀缺资源的社会关系网络和社会结构。企业外部的社会资本包括三个方面的内容：①企业的纵向联系。②企业的横向联系。③企业的社会联系。企业的纵向联系是指企业与上级机关、当地政府部门以及下属企业、部门的联系。企业的横向联系即企业和其他企业、金融机构、中介组织、社会团体、科研院所及高校的联系。企业的社会联系是指企业成员主要是管理者和经营者在经济领域以外的社会交往和联系，它是企业与外界沟通信息的桥梁，与其他企业建立信任的通道。根据美国经济学家迈克尔·武考克的“整合”和“链合”概念可以将企业内部的社会资本称为企业整合，而将企业外部的社会资本称为企业链合。

企业公民行为指企业对除了员工、消费者、股东、供应商、政府部门、当地社区等履行社会责任的组织行为。企业社会资本是指企业外部存在的、有助于企业汲取各种稀缺资源的社会关系网络和社会结构。从二者的定义我们可以看出，他们是相互对应的，本质上就是企业与利益相关者之间的关系。若企业履行企业公民行为，就会在外部利益相关者中树立良好的企业形象，同时能够获得消费者、股东、政府和社区等的更多关注和支持，这种关系会促进企业销售量的增长、公司市场的扩张和竞争地位的巩固，从而提高企业的知名度和美誉度，提高企业在社会大众中的形象和影响力，从而更好地构建自己的社会关系网络和社会结构，有助于企业更有力地汲取各种稀缺资源，企业公民行为使企业、政府、社会之间形成良性互动，从而为企业的可持续发展赢得良好的外部环境，即不断积累自己的社会资本。

具体而言，可以按照利益相关者的回应进行划分，如政府回应，这在公共管理学中有详细的描述。同时，在企业—利益相关者关系的文献中，也有大量对于利益相关者回应的文献。影响有多种意思：①根据《辞海》的定义，呼应，策应，即内外影响，同恶相成。②《宋书》的定义：仿效，模仿，影响前辈。③范仲淹《唐异诗》的定义：起作用，施加作用，影响前程。因此，影响是以间接或无形的方式来作用或改变（人或事）的行为、思想或性质。在此，对企业公民行为概念作出科学界定，即其内涵为以主动参与公益环保活动为主要手段，以运作非市场环境中的关系网络为主要任务、以提高整体绩效和竞争优势为目的的企业战略行为。其外延为公益行为和环保行为。

郑光梁认为，当前我国社会资本发育的不成熟严重制约了我国政府回应的效率。因此，必须从社会资本的视角出发，培养公民人文精神、参与意识；加强政治社团和非政府组织建设，发展社团式社会资本。通过非政府组织与政府、社会公众之间的平等合作关系，增强社会公众对政府的信任以及社会成员之间的信任感，形成政府与公民的良好互动，进而提升政府的回应能力。

社会资本理论把社会结构、精神层面的价值选择、社会信任机制及社会群体行为方式纳入对社会现象、社会问题以及社会行为的分析框架之中，对社会行动系统中行动者的动因解释得更加全面深入，为我们透视社会现象与社会问题提供了崭新视角。

在信息与网络时代，作为经济主体，企业是在与其利益相关者的关系网络中运营的，企业的社会资本起着越来越重要的作用。其中，企业内部社会资本的积累有利于克服企业成员的机会主义行为，弥补正式制度安排的不足，保证契约关系的自我实现，从而尽量消除企业内耗，增加企业的竞争力，充分发挥企业员工的积极性和创造性。企业外部社会资本的积累可以使企业获得宝贵的信息，抓住难得的机遇以获取稀缺资源，从而在愈加激烈的竞争中立于不败之地。与物质资本、人力资本一样，企业社会资本既有先天的成分（先赋性社会关系），也有后天的成分（获取性社会关系），并且随着社会的发展，获取性社会关系显得更为重要。企业可以通过承担社会责任以实现对社会资本的投资，以积累和发展社会资本，尤其是借助各方面的条件来构建良好的获取性社会关系，以增强其竞争优势。

企业与非营利机构之间的伙伴关系，是企业在社会公益领域中的基本策略。如果运用得当，可以使企业获得公益捐赠的效益增值。企业与社区内的非营利机构成为伙伴，不仅可以有效利用企业的资源，改善企业所在社区的生活质量，甚至还可以获取一种间接的效益来改善企业运营。与此同时，企业以人才、技术、知识支援非营利机构，可以强化其组织治理能力，使其运作机制得到根本改善。所以，它是有利于社区、企业与非营利机构三方的一项社会投资。它的回报既有有形的部分，也有无形的部分。当这个非营利机构获得了社会声誉，作为它的合作伙伴，企业同时也就获得了社会认同，自然使企业的无形资产升值。

正如金融资本和人力资本一样，企业的社会资本也需要经过长期的积累才能形成。调查显示，那些生命力长久的公司，除了能够生产出满足社会需求的产品，使企业业务增长、利润增加外，还有对社会的长期坚持不懈的责任，使得它们获得社会的尊敬，这是企业竞争最为宝贵的社会资本。世界经典品牌——可口可乐在全球有一个明确的长期承诺：让每个可口可乐的业务单位都成为当地模范企业公民，让可口可乐业务所及的每一个人都能受益。为了塑造企业公民的积极形象，可口可乐对公益活动的投入可谓不遗余力。

企业公民行为可以视为一项有良好经济效益的社会投资。在经济竞争越发激烈的时代，利用社会捐赠进行对社会投资，可以充分利用企业自身的经济运作强项扩大企业的社会资本，与非营利组织建立伙伴关系，从而达到商业的目标。因此，它成了企业降低成本，增强效益的一个重要方式。尽管企业参与社会公益在全球已成为时尚，相当多的企业都认为企业捐赠是既能扩大企业的社会参与，又能兼顾自身利益的重要渠道，并且有兴趣学习如何将这方面的事务做得更有成效。不过，这并不意味着企业公民意识已经深入中国企业界。企业公民是一个新的概念，其理论渊源是企业社会责任（Corporate Social Responsibility，CSR），企业公民起源与企业社会责任有关，优秀企业公民应该是指那些自觉而又圆满地履行社会责任的企业。

鲁梅尔特等曾经将战略管理领域研究范围的两个首要问题概括为：企业为何表现出不同的行为（战略异质性）？企业之间为何不同（企业或企业绩效异质性）？应当承认，这种概括是非常精确的。众多的战略现象和战略问题最终可以归结于它，大量的学术争论也都是围绕这两个问题展开的。企业公民行为在不同企业的表现存在着较大的差异，其产生的竞争优势及绩效也存在着不同之处，这构成了一个战略研究的问题。企业在一个社会性的框架中运行，这一框架由社会规范、价值以及一系列公认的假设前提所组成，它们决定了什么样的经济行为在这一框架下是恰当的和可以接受的。经济性选择不仅会受到新古典模型中所强调的技术、信息以及收入的限制，而且还受制于体现人类本质属性的各种社会建构性的制约，例如规范、习惯、习俗等。组织行为的动机绝不仅限于经济最优化，还应包括对社会正当性和社会性义务的诉求。在这一过程中，可以使合法性、资源以及生存能力得以提高，因此与社会期望的一致性如何，在很大程度上决定了组织的成功和生存（Scott，1995）。美国战略管理学者迈克尔·波特认为，企业竞争力在很大程度上依赖于企业竞争环境，企业公民行为则常可以改善企业竞争环境。企业通过捐赠改善竞争环境（如教育与基础设施等）间接推进了要素生产率的提高，进而提高企业竞争力。

在企业社会责任影响竞争优势的文献中，环境动荡性成为重要的环境影响因素。环境动荡性反映了某种企业对于外部社会回应的指标。企业公民行为受制于一定的社会文化，尤其是管理文化。管理文化作为一种社会亚文化受制于社会文化，同时又对社会文化具有反作用。管理文化是某种文化体系中所具有的代表性的管理知识体系，这种知识体系主要以管理思想中所包含的大量的精神文化和制度文化为主体。管理文化又是获得管理知识体系的理论研究和实践探讨的方法。管理文化作为一种研究方法指向管理创新和战略管理创新。西方文化传统中追求效率和股东利益至上的传统主导了一段时间的企业公民行为。然而，他们只将目光放在了较局限的地方——对社会的支持、对环境的保护和包含社会性质的公司洞察力。例如，学者在公司社会责任上有四种不同的类型区分：经济、法律、道德和无条件。经济责任包含企业维持经济财富和消费需求的义务。法律责任暗示了企业必须在法律框架允许范围内履行它们的经济任务。道德责任要求企业在道德准则定义下做出社会行为。无条件责任是一种博爱责任，并反映了社会上美好的东西。根据这种分类，好的公司人员应该从事经济、法律、道德的无条件义务。

企业经营活动中，企业公民理念就体现在企业的战略和经营活动中，体现在与利益相关者和自然环境的关系和相互发展并施加影响中（Waddock，2002）。企业公民（从表现不明显到表现突出的）一定程度上存在于所有这些关系中，以及企业对利益相关者的态度中。请注意，这个定义试图融合了两个不同的意识流：企业社会绩效与利益相关者理论。尽管在企业是否能够（或是否应该）成为一个公民上存在争议，企业公民在商业实践中已成为越来越受欢迎的一个词。

企业的公民责任体现在企业社会活动的许多方面，一般来说，社会的需要就是企业责任的用武之地。我们看到许多企业尽心尽力为教育、卫生、文化、环保、慈善等社会事业捐出善款，自觉地在“三农”问题、就业与再就业问题、支援老区和民族问题上用自己的善行善举为国家和社会排忧解难，表现出侠肝义胆，令人敬佩不已。我们也赞成这样的观点，企业在自我发展中，自我约束，规范一切企业自身行为也是社会责任感的体现，如自觉守法经营，也包括敢于依法坚持自己的各种主张和权利，自觉维护市场经济秩序，尊重他人的知识产权，尊重消费者的权益等。企业以光荣的社会责任感来自觉规范企业行为，共同维护公平竞争的市场秩序，并通过自我健康的发展来促进经济社会发展及和谐社会的建设，是对当今社会的重要贡献，也应该是企业的公民责任之所在。将企业公民责任作为企业的长期发展战略，进行针对性的社会问题管理。

与西方对于企业公民行为的系统的理论研究相比，国内对于企业公民行为的研究尚处于起步阶段，主要集中于什么是企业公民行为、中国企业公民行为的现状、企业公民行为的规范研究方面，如企业是否需要企业公民、某具体企业的企业公民行为表现等方面，同时大量的企业公民行为的研究是以企业社会责任行为的表述出现的，也有部分文献是以公益行为、捐赠慈善行为等术语表述出来，究其原因，企业公民行为的提法是近些年的事情，同时企业公民和企业公民行为的提法来自西方，特别是跨国公司进入中国也带来了企业公民理念，虽然不可否认我国企业慈善的历史要长得多，但企业公民理念和企业公民行为的提法却是近几年的事情。

霍季春认为，作为一个范畴，“企业公民”较之于“企业社会责任”，在精神表达、行为展示和责任履行上更具有公民意味，也更符合企业的社会存在本质和存在特性。从公民的核心理念出发，“企业公民”责任的充分履行必然要求其权利的充分保障。企业公民行为脱胎于企业社会责任的概念，其实企业社会责任概念的演化过程可以细分为企业社会责任、企业社会绩效与企业社会响应等多种，应该说这种概念演化的历程是较为复杂的，企业公民行为的产生对于企业社会责任领域产生了新的贡献，主要反映在三个方面：第一，将企业公民行为与战略管理相结合，尤其是与竞争战略相结合已成为研究的主要趋势，企业公民行为的研究正在成为西方研究的热点。其中，以美国和欧洲商业伦理的文献居多，这方面的文献综述主要表现为几个视角。第二，可以将非市场战略理论中所包含的企业公民行为的研究提炼出来。如非市场战略中的公益战略、制度战略和关系战略中的企业公民行为。第三，与企业公民行为相近概念的研究。如企业社会责任行为、企业社会责任战略、公益营销和关系营销。

综上所述，可以发现国内的研究大多以企业社会责任为中心，主要研究基于利益相关者理论的社会责任和公司绩效的关系。

（1）理论研究。

姜启军在企业社会责任与战略选择的研究中，以中国纺织服装业为研究对象，选择企业样本局限在宁波市，其对企业社会责任战略分类仅区分为有战略意图和没有战略意图两类，从总体而言虽然进行了信度和效度分析，但整体研究呈现探索性研究的特色。但也得出了企业社会责任战略选择的影响因素是战略决策和对企业竞争力有显著影响等结论。

田志龙团队在研究企业政治行为时，也涉及了企业公民行为，但企业公民行为在其理论中仅是为企业政治行为中的一个部分而出现的，我国企业政治行为分为七类：直接参与策略、代言人策略、信息咨询策略、调动社会力量策略、经营活动政治关联策略、财务刺激策略、制度创新策略。应该说企业公民行为与企业政治行为是相互交叉的部分，尤其表现在财务刺激策略上，“财务刺激策略是指企业通过向政府部门、个人以及政府直接负责的社会公益事业捐助和财务上的支持，从利益与情感上影响政府部门和官员的决策”。相对于企业政治行为而言，企业公民行为的对象较为广泛，不仅局限于政府，还包括 NGO、社会等利益相关者网络。

贺远琼等探讨企业社会绩效与经济绩效之间互为因果的互动关系。一方面“好的企业社会绩效通过提高企业的潜在收益、降低企业隐性成本来提高经济绩效；另一方面经济绩效使得企业拥有闲散资源来投入于社会绩效的领域，从而提高企业社会绩效”。另外，企业高管在企业社会绩效与经济绩效的互动关系中扮演了重要的“触发器”和“转换器”的角色。贺远琼基于对海尔、宝洁和新希望三家企业网站的内容分析，研究了企业家的公益行为在企业社会资本积累过程中起到的作用。她认为，企业家代表企业频繁参与这些以公益活动为主的非市场活动是当前企业积累网络资源的战略行为。在企业积累社会资本的过程中，通过企业的捐赠慈善行为累积社会资本，谋求企业的政治和社会生存空间，这是理性的战略行为，“学术界主要将企业的社会资本定义为一种企业的社会网络或社会联系”，即企业与非市场环境中的外部利益相关者之间的关系。

叶广宇和冯惠平认为基于关系型企业政治战略的企业会积极配合政府的各项政策和方针，主动协助政府管理措施的施行。企业非常重视与政府关系的加强。采取关系型政治战略方法的企业不仅照章纳税、遵纪守法、诚信经营等经济责任，还会主动协助政府的各种管理活动。企业树立“企业公民”的文化意识，主动参与政府政策的公开讨论，让政府和社会更多地关注企业的经营状况和社会活动。采取关系型企业政治战略方法的企业认为良好的政府关系是获取竞争优势的重要因素。显然，已充分认识到中国传统的人文环境，重关系，强调关系管理，虽然这里仅是针对政府一个利益相关者开展的企业公民行为，但可以推而广之，对非市场环境下的所有主体均要加强关系管理。

（2）实证研究方面。

陈维政等认为，目前我国对企业经济效益评价方面的研究已经比较成熟，但对企业社会效益评价的研究基本上是一片空白。对于如何评价企业社会效益的指标体系、方法和模型，从20世纪80年代开始，西方理论界针对企业社会绩效相继提出了各种不同的利益相关者评价模型，其中影响最大的是美国学者索尼菲尔德（Jeffrey Sonnenfeld，1982）的外部利益相关者评价模式和加拿大学者克拉克森（Clarkson，1995）的RDAP模式。企业公民行为最早产生于企业社会责任的概念，与企业社会责任概念不同之处是强调企业的公民角色，在政治科学中企业公民强调的是企业对政府职责的替代作用，在伦理学和社会学中更多地强调企业与社区的关系。而对于企业公民行为与竞争优势关系，通过文献梳理，主要分为三个理论视角，即经济学视角、伦理学视角和战略管理视角。不同的理论视角对于上述关系的解释过程与结果存在着较大的差异。

企业公民理论与战略管理结合研究逐步兴起，高管对企业公民行为的过程和结果的兴趣也在增加，尤其是跨国公司的经理。在不同国家、地区、商业行业中，商业规范和标准、管理体系、利益相关者对企业公民行为的要求存在很大差别。他们同样认识到，公司的各部门经理长期承受着各方压力，包括来自雇员、供应商、社团、NGO以及政府部门，在这种非市场力量的对抗中，企业高管加深了对企业公民行为的参与度。令人遗憾的是，无论是学者还是实务界人士，关于企业公民行为的分析还只是处于初级阶段。因此，关于理论体系、测量方法和实证方法等问题，都还不能得到解决，甚至还无法通过某一特定学科视角来分析这一议题。现阶段企业公民行为战略化运作研究的主题包括：企业公民行为与竞争优势的关系，在构建公司利益相关者期望参与企业公民行为倾向上的角色在制度环境上的差别，社会期望的战略化企业公民行为与强制性企业公民行为的比较，经济、哲学、全球企业公民意识的视角在企业公民行为的作用，以及学术文献对企业公民行为的演变和影响。

1.2.4 企业公民行为与竞争优势的关联性研究

关于竞争优势的来源主要有两种认识：一种是外生论，以波特对于竞争优势的理解为代表，认为竞争优势来源于对于产业结构的定位，同时波特也认为竞争优势主要是成本优势和差异化优势，而这主要是根据市场和产业而言的。另一种是内生论，资源基础观认为异质性资源是企业竞争优势的来源，这种异质性资源按照Barney的VRIO框架分析，就是价值问题、稀缺性问题、不可模仿问题和组织问题。企业能力观进一步认为企业的竞争优势来源于竞争对手不具备的企业能力。Baron 认为，竞争优势除了来源于市场环境，也同时来源于非市场环境。非经济和社会环境同样也能够为企业赢得竞争优势，企业行为与制度环境良好互动也是获得良好竞争优势的来源，即竞争优势的来源既有经济学逻辑，也有社会学逻辑和社会学的理解，懂得游戏规则并能有效地适应这一环境也能为企业提供经营合法性和竞争优势。但是企业竞争优势的来源并不等同于竞争优势本身，本书采用竞争优势作为因变量基于这样的认识，即企业公民行为作为一种非市场行为，其目标是实现企业的竞争优势。

企业公民行为对竞争优势及其绩效的影响关系的研究可以追溯到"企业社会绩效—经济绩效"的研究以及企业环境绩效与经济绩效等相关研究，可能表明了企业社会绩效和财务效益之间的正相关、中立、负相关关系。企业社会绩效的改变可能影响财务效益，或者相反，财务效益影响企业社会表现。

（1）负相关关系。经济学视角主要聚焦于企业公民行为与短期利润，基于委托—代理理论，主要观点是企业最大的社会责任是赚钱，认为承担公民责任是管理层滥用股东的资源，结果是企业的短期利润下降，最终不利于企业与社会的发展。代表人物是弗里德曼，其重要著作《资本主义与自由》中认为：企业有一个并且只有一个社会责任——在法律和规章制度许可的范围之内，利用它的资源从事旨在增加它的利润的活动……如果管理者接受企业社会责任观念，而不是尽可能地为股东创造价值的话，那就几乎没有什么倾向能如此彻底地破坏自由社会的基础了；慈善捐助等活动只能是股东或职员个人的事，绝非企业所应承担。显然，传统主流经济理论将企业公民责任与经济目标看成相互对立、相互排斥的两个方面，波特将其概括为一个"错误的二分命题"。经济学视角并不是要放弃企业公民责任，而是更加强调对于企业经济责任的履行，以及对股东的责任实现。经济学视角也都如弗里德曼那样极端地放弃除了企业经济责任以外的一切责任，一些学者强调的是一种"平衡"的思想，即社会公益与企业利润难以兼得，要在社会公益活动与企业利润之间寻求一个平衡点，以最大化实现企业的竞争优势和绩效。履行企业公民责任的企业会处于竞争劣势，因为社会责任会使企业负担大量的成本而这些成本原来是可以避免的或者由个人或国家来负担。最典型的例子就是企业决定赞助污染设备，但是竞争对手却没有。这种理论主要是弗里德曼和其他新古典经济学家的观点。根据这种观点，企业的社会责任行为成本很高但是却获得很少的经济利益。高额的成本直接跌至底线，减少利润和股东财富。因此，学者们认为企业社会表现和财务效益之间是负相关关系。

（2）中立关系。实证结果使学者们意识到有一种可能性：企业社会绩效和财务效益之间没有关系，不管是正相关还是负相关。持有此观点的学者认为，在企业社会绩效和财务效益之间存在很多的干扰因素，除偶然性之外，没有足够的理由认为两者之间存在关系。另外，困扰企业社会绩效研究的计量问题可能会掩盖任何存在的关系。

（3）正相关关系。企业社会绩效的真实成本很小，潜在的收益却非常大。例如，一项培训员工的政策的成本很低，但是在道德口碑和生产率上取得极大的回报，从而比其他没有履行企业公民责任的公司获得竞争优势。那些被报纸头条贯以“最佳雇主公司”的企业发现能更加容易地招聘到优秀的人才，这就是企业会以低成本来换取生产率的增长。尽管这种观点从根本上来说是标准化的，最近有一种在战略管理上的观点，即建立有意义的战略，这种战略强调同雇员和其他主要股东相关的核心价值的重要性。无论如何，含有社会定位的战略意图和战略定位一直被认为是竞争优势的来源。但是，战略管理中的新观点认为带有影响利益相关者关系的意图和战略定位可能在很重要的方面同战略结果正相关。这些战略意图可能也对企业财务效益有正向的影响。企业公民行为与竞争优势关系的分析结果也反驳了新古典经济学的观点即企业社会绩效与股东的利益最大化是矛盾的。相反，一个组织的效益应该是包含企业财务和社会绩效的一个广泛概念。也有学者认为 CFP - CSP 之间并不存在什么必然的联系。实证研究结论是：①CFP - CSP 之间存在一定的正比关系。②CFP - CSP 之间是一种双向同步的关系。③企业声誉是一个 CFP - CSP 之间关系的一个很重要的调节变量。④企业与利益相关者之间存在错误组合、取样错误以及测量误差。企业追求企业社会绩效，或者更广泛地讲，追求企业环境绩效，可以让企业在多方面受益。

Maignan 提出这样的观点，为冗余资源理论提供支持。而坚持最佳管理理论的学者认为，最佳管理实践和企业社会表现之间存在高度相关关系，仅是因为对企业社会表现领域的关注提高了企业与股东的关系，从而产生更好的全面的表现。例如，优秀的雇员关系可以提高企业的道德口碑、生产率和满意度；和谐的团体机构关系可能促使当地政府做出有利于本企业竞争的税收优惠政策或者给企业提供更好的学校（提供长期的更好的劳动力），或者减少一些规定，这些都会减少企业的成本。一些学者认为在良好的管理和良好的社会绩效之间可能存在着相互联系。

实证研究可能表现出对公司提升它们外部形象的部分行为（可能是提升士气，也可能是改善投资关系）的简易关注。根据这样的解释，好的经理人员就可能不是一定会去提升企业社会绩效（CSP），但是他们或许会认为达到社会绩效目标会带来好处。这些经理人员可能只是取得一些最基本的社会绩效以避免严重的社会公众名誉受损，所以只可能作最低限度的投资。尽管这种可能性在某种程度上能为围绕社会绩效指标的关键利益攸关方关系的较高的权重所排除，但是在这些关系被进一步探索研究前这种情况还是可能发生的。企业组织的经营绩效是由其在市场和非市场环境中的战略和经营决定。西方社会中不断增加的各种组织团体和传媒将使得组织的非市场战略显得更加重要。非市场行为与企业财务绩效的关系一直是个争论的焦点。罗殿军和张思亮在《从企业社会责任到企业公民：新时代的企业竞争力》一文中指出“企业公民是企业与社会和政府的一种新型契约”。以利益相关者理论为基础提出了八种利益相关者，指出作为企业公民自觉承担社会责任将获得竞争力。在企业公民时代里，企业将更多地关注长期的利润回报，企业“与社会、政府以及环境结成了稳定、健康的关系，最终形成一个良性循环”。由于企业的交易费用下降了，从而在企业公民行为方面的投入得以回报，最终导致企业竞争优势和绩效的提高。同时，由复旦大学管理学院组织的对我国企业公民行为的调查表明，“72.4%的被调查者认为在中国最受尊敬的企业是能带来社会财富的企业；在关于企业公民的主要指标中，遵守商业道德、提供安全可靠的产品和服务、善待员工被列为最重要的三个方面，而纳税、环保和社区服务则依次排在后面”。田雪莹和蔡宁认为，“企业可以通过慈善行为与非营利组织协同发展以获取竞争优势”。企业与 NGO 的“协同网络”刻画企业行为的社会嵌入性特征，企业公民行为成为构建与外部社会关系网络时新的战略选择。

受到西方文献启发，应用“影响因素—行为表现—影响结果”过程分析框架，郑海东开发了企业社会责任行为量表，以山东省、浙江省的企业为主体进行了三轮问卷，运用验证性因子分析开发出企业社会责任行为的量表，将影响因素分为个体层面、组织层面和社会层面，影响结果以长期绩效和短期绩效作为主要指标进行回归分析。得出以下结论：利益相关者理论的深入应用代表了企业社会责任研究的发展方向；企业社会责任行为表现可以划分为对内部人责任、对外部商业伙伴责任和对社会公共责任三个维度；不同类型企业的社会责任行为表现具有显著差异；企业社会责任行为表现受到个体、组织和社会三层面因素的共同作用；企业社会责任行为表现对企业绩效的影响与情境有关，主张履行社会责任与道德承诺无关的结论。苏勇从伦理—环境—绩效三维入手，在理论上构建行为、主体、环境三方互惠的因果模型，并在此基础上进行经营绩效与社会责任关系的分析，主要采用上市公司二手数据进行相关分析和列联表分析，但实证上并没有得出经营绩效与企业伦理关联的结论，但其从理论层面仍然坚持两者正相关的观点。

企业公民行为与绩效关系的实证研究总体如表 1-1 所示。

表 1－1 企业公民行为与绩效关系的实证研究总结

作者	企业公民行为的测量	绩效的测量
Berman 等（1999） Bowman 和 Haire（1975）	KLD 排名 Carroll's Concern for Society（CSRI）， 社会披露（Social Disclosure）	EPS Growth，ROE ROE
Bragdon 和 Marlin（1972）	Social Audit/Performance/Outcome	EPS Growth，ROE，ROC
Chen 和 Metcalf（1980）	Social Audit/Performance/Outcome	P/E Ratio
Cochran 和 Wood（1984）	Moskowitz Reputation Index	OE/SALES，OE/ASSETS RATIOS，Market Valution
Graves 和 Waddock（1994）	KLD Ratings	ROE，ROA
McGuire 等（1988）	Fortune Communitv/Environment Rating	ROA，SALES，ASSET growth，Operationg Income Growth
Parket 和 Eilbert（1975）	CSR Survey	Net Income，ROS，ROE，EPS
Shane 和 Spicer（1983）	Dichotimized Pollution－control	Abnormal Mean Adjusted Returns
Spencer 和 Taylor（1987）	Fortune Communitv/Environment RatinG	ROA，ROS
Turban 和 Greening	KLD Ratings	ROA
Waddock 和 Graves（1997）	Rating	ROA，ROE，ROS
Wokutch 和 Spencer（1987）	Philanthropy/Sales and Crimes	ROA，ROS
Abbot 和 Monsen	Measures of CSR	Average Annual Percentage
Alexander 和 Bucholz Eckbo（1988）	Beresford's Social Involvement	
Fogler 和 Nutt（1975）	Disclosure Index	

续表

作者	企业公民行为的测量	绩效的测量
Marcus 和 Goodman Vance (1975)	Social Audit/Performance/Outcome	Return to Investors Above Normal Rents P/E Ratios ROA, ROE Change in Share Price

本书以 Mark、Willian、Jame 和 Bloodgood 于 2002 年发表的《公民行为和组织的社会资本创造》一文中的社会资本理论研究范式，作为分析企业公民行为的策略分析工具。Barnett 发现，不同的企业在不同的时间进行的社会责任投资，利益相关者反应是不同的，也就是说企业与利益相关者之间的关系具有路径依赖的本质，由此提出利益相关者影响力（Stakeholder Influence Capacity）的概念。他认为这项能力能够调节企业公民行为与财务绩效之间的关系，而且利益相关者影响力与很多战略性资产一样，无法通过市场购买获得，只能通过企业自身积累构建，长期开展社会责任活动则是提升企业利益相关者影响力的重要途径。这很可能与利益相关者对企业行为的归因有关。Canniére M. H. 、Pelsmacker 和 Geuens（2009）等的研究进一步表明，利益相关者影响力包括合作意愿、关系承诺和善意归因三个维度，并且它们对企业的意义各不相同：合作意愿有助于减轻利益相关者对企业的威胁潜力，关系承诺有助于提升利益相关者对企业的信任程度，善意归因则能够使利益相关者更认同企业的行为，这些都将对企业的绩效产生积极的影响。上述研究将利益相关者理论从基础的概念分类探讨推向深层的机制动力研究，为企业的效能研究提供了更加细腻的理论构思和更加丰富的实证思路，也使我们对企业社会化变革现象的认识达到了新的层次。企业社会资本也可以理解为一种企业影响利益相关者的具体的企业能力。

韦影将企业社会资本分为“基于资源的社会资本”和“基于能力的社会资本”，并倾向于基于资源定义的方法。Nahapiet 和 Ghoshal 提出了企业层面的社会资本的定义，即“嵌入于、可利用的并源于个体或社会单位拥有的关系网络的实际的和潜在的资源”，Leenders 和 Gabbay 提出，社会资本是根植于关系网络内部、可通过关系网络利用的资产，并将企业社会资本概括为：企业拥有的有形或虚拟的资源，它们可通过促进目标达成的社会关系而增加。同时，他们澄清了关于社会资本观点的三个因素：①将社会资本视为具有目标特殊性（Goal - Specfic）。社会网络和社会资本是不同的，如果社会联系有益于目标的达成，那么社会网络仅仅是转移社会资本。②个体未必知道它所拥有的社会资本，个体所根植的社会结构会将优势转移给它，而个体可能并未意识到这一点。③为实现特定目标带来机会的社会结构不必建立在追求这些目标的基础之上——社会资本通常是其他社会活动的副产品。如同其他形式的资本一样，社会资本是生产性的，在缺乏社会资本的情况下可能无法达成目标。

基于能力的企业社会资本的概念，则将企业社会资本视为企业获取网络关系中资源的能力。边燕杰和丘海雄将企业社会资本定义为企业通过与经济领域中的各个方面建立起的各种网络来摄取稀缺资源的一种能力，正如企业的金融资本和人力资本一样，企业的社会资本也需要经过积累和再生产，它是企业发展不可缺少的要素之一。他们认为，企业的社会资本理论强调了企业不是孤立的行动个体，而是与经济领域的各个方面发生各种联系的企业网络上的纽带。张方华认为，企业社会资本指的是企业建立在信任和规范基础上的各种社会关系的范围与质量以及在此基础上获取外部资源的能力，主要由纵向、横向与社会关系资本三个部分组成。社会资本是一种长期的资产，通过投资于建立外部关系网络企业可增加社会资本，并由此以较好地接收信息、获取信任等形式获得收益；通过投资内部关系的发展，企业能加强集体的一致性，并增强集体行动的能力。如同所有形式的资本一样，社会资本可为企业带来利益。社会资本是专用的、可转换的。企业在社会网络的位置等所赋予的优势可转换为经济或其他优势。社会资本可替代或补充其他资源。总之，社会资本落在宽泛且异质的资源范畴之中。

基于IO战略的研究。从前人的认识中我们发现，对于竞争优势的理解在于市场战略的认知，如波特的观点，将三种通用竞争战略如低成本战略、差异化战略和集聚战略表现的，波特以价值链为主要工具分析竞争优势，将企业分解为构成竞争优势的基础活动，并确定对竞争优势起核心作用的活动之间的联系。因此，可以用图1－2表征经典的市场战略与竞争优势的关系。

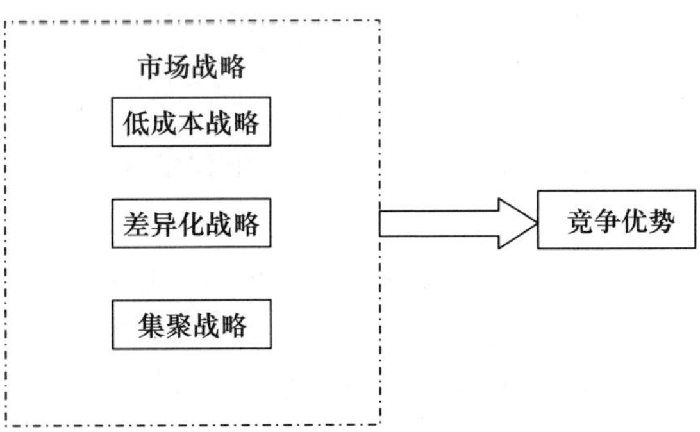

图1－2 市场战略与竞争优势的关系

对于竞争战略，在波特的竞争优势理论中，将竞争战略分为低成本战略和差异化战略，战略与竞争优势之间的关系是通过产业定位实现的，或者更准确地说是在市场空间的运作得以实现，通过产业的五种力量的运用得以实现经济利益。在前人探讨企业公民行为与竞争优势关系的研究中，也运用了上述基于产业的观点，将企业公民行为这种战略行为何以得到竞争优势的原因归结于市场，如通过消费者的忠诚实现，即买方的讨价还价能力的削弱得以实现。在产品和服务中增加了社会责任属性，使得产品和服务可以获得更多的经济利润，最终通过消费者的埋单使在企业公民行为所花费的利益流出得到合理补赔。应该说，波特的竞争战略行为与竞争优势的理论分析框架可以部分解释企业公民行为的现实情况，然而完全归结于市场机制，对于企业公民行为的理解是不全面的，同时从理论逻辑上看，完全归结于企业公民行为可以增加消费者的“好感”从而增加其购买或愿意以更高的价格购买企业的产品，从而使企业获得短期利益，但现实是在增加企业公民方面支出的同时也增加了供应商的经济负担，对于替代品也缺少价格优势，因此完全从市场空间来理解企业公民行为与竞争优势的机理，看来仅有部分的解释力。

基于 RBV 的研究。企业是“独行侠”，企业的异质性资源构成企业竞争优势，显然具有较强的理论基础。然而，对于企业的异质性资源在资源基础观中主要是指经济资源，而对于企业公民行为所获取主要的无形资源，如品牌形象、声誉、信息和隐性知识等无形资源往往涉及较少。同时，经典的战略管理思想对于竞争优势来源的理解，主要基于“原子主义”的理解，即将企业视为一个个单独的原子，将企业组织视为原子状态，其竞争优势的来源是具有 VRIO 的资源和能力。内生的资源和能力构成了企业的竞争优势来源，然而对于力量强大的制度环境的存在却视而不见。在一定程度上，企业战略性参与企业公民行为的行为能够通过企业资源基础观（RBV）得到检验。RBV 主要借用了 Penrose 早期研究，由 Wernerfelt 提出，企业是由一大堆各种各样的资源和能力组成的，它们不能在企业内流动。Barney 主张如果这些资源和能力是有价值的、无与伦比的、不可替代的，它们就构成一种稳定的具有竞争优势的资源。Waddock 认为企业公民行为的功能认为是一种社会投资和获取声誉资源等异质性资源的工具。

中国的传统文化对于中国的社会转型也是产生深远影响的，不能完全从制度一个视角来解释中国许多特有的事情，如中国人做生意、中国人进行企业管理的方式，事实上中国企业战略管理从来就是市场与非市场混合在一起的，由于中国人传统思维和文化心理的深刻影响，“关系”已成为企业在做战略决策时不得不考虑的重心。企业公民行为涉及大量的企业资源流出企业，如果单从市场资源的获取的经济学逻辑考虑，注定企业要选择被动的战略，在现实中我们也看到了许多企业和企业家对待企业公民行为和活动并不是非常积极，对于企业履行社会责任认为仅仅满足就业等基本的经济责任就可以了，认为搞慈善和公益是划不来的，是给企业增加负担，甚至有人担心会走回原来企业办社会的老路。如果单从企业公民行为能否短期增加企业的竞争性资源和市场机会看，企业会从事一部分社会公益活动，会表现出将企业社会责任属性增添到企业的产品和服务中去的战略意图，但这在企业公民行为中仅占一部分。更重要的是企业公民行为在非市场网络和外部利益相关者中的运用，企业通过公民行为与表现，通过看似吃亏的，与企业的求利本质不相容的（实质是相容的，但从委托—代理理论看来是不相容的，从事企业公民行为必然降低企业的利润，从公仆理论认为企业公民行为是企业与社会的双赢），是战略意图在企业的外部关系网络空间的谋划，为企业营造良好的外部生态环境，企业公民行为是企业与外部环境协同适应与协同演化的战略行为，通过增加企业的外部关系网络的能力，以实现其竞争优势。

上述内容主要涉及了两条路径：一条是企业公民行为通过增强市场资源以实现企业的竞争优势，另一条是增加企业的战略网络中的非市场能力，就是企业在网络中动作，在与制度环境互动中为企业谋求长久的发展空间和创新机会，以实现企业的竞争优势。笔者认为，后者更为重要。战略网络理论与 Peng 的观点不同，战略网络将网络也作为一种资源对待，甚至作为一种经济资源来使用。我们将企业社会资本界定为企业与外部利益相关者互动所形成的关系资源。从利益相关者关系的角度，企业所拥有的社会资本来源于外部的利益相关者团体，并不为企业所能完全独占，即企业社会资本并不能形成真正的产权归属，虽然受益方是企业。企业社会资本只是在与企业利益相关者，尤其是政府和社会交往的过程中凝结成的一种无形的异质性资源。

1.3 研究内容、方法与技术路线

1.3.1 主要研究内容

本书拟研究的主要内容如下：

第 1 章绪论。主要对本课题的研究背景进行介绍，并在此基础上简介其理论意义和对实践的指导意义。界定相关概念，主要厘清企业公民行为的概念，提出研究的主要问题，探讨企业公民行为，接着述评国内外的文献，交代研究内容和技术路线。文献综述，综述和简述与企业公民行为相关的理论渊源，同时对相关的战略管理理论基础进行阐述，主要是非市场战略理论、竞争优势理论、资源基础观和公司公民理论，在此基础上，发现现有研究存在的缺憾，为进一步从战略管理的视角切入企业公民行为的研究奠定基础和寻求研究方向。

第 2 章关键概念界定、理论框架与研究假设。主要任务是基于文献和探索性研究对初步理论框架进行整理和修正。界定相关概念，主要厘清企业公民行为的维度结构，认为企业公民行为是一种战略行为，主要包括公益和环保活动，通过探索性案例研究，提出企业公民行为对竞争优势存在着影响。

第 3 章研究设计与方法。通过对长三角 455 家企业的问卷调查，进行量表的设计和项目分析，运用 SPSS 和 AMOS 等统计工具，进行描述性统计和因子分析和结构方程模型。企业公民行为对竞争优势的理论框架。分析企业公民行为与竞争优势的关系，然后寻找两者的中介影响机制，即通过社会资本作为中介。同时也考虑环境动荡性的影响。

第 4 章数据分析与模型验证。通过问卷调查结果分析，对企业公民行为对竞争优势的理论框架进行初步验证，并修正原有的理论分析框架。

第 5 章讨论。在理论分析和实证研究的相关结论的基础上进行拓展性的讨论和进一步深化分析，中国情境下企业公民行为策略分类：缓冲型策略、搭桥型策略和引领型策略。然后，进一步研究企业公民行为与竞争优势的作用机理，如调节和中介机制。

第 6 章结论与展望。

1.3.2 研究方法

在本书的前期对企业公民行为对竞争优势影响关系进行文献梳理与分析，通过文献梳理得出二者的关系，同时企业公民行为来源于大量的企业管理实践这一明显的特征，因此，本书引入了个案研究，这种探索性研究对于提炼研究假设和形成理论框架具有重要的价值。通过一些个案分析，运用归纳和对比的方法，同时在大量阅读和整理国内外前人文献的基础上，通过逻辑推理得到企业公民行为影响竞争优势的理论框架。

在考察理论分析框架是否具有理论根基和逻辑上是否成立的基础上，将理论分析框架操作化为概念框架及实证研究所需的概念框架，将理论框架进一步操作化为可以进行定量研究，在此理论框架的基础上进行大样本的问卷调查以验证本书提出的概念框架。企业公民行为的相关研究方法由于国内没有 KLD 数据库，研究方法以针对长三角地区的企业中高层管理人员进行问卷调查为主。运用

SPSS11.5 和 AMOS16.0 软件进行数据分析。

在近两年的时间中，笔者有过与 7 位大中型企业老总面对面的交流机会，按照访谈方法进行了交流和讨论，对于企业公民行为有了较为直观和感性的认识，对于研究问题和理论框架的提炼起到了较大的作用。个案研究的运用主要在于两个方面：一是在吸收整理前人文献资料的同时，采用个案研究的方法，以形成理论框架和工作假设，因为个案研究如果运用得当，同样具备说服力，对于理论框架的形成与修订具有理论探索性研究意义。二是在大样本问卷时辅以多个部门的管理人员个案访谈的环节，在研究设计中可以起到一定程度控制同源方差（CMV）的作用。

本书主要是建立在调查研究基础上进行的定量实证研究。调查问卷采用了一轮测试和一轮正式问卷，量表的设计基本上沿用或改编于国内外已开发的量表。问卷调查以高层管理人员为主要对象，因为这些人员是企业进行战略管理的主要载体，因为企业高管非常关注企业非市场问题，对于企业公民行为有切身的体会和认识，对于企业公民行为的战略化也有着直接和间接的体会，因此，选择这部分群体进行问卷调研，可以从企业现实层面了解和认识企业公民行为。同时对于问卷的抽样，由于条件所限，以及中国企业公民行为发展的现状，主要落在中国东部沿海，后来聚焦在长三角地区中的企业。由于将整个中国作为研究总体进行研究条件和精力均不允许，同时中国东部和中部以及西部的差异实在太大，田志龙团队的实证研究主要在中国中部地区开展，而对于东部地区关注的较少，因此选择东部进行实证研究意义更大些。同时对于整个东部地区，只选择了长三角地区，因为这块地区的中国经济最发达、企业公民行为表现较为积极和充分。因此，我们把长三角地区界定为问卷调研的研究总体，主要选择南京、苏州、常州、无锡、上海、杭州等主要城市的企业作为调查的主要对象，通过 Google 等搜索引擎对在企业公民行为方面有知名度的企业进行了检索，汇总出企业名录，再按照名录上的通信地址和邮箱进行联系。同时，采用了江苏两所大学著名商学院的 MBA 学生样本，在课堂上进行了问卷发放，由于人员分布主要集中于上述地区，因此收集数据比较顺利。

1.3.3 技术路线

拟采用的研究方法、研究手段主要为调查问卷法，通过对长三角地区跨国公司在华机构、国有企业和民营企业的高层和中层管理者的访谈和问卷调研，进行实证研究。技术路线如图 1-3 所示。

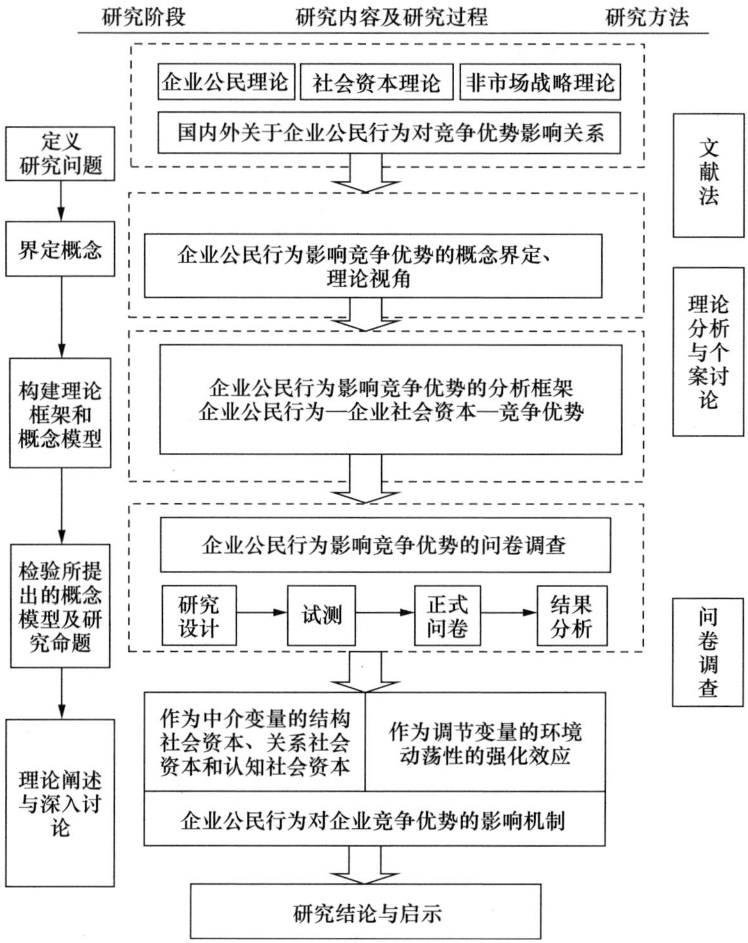

研究阶段
研究内容及研究过程
研究方法
企业公民理论
社会资本理论
非市场战略理论
国内外关于企业公民行为对竞争优势影响关系
定义研究问题
文献法
界定概念
企业公民行为影响竞争优势的概念界定、理论视角
理论分析与个案讨论
构建理论框架和概念模型
企业公民行为影响竞争优势的分析框架
企业公民行为—企业社会资本—竞争优势
检验所提出的概念模型及研究命题
企业公民行为影响竞争优势的问卷调查
研究设计
试测
正式问卷
结果分析
问卷调查
理论阐述与深入讨论
作为中介变量的结构社会资本、关系社会资本和认知社会资本
作为调节变量的环境动荡性的强化效应
企业公民行为对企业竞争优势的影响机制
研究结论与启示

图1-3　技术路线

2　关键概念界定、理论框架与研究假设

2.1　关键概念界定

2.1.1　企业公民的内涵、分类与比较

企业公民是一个法律概念，是指在一个国家进行了正式注册登记，并根据该国法律，享有企业权利并承担企业责任和义务的法人。“企业公民”是对企业社会地位的一种全新认识，强调企业与社会的对等，认为企业对社会做贡献的同时也应得到社会对企业的关注，这样才能形成企业责任与社会支持之间的良性循环。近年来，随着人们对企业与社会关系的关注，国际国内有关企业社会行为的讨论和实践如火如荼，“企业社会责任”和“企业公民”的概念也因此更加盛行于政府、企业和学者之中。由于“企业社会责任”的内涵比较直观且易于把握，而“企业公民”的概念和内涵目前还比较模糊，因此，国外众多学者和组织把“企业公民”等同于“企业社会责任”，而国内“企业社会责任”的使用更为广泛。事实上，“企业公民”相对而言是一个内涵更宽、更能生动反映企业在社会和商业活动中的角色和身份的概念，它的出现是“企业社会责任”实践与研究的结果，是“企业社会责任”的进一步发展。在增进“企业公民”意识的讨论和争做优秀“企业公民”的活动中，必须正确认识和处理好企业公民权利和社会责任的关系。既要克服轻视企业公民权利，片面强调企业公民社会责任的倾向；也要克服片面强调企业公民权利，而轻视企业公民社会责任的倾向。“企业公民”要服务于整个社会，整个社会也要善待“企业公民”。这才是在确保经济持续、高速、健康发展的前提下，构建社会主义和谐社会的正确道路。

公司治理和道德价值：主要包括对中国法律、法规遵守情况，防范腐败贿赂

等交易中的道德行为准则问题，以及对公司小股东权益的保护。员工权益保护：主要包括员工安全计划、就业机会均等、反对歧视、生育福利保障、薪酬公平等。环境保护：减少污染物排放，废物回收再利用，使用清洁能源，减少能源消耗，共同应对气候变化和保护生物多样性等。社会公益事业：主要包括员工志愿者活动、慈善事业捐助、社会灾害事件捐助、奖学金计划、企业发起设立公益基金会等。供应链伙伴关系：主要包括对供应链中上下游企业提供公平的交易机会。消费者权益保护：主要包括企业内部执行较外部标准更为严格的质量控制方法，对顾客满意度的评估和对顾客投诉的积极应对，对有质量缺陷的产品主动召回并给予顾客补偿等。

对于企业公民行为的概念目前尚无公认的科学定义，即对于该概念的内涵与外延必须是精确无歧义的，然而我们知道，对于企业公民行为人们的认识是比较模糊的，可喜的是越来越多的企业和企业家正在接受这一全新的理念，当然我们必须承认由于文化差异，人们基于不同的文化背景对于企业公民行为的理解也会造成该概念的不确定性。

为此，我们需要借用一种“模糊概念”来替代“明晰概念”，所谓“明晰概念”按照形式逻辑的说法是指其内涵和外延绝对无歧义的，而“模糊概念”允许内涵和外延可变。按照何似龙（2001）对于模糊概念如何被科学界定的陈述，用作建构概念的内涵和外延的“两极”已被明确说明。所谓科学界定是相应于某些特定文化背景的人们而言的，如本书的科学界定是针对中国文化背景的人们理解和认知企业公民行为而言的，笔者并不追求给企业公民行为下一个普适的定义。我们认为，“影响”作为属概念是一种令人满意的选择，企业公民行为是企业应对社会政治环境等非市场环境的一种主动施加的影响，其影响的主体是企业和作为企业代言人的企业高管，影响手段是企业公民活动，其具体的影响对象是企业必须应对的内外部利益相关者关系，同时也是企业的一种竞争行为，影响是一种模糊的概念。我们首先明确企业公民行为界定的标准，只有明确界定标准，才能对企业公民行为有更清晰而深刻的认识。企业公民行为的属概念是影响，企业公民行为是企业非市场战略中通过公益慈善等体现企业责任的方式，提升企业社会资本和利益相关者影响能力，保持竞争优势以提升绩效和社会和谐的企业战略行为过程。企业公民行为的内涵是丰富的，外延非常庞杂，为了企业公民行为的本质规定性，必须承认企业具有公民属性，即企业在社会空间上的合理定位，企业除了具有追求利润等市场定位目标外，有着社会空间定位的需求，这种本质规定性确定了企业的主体公民地位。

2.1.2 企业公民行为的内涵、类型及比较

随着产权制度的变革，公司所有权与经营权的分离导致企业管理者对谁负

责、怎样负责的问题。从委托—代理理论出发，以 Friedman 和 Hayek 为代表的许多学者认为，企业的最终目标就是对股东负责、让股东利益最大化。但企业与社会关系中出现了很多问题，如假药事件、矿难事故、拖欠职工工资、生态环境破坏等。这些问题与社会期望出现了强烈的反差，这时提出了企业社会责任概念，但只是个概念、思想，至于为什么要有企业社会责任，企业社会责任有哪些内容、怎样承担社会责任都不太清楚。经过理论界研究，Freeman 提出利益相关者理论，利益相关者理论在企业社会责任问题上的基本观点是：企业不仅应对股东利益负责，而且应对界定清晰的其他利益相关者负责。利益相关者的提出，把企业社会责任对象明确了，把对谁负责明确了，对企业社会责任是一个很重要的理论支撑。具体企业应该承担哪些责任也得以明确。刘俊海（1999）、张士元（2001）、王加灿（2006）认为，企业的社会责任就是对与企业有密切关系的利益相关者承担责任，尽可能满足对投资者、消费者、企业职工、债权人、政府及社会的社会责任。但也有学者对利益相关者理论提出了批评，他们认为，利益相关者理论目标多元化，对谁都负责也就是对谁都不负责；各利益相关者利益难以协调；利益相关者如何对企业行为产生影响难以操作。虽然采用公司治理结构，如让消费者等进入监事会，但这样的效果并不理想，大多数人都不能参与公司运作而且利益相关者强调的是以企业为中心，而不是以社会为中心。因此，在理论上要求有所突破，在这样的背景下，企业公民理论应运而生。

企业公民行为概念的核心和本质是“公民权”，企业公民理论将企业看成社会的一个部分，认为企业同个体社会公民一样，在社会合法性方面，既拥有社会公民的权益，同时必须承担对社会的责任。Moon 等认为，公民权是公民享有的对于“生命、自由和财产的”天赋权利，这组权利是与义务相伴的。关于企业公民与企业社会责任的关系，主要有部分说、等同说、超越说三种代表性观点，分别以 Epstein、Carroll、Van Lujik、Waddell、Valor、Waddock 等为代表。Valor 认为，企业公民通过在企业社会表现的框架内将企业社会责任与利益相关者管理整合在一起，克服了企业社会责任在运作和实施上的困难，是对“企业与社会关系”的重新界定，借助公民意识来明晰其内涵，强调企业和个人公民一样拥有权利和义务。Waddock 认为，企业公民概念第一次将利益相关者理论付诸行动，从而将企业与社会领域中的两大主流，即利益相关者理论和公司社会责任思想融合在一起。企业公民是在对企业社会责任思想的继承、发展、突破。企业公民是企业社会责任与利益相关者融合的基础上提出的；企业社会公民把企业从被动的行为转化为企业自觉的行为，把企业纳入公民观下的公民所履行的社会义务；企业公民引入“公民”理念，直接触及公司与社会的关系或公司在社会中的地位的本质问题。Logsdon 和 Wood 等学者提出了全球企业公民的概念，企业公民将公民的概念从个人延伸到了公司，全球化又将企业公民扩展为全球企业公民。这就使得原先的企业社会责任思想可以突破地域及文化，在全球化时代为跨国公司的社会责任行为提供指导。

可以看出，企业公民是企业社会责任概念与利益相关者理论融合的产物，它将狭义的企业社会责任、企业社会回应、企业社会表现与利益相关者管理等概念融入了一个统一的框架，使企业社会责任的研究有了一个全新视角，将企业社会责任从一种自觉行为发展为公民观下的公民社会义务；同时将社区放在中心，企业在整个社会生态大环境中作为成员之一，与其他利益相关者一起相互依存，承担社会责任。本书认为企业公民是实现企业价值的一个重要源泉、动力和竞争力。首先，企业公民把企业定位为“公民”，企业作为社会的一员，必须承担其社会责任，而且这种对责任的认知和行为是嵌入到企业自觉的行为当中的。其次，按照社会契约理论，企业与社会缔结了一个契约，社会为企业的存在提供了条件，企业应对社会承担责任，社会应对企业的发展承担责任。也就是说，企业、政府、社区和社会等构成了一个网络，企业公民是嵌入在这个网络中的，企业的每个行为在与网络中其他成员互动过程中不仅创造出经济价值，也创造出社会价值。再次，过去的企业社会责任的研究，不论是从股东利益最大化出发还是从利益相关者出发，都强调对企业的外部约束，企业履行社会责任是被动的行为，而企业公民强调的是企业对自身行为和义务的认知和信念。最后，本书更需要从法律、公益、安全的角度去分析企业公民行为问题，因为只从以往的伦理、道德等理论出发缺乏说服力。

企业公民行为与企业社会责任行为的区别。前人的研究也纷纷提出过企业社会责任行为的实证研究，按照周祖城的观点，企业社会责任行为归根结底是一种履行道德责任的行为，作为一种商业伦理行为，其价值理性立足于企业伦理。而企业公民行为并不完全是价值理性的产物，企业与社会之间存在着契约关系，强调公民角色，一方面强调了价值理性，强调一定的义务和奉献；另一方面也强调了企业作为社会经济主体，其逐利性也存在着一定的合理性，因此企业可以将企业有利于社会公益的行为与商业运作相协调，这存在着道德的合理性。尤其在中国处于经济与社会转型期的时期，一味地强调纯粹的奉献，对于企业这样一个以谋求利润为主要企业目标的组织而言，强调企业社会责任行为让人感觉是一种纯粹的奉献，这样虽然在规范研究中能够得出非常完美的结论，但一到企业现实就是另外一回事，因此未必有多大的效果。当然，我们不排斥工具理性，但绝不认为企业公民行为完全是工具理性的产物，这已被无数次证明，基于经典经济学的分析，社会福利与个人自利之间在一个完全竞争的信息完备的市场之中实现，然而现实生活中并不存在这样一个完全竞争的市场，因此完全依赖工具理性和经济人假设对企业公民行为进行人为设计是缺乏价值理性的表现，也不可能实现企业公民行为的真正使命。企业公民行为是企业应对外部非市场环境的一种战略行为，将企业公民行为视为企业主动履行社会责任的战略行为之一，以实业企业整体竞争优势为目标的战略行为。企业公民行为作为企业社会责任行为的概念拓展，其主要特征包括权利与义务的对等性、软竞争力性等基本特征。

企业公民行为与企业慈善行为的区别。企业慈善行为只是企业社会责任行为中的一部分，即企业在经济责任与法律责任之外的行为，具体指企业的公益慈善活动。企业公民行为与企业慈善行为意思相近，但本书使用企业公民行为而不直接使用企业慈善行为的原因主要有三点：第一，内涵不同。企业公民行为背后有着企业公民理念的支撑，而企业慈善行为并不完全一定有着某种理念的支撑，企业慈善行为有时只是一种外在现象。第二，企业公民行为与企业慈善行为的外延不同，企业慈善行为只是一种行为，即企业的公益类活动，而企业公民行为还包括一些制订较高的环保标准等其他活动。第三，研究的需要，企业公民行为的研究突出了企业作为社会公民的现实意义，而企业慈善行为并没有过多关注其行为背后的东西，虽然很多研究者在研究企业慈善行为时也提到了其背后可能的战略，因此统一使用企业公民行为的提法。

企业公民行为与组织公民行为的区别。组织公民行为是人力资源中的重要概念，其主要研究的是员工个人层面的利他行为，而企业公民行为存在于商业伦理和战略管理的范畴中，现在西方也有学者研究企业公民行为与组织公民行为、组织间公民行为之间的关联，基本属于战略人力资源管理的范围。因此，由于术语相近，因此有必须严格区别，企业公民行为与组织公民行为的研究层次不同的，一个在组织行为和人力资源层面，另一个在组织层面和组织间的层面。企业公民行为与组织公民行为分属不同的学科体系，企业公民行为的研究属于商业伦理和战略管理的研究范围，按照美国管理学会（AOM）的划分，应该是于企业中的社会问题（Social Issue in Enterprises）的学术团队中进行研究并被频繁使用的术语。而组织企业公民行为的研究则属于人力资源中的重要研究领域。

由于企业公民行为本身具有的文化特征，不可避免地具有了在不同文化背景下的不同理解，对中国企业公民行为的理解，其文化根基具有中西方文化的多样性，其行为表现具有中国当下的时代特征，在此，为了行文的方便，将其进行界定，其内涵即本质属性是一种客观上有利于社会的企业非市场行为，其外延主要包括公益慈善、环保等具体的行为，从而将企业公民行为纳入企业非市场行为的范畴之中，将企业公民行为从空泛的理论宣言落在现实性企业实践的基础之上。针对企业公民行为的定义，目前企业公民行为的定义使用比较宽泛，理论界也存在着争议，有的学者将企业公民行为等同于捐赠行为和公益行为，也有学者将企业公民行为等同于企业社会责任行为，也有将企业公民行为等同于企业履行社会责任的行为，当然这些定义或者比较宽泛，或者过窄，对于本书中使用和理解会造成较大的困难，因此有必要进行科学的界定。

2.1.3 企业社会资本的内涵与分类

Nahapiet 和 Ghoshal 论述社会资本的三个维度：①结构维度（Structural Dimension）。在结构维度下，列出网络联结、网络联结架构和可供专用的组织。②关系维度（Relational Dimension）。关系维度包括信任、规范、责任与认同。③认知维度（Cognitive Dimension）。认知维度包括共同密码、共同语言和共同故事。学者 Podsakoff 和 Ghoshal 对社会资本的三种观点为：①结构维度是组织整体关系规则与员工联结，强调员工彼此认识。②关系维度是关系的本质或质量，着重信任、亲密与喜欢等特质。③认知维度是员工在社会网络系统分享共同观点与判断力（理解），强调个人之间关系的本质。Uzzi 于 1996 年以网络理论的嵌入性（Embeddedness）角度来建构社会资本的维度，从其本质将其区分为市场型嵌入及网络型嵌入。市场型镶嵌是指组织与其他组织的联结以自利为出发点，以市场价格机能作为其联结的基础；网络型嵌入是由组织之间的信任、信誉，并加以丰富地联结，以利于网络成员有效地交换知识及共同解决冲突。Gulati 在网络理论研究中提出嵌入联结的观点，是指组织存在于一个持续性的网络社会结构中，并拥有资源而产生自利行为。

2.1.4 竞争优势

所谓竞争优势是指参与竞争者在某些方面显示出优于竞争对手的能力，具备独特的、难以模仿和赶超的比较优势。波特从产业结构分析入手，认为竞争优势来源于产业结构定位。然而随着经济全球化与信息技术的发展，组织和竞争优势来源于企业内部的资源与能力，而企业声誉等无形资源难以被模仿且具有持久性。在当今的超强竞争环境下，竞争优势日益成为企业关注的核心。对于竞争优势的理解有外生论与内生论之分。外生论认为竞争优势来源于产业结构的五种力量，竞争优势按照波特的定位观，认为竞争优势来源于三种战略，低成本和差异化以及目标集聚，竞争优势来自于五种力量的较量。而外生论认为竞争优势是内生的，按照资源基础观的理论，竞争优势来自于按照 VRIO 框架，“即价值问题、稀缺性问题、不可模仿问题以及组织问题放在一起，可以形成一个理解与利用企业的任何资源和能力相关的回报潜力的框架”。

郭毅认为竞争优势有经济学逻辑，同时也具有社会学逻辑，过去对于竞争优势的理解主要从经济绩效和后果看，当然除了经济利益的好处外，也存在着其他方面表现，如企业社会绩效、声誉和合法性等内容，但为了逻辑上周密，本书仍主要沿用经济内涵作为竞争优势的界定。同时，除了关注来自市场的竞争优势，即来自与顾客、供应商和竞争对手打交道和维持关系所得到的竞争优势以外，还需要关注与政府、媒体和公众打交道和维持关系所得到的竞争优势。所以，必须关注来自非市场环境的竞争优势，同时从利益相关者的框架看待竞争优势的来源主要是来自于非市场主体与力量，如果从战略事项或问题管理的框架看，竞争优势的来源主要是战略管理所关注的非市场事项或社会问题。

2.2 研究模型的构建

2.2.1 已有的相近的概念模型

对于企业公民行为，如捐赠行为与竞争优势的关系有过一定的研究并揭示其与非政府组织结盟的意义，或者企业社会责任行为与企业绩效关系研究，或者是企业伦理行为与竞争力的关系以及绿色营销领域，前人均有相关的研究。这些研究构成了本书的理论基础，然而企业公民行为本质规定性是企业的非市场策略与行为，外延包括企业公益行为，其与捐赠行为与伦理行为有着完全不同的外延与内涵，本书对于企业公民行为的研究是持工具主义立场的，虽然并不能否定伦理道德的作用，即将企业公民行为理解为企业实现竞争优势的一种手段和策略，将其纳入企业的非市场战略之中，实现企业在社会空间的战略定位。从企业的现实层面出发，寻求企业公民行为在中国现阶段企业中的事实依据。将企业公民行为作为一种非市场竞争行为，通过理论分析和实证检验寻求二者的关系和中介机制。

与企业公民行为密切相关的概念有企业慈善、公益行为、环境保护行为和企业社会责任、企业社会绩效等概念。1994 年，克雷格·斯密斯在《哈佛商业评论》上发表了一篇开创性的文章，提出了“新企业慈善行为”（The New Corporate Philanthropy）的概念。这种新企业慈善行为的特征是对特定的社会公益事业和活动做出长期的承诺，不仅提供现金捐助、企业与捐赠对象之间形成战略联盟，在开展慈善活动的同时也促进企业目标的实现。

企业在经营过程中主要的相关利益者包括消费者、环境、竞争对手、合作伙伴、员工、社会、政府。因此，企业在经营中充分考虑企业利益相关者，在完成企业目标时为利益相关者创造更多利益达到企业与相关利益者的和谐发展、共同发展，实施以企业公民行为为核心的战略。美国战略管理学者迈克尔·波特将竞争优势理论运用于企业慈善行为的分析，认为企业竞争力在很大程度上依赖于企业竞争环境，企业慈善行为则常可以改善企业竞争环境。企业通过捐赠改善竞争环境（如教育与基础设施等）间接推进了要素生产率的提高，进而提高企业竞争力。

波特又指出，并非企业所有的慈善行为都能提升企业竞争力，只有当企业支出同时具有良好社会效益和经济效益时，企业慈善行为才能与股东利益一致，企业社会责任与经济目标才能兼容。波特认为企业战略性慈善行为对竞争环境各方面（即劳动力素质、基础设施条件、区域市场规模和完善程度以及政府效率等）都将产生十分重要的影响。波特的隐含价值的前提是在履行社会责任时也要考虑经济目标，经济目标能否实现取决于竞争优势，而取得竞争优势不得脱离外部利益相关者的支持和帮助，这种帮助所需的成本是企业履行慈善责任。迈克尔·波特提出在企业中应该如何开展企业公民行为，如在慈善捐赠问题上提出了著名的“竞争环境导向型慈善行为理论”（Context－focused Philanthropy Theory）。2002 年，波特和克雷默在《哈佛商业评论》上撰写了“慈善行为的竞争优势”一文，指出企业可以通过开展慈善性活动来改善其竞争环境（包括削减竞争障碍、赢得广泛支持），进而促进企业长期繁荣发展。思科系统公司（Cisco System，Inc.）是“竞争环境导向型慈善行为理论”最成功的实践者。该公司于 20 世纪 90 年代初创办的免费网络技术培训项目，不仅产生了巨大的社会效益，也成功地改善了公司的竞争环境，如加强了企业与所在地政府、社区的关系，提升了网络管理人员的素质，改善了客户关系，提高了企业的声誉，激发了员工的工作热情。

波特提出了社会价值链，认为可以从社会定位中寻求竞争优势和创造价值，他认为除了要了解价值链的社会影响，还需要了解企业竞争脉络的社会层面的联系，以及影响其改善生产率和执行策略的能力。如图 2－1 所示。

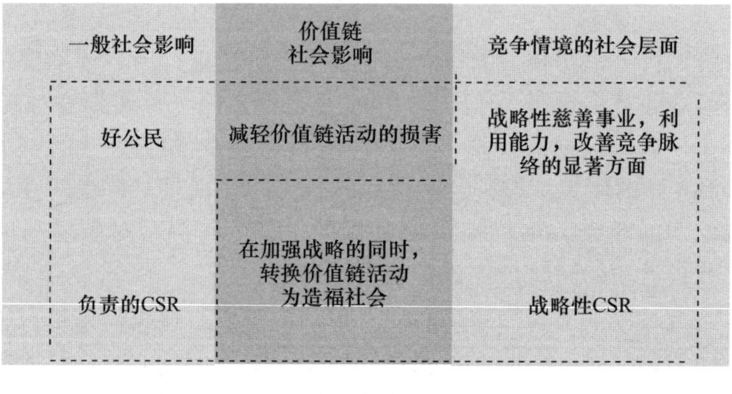

图 2－1　波特的社会价值链思想示意图

对一些特定种类的企业而言，社会环境责任能够创造出一种资源或者能力，成为它们稳定的竞争优势。应用 RBV 的体系，McWilliams 和 Siegel（2001）提出一种更为规范的“利益最大化”的企业公民行为理论。作者概括出一个简单的模型，两个企业生产同样的产品，不同之处就在于其中一个公司的产品具有“社会性”贡献或者特征的附加值。这种附加值对有些购买者来说是有价值的，或许可能对一些利益相关者而言同样如此。在此模型中，经理人通过进行成本收益分析来决定要投入多少资源到企业公民行为活动中去。也就是说，他们评估企业公民行为的需求，而且估算满足这种需求的成本。

Jones 应用了制度理论和经典经济学理论来研究企业公民行为。作者认为基于信任和合作基础之上的企业与利益相关者的往来交易，能使双方的行为保证诚信的、可信赖的及符合伦理要求的，因为只有这样，才能获得高回报值。制度理论的方法也被用来分析社会环境责任的问题。Waldman 等提出，将战略领导理论应用于研究企业公民行为。作者们推断转换某些方面领导层，将积极地影响到企业参与企业公民行为的倾向，而且领导层将战略的运用于企业公民行为活动。

企业公民行为的理论视角产生多种战略性影响。首先，企业公民行为能够成为企业的业务和公司战略差异化的一个基本要素。因此，应该将其作为战略投资的一种方式。甚至当它不直接与产品特征或者制造过程相关，也应该将企业公民行为看作建立或维护企业声誉的一种方式。其次，应用资源基础观（RBV）的逻辑于企业公民行为的做法，从某种意义上说，可能会产生一种企业和工作中企业公民行为投资模式的预期。比如说，人们期待能够看到一种企业公民行为和研发或者广告之间积极的相互关系，扩展这种公司视角理论，人们能更加清晰地认识到企业公民行为的战略导向。特别是，我们希望通过企业公民行为的研究，关注与涉及产业演化、市场结构、企业动力以及不对称信息的作用问题。

Baron 提出在垄断行业里，对进行战略性企业公民行为的企业，对于打算通过战略性使用企业公民行为来获得竞争优势的寡头垄断企业而言，应对这种非市场压力非常困难。企业是否能够通过企业公民行为来获得一个长期的竞争优势是另一个重要问题。Reinhardt（1998）的一篇论文认为，以进行企业公民行为作为基本战略的企业，只有防止其他企业效仿它的战略，才能取得超常回报。在竞争性市场中，由于企业公民行为是一种透明度高的行为，难得做到模糊因果，这是很不容易做到的。行业领导者可能从提供高质产品中获益（McWilliams 和 Siegel，2001），当企业公民行为建立的竞争优势被他人效仿之后，竞争优势就消失了。然而，也可以采用政治策略中的企业公民行为来限制效仿。企业可以利用政府规范来强制影响那些没有应用相应技术的竞争对手承担企业公民行为，这就会增加发起企业的竞争对手的成本。McWilliams 等借助于 RBV 的体系指出，美国企业能够根据企业公民行为应用政治策略来提高管理水平，为外国竞争者设置障碍，如低劳动力成本。

也有学者将企业公民行为视为一种创新行为，从而为企业公民行为获取竞争优势提供了理论解释。在否定竞争定位和资源基础观的解释力不足的基础上，提出企业公民行为是一种创新行为，均具有较之竞争对手的创新性，因此具备了竞争优势的来源。战略管理的企业家学派，认为基于熊彼特“创造性破坏”（Creative Destruction）的著名概念，企业家是资本主义向前发展发动机的驾驶员，企业家的战略远见和创造性的作用是企业竞争优势的来源和动力源泉。一旦企业家停止了创新活动，他也就不能发挥企业家的作用。企业家模式中，战略制定的主要任务就是积极地寻找新的机遇，而企业公民行为的决策大多由企业家或企业高管做出，企业公民行为本身就有可能改变企业在产业中的竞争优势，可能是一次机遇，而能否把握机遇，需要企业家的远见。

然而，传统的企业家学派将创新行为局限于市场战略中，更多的是“新的生产组合”，包括“新项目的开发和用新办法开展原有的项目”。不过将企业公民行为视为一种可以带来的竞争优势的创造性行为，得益于演化经济学的创新思想。

实务界经常谈及将企业公民行为纳入企业的战略之中，在企业成功实施的案例中大量地使用公益慈善手段以促成企业战略目标实现，然而对于该问题的学理性的研究较为少见。由于对企业公民行为的研究最早始于对企业社会责任和商业伦理的研究，后来慢慢进入到战略管理的研究中，又对于企业社会责任行为与战略管理的亲和关系的研究，说明企业公民行为已成为战略管理的一部分。如Maxfield从演化经济学的视角对企业公民行为与竞争战略之间存在的关系进行了分析，提出了不同于波特的产业组织理论和不同于RBV的新的解释，他认为基于古典经济学的战略管理理论对于企业公民和企业社会责任的认识是在经济利润和社会责任之间寻求平衡的思想，即难以调和企业社会责任与竞争优势二者的关系，认为要实现竞争优势必须牺牲社会责任，不做或少做社会责任行为才是有利于竞争优势的。演化经济学在均衡、利润以及其他经济概念方面的假设差异允许这一范式包含可替代的战略观点，诸如企业活动和动态能力观点。这些选择性的战略观点聚焦于学习和适应，它们和企业社会责任更容易结合。从实际角度来看，这种结合产生是因为行使企业公民行为使得学习和适应更加容易，它们是竞争优势的源泉。在诸多关于企业公民行为的学术观点中，企业公民行为可以提高雇员生产能力、品牌差异化，这种观点突出了创新的价值。

融合企业公民和竞争优势可以赢得讨论核心的一席之地。与企业战略联合，社会捐赠的企业将战略从实行慈善捐赠模型转向与企业核心竞争能力和大股东结成战略伙伴关系上来。这就形成了一套新的过滤系统，它评估企业社会慈善行为并意味着企业将停止一些传统的、以往的社会伙伴慈善行为，目的在于追求更加战略化的伙伴关系。社会捐赠被引导着使用绩效矩阵并将其与企业战略目标联合起来。

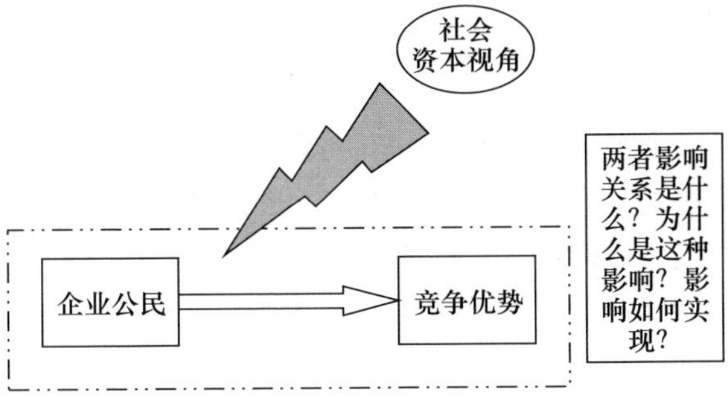

图 2－2　企业公民行为与竞争优势的理论视角

表 2－1　西方关于企业公民行为的理论文献及主要流派

作者	理论基础	主要观点
Friedman（1970）	代理理论	企业公民行为和社会责任行为会被代理人企业总经理滥用，因此，这会导致委托人股东利益的减少
Donaldson 和 Davis（1991）	公仆理论	从道义的必要性上讲，经理人应该“做正确的事”，而无须考虑这一决定对企业绩效的影响
Donaldson 和 Preston（1995）	利益相关者理论	强调理论的道德、伦理深度
Jones（1995）	利益相关者理论	企业基于互信、合作基础上与利益相关者的交易往来，促使其诚信、符合伦理要求，这对企业是有利的
Freeman（1984）	利益相关者理论	经理人要满足众多利益相关者的要求，包括工人、顾客、供应商和社团，据此来制定措施
McWilliams 和 Siegel（2001）	企业理论	根据企业公民行为的供需对比，指出企业公民行为的决策水平是由成本收益分析决定的
Baron（2001）	企业理论	利用企业公民行为来吸引有社会责任感的顾客是企业公民行为的战略应用。也就是说，一个企业把提供公共产品与它的产品销售联系起来
Waldman 等（2004）	企业理论/战略领导理论	CEO 领导的某一方面可以影响企业参加企业公民行为的倾向性。相较于同类企业，睿智的有激情的 CEO 会做出更多战略企业公民行为

续表

作者	理论基础	主要观点
Hart（1995）	资源基础观	社会环境责任能够创造出一种资源或者能力，成为某些企业稳定的竞争优势
McWilliams 等（2002）	企业资源基础观	企业公民行为战略如果能够得到政治战略的支持，可以创造出稳定的竞争优势

最早出现于商业伦理学的企业公民行为研究正出现在与战略管理相融合的趋势，尤其是制度理论的兴起，而企业能否获得竞争优势取决于对制度环境的管控，企业在公民责任方面的缺失已引起了社会的关注，同时政府不得不采取严厉的管制措施，因此企业公民行为的表现在某种程度上对于企业竞争优势和合法性地位的意义是重大的，企业公民行为已不仅是企业的可有可无的行为，也不单纯是企业和企业家有没有社会公德的行为，而成为企业可以在制度环境中谋划竞争优势的某种手段和方法。有大量的文献对这种企业利他行为与企业绩效的关系进行了探索，应该说在企业公民责任与战略管理结合的文献中存在着许多学派和观点，如伦理观点、工具观点和政治观点，而本书的立论主要建立于企业公民行为为谋求制度环境中生存和发展这一实用工具论的观点之上。

引入非市场战略看待企业公民行为与竞争优势的关系，可以拓宽我们对于企业公民行为的认识，虽然前人的研究集中探讨企业社会绩效与企业经济绩效的关联，既发现了企业社会绩效与经济绩效的一致性，也发现了两者存在的矛盾，如李立清认为企业不仅应当追求经济效益，同时也应当追求社会效益。

本书认为企业社会战略或伦理战略与企业短期利润的关系是较复杂的，但与企业的长期竞争优势的维持与获取之间存在着一定的理论逻辑。企业战略的核心概念是竞争优势，企业高管的思想和观念体系需要一次重大的变革，即将竞争优势来源于市场环境的观念，拓展到非市场环境，同时将非市场关系网络中的一个主体即政府，逐步拓展到其他组织，如 NGO、媒体和公众，企业公民行为与企业政治行为一样具有非市场行为的本质特征。因此，运用非市场战略视角关注企业公民行为如何影响竞争优势存在是企业家和企业高层不得不面对的重要工作。不管这种企业行为是基于市场战略的行为（如价格竞争），还是基于非市场战略的行为（如游说捐赠），Shaffer 认为这些均是有目的性的竞争行为，均有利于企业战略目标的实现。Baron 指出，经典的战略管理局限于市场战略，非市场战略和非市场环境对于企业竞争优势同样有着重要的影响，尤其是市场行为与非市场行为的整合会对企业的竞争优势产生比较大的影响。

卫武提出非市场战略源于政治战略，而连接政治资源、政治战略和政治绩效关系是个值得研究的问题，通过实证研究，他提出了三者的关系模型。研究结果表明：①企业为了实现其营造有利于外部环境的目标，获得政治竞争优势，可能会积极建立自己的政治资源，制定和实施合适的政治策略，获得各种政治和经济利益，从而提高企业绩效水平。②企业政治资源可分为有形资源、无形资源、组织资源和关系资源。③企业政治策略包括政治经营、直接参与、政府关联、财务刺激、代言人、制度创新、信息咨询和调动社会力量八个层面的策略。④企业获得的政治绩效可分为政府资源、企业政治竞争优势与能力以及市场绩效与财务绩效三个方面。⑤中国企业拥有的政治资源、实施的政治策略和获得的政治绩效之间存在显著的正相关关系。⑥中国环境下的政治行为与西方环境下的政治行为既有相似性又有显著差异。卫武得出了三者存在着关联的结论。

随着非市场因素对企业发展的影响变得越来越直接和具有战略性，非市场战略（Nonmarket Strategy）已经成为企业战略管理的重要内容。传统的战略管理把环境仅局限于市场环境，然而任何一个企业都脱离不了它所处的社会和伦理环境，都会受到非市场环境因素的影响。

通过构建一个基于关系网络的非市场战略模型，并以此战略模型为理论视角看待企业公民行为与竞争优势的关系，通过战略透视寻求企业公民行为如何实现竞争优势的知识构成了本书的核心任务，因此对战略视角的界定显得尤为重要。本书并不是泛泛地谈所谓的战略视角，其战略视角主要是指基于社会网络的非市场战略视角（见表 2－2）。

表 2－2　研究企业的社会和公共事务的几种研究视角

<table>
<tr><th></th><th>战略事项视角</th><th>利益相关者视角</th><th>社会资本和网络视角</th></tr>
<tr><td>目标</td><td>最小化意外之事，对社会过程进行控制</td><td>缓和关系主体、激发合作过程</td><td rowspan="7">将两个视角分开是“不好的实践”，必须整合利益相关者行为与战略事项演化
关系网络的要素怎样影响利益相关者的事项评价
利益相关者的事项评价如何促进事项解决合作的形成
网络要素是如何影响社会成员实现更广的令人满意的事项解决的可能性</td></tr>
<tr><td>管理什么</td><td>事件、趋势与发展方向</td><td>无</td></tr>
<tr><td>管理谁</td><td>无</td><td>个人、团体和组织</td></tr>
<tr><td>谁管理</td><td>事务专家</td><td>组织界面管理者</td></tr>
<tr><td>诊断工具</td><td>问题扫描</td><td>绘制利益相关者地图</td></tr>
<tr><td>评价过程</td><td>问题解释、问题分类、认知绘图</td><td>身份分析、利益分析、影响分析</td></tr>
<tr><td>规定的回应</td><td>宣传事项；媒体关系、公共关系</td><td>群众运动、慈善贡献和补充</td></tr>
</table>

企业公民行为具有非市场行为的属性，因此将战略视角主要限定在非市场战

略领域，同时该理论视角是基于社会网络理论，即通过网络的方法将利益相关者视角和战略问题视角进行有效的整合。同时也必须明确非市场战略背后所依托的理论根基，因为非市场战略理论是比较新的战略管理理论，其背后依托的理论比较庞杂，几乎包括了多个学科和市场战略的很多理论。通过查阅大量的文献，根据 Mahon 和 Lamertz 的《社会网络与非市场战略》一文的文献梳理，他们将非市场战略理论分成两大视角：一个是（战略）问题管理（Strategic Issues Management），另一个是（工具性）利益相关者管理。

社会网络视角推进了非市场战略的理论，因为战略事项与利益相关者是深深地交织在一起的。正如 Rowley 所指出的，采用网络方法对于研究非市场战略而言，为未来的研究打开了许多令人兴奋的通道。虽然并不指望提出一个非市场战略的统一框架，但至少可以有巨大的理论空间可以通过网络方法拓展开来。Mahon 和 Lamertz 同时也为未来的网络分析和实证研究提出了具体的建议。但是网络分析对于企业层面的研究是具有较大难度的，因此笔者主要从网络资源的视角来进行理论分析和实证检验。

对非市场战略采用的是比较宽泛的定义，由于学术界对非市场战略的关注一开始主要集中于企业与政府的关系，而政府是企业最大的利益相关者，所以对于非市场战略人们一下子就会想到企业政治战略和企业政治行为，随着理论的不断演进，企业非市场战略的研究已不光局限于政治行为和战略的研究，贺远琼等也开始关注企业非市场行为中政治行为以外的部分，谢佩洪提出，企业非市场战略包括政治战略、媒体与公众战略和社会责任战略，田志龙也指出企业非市场行为的研究当前关注最多的是企业政治行为，而公益行为和环保行为的研究相对较少。

随着制度理论的发展，越来越多的学者开始从制度和战略的视角研究社会绩效和环保绩效，如吕源等。Peng 提出的基于关系的战略，在一定程度上也与非市场战略有着密切的关系。在其《全球战略》一书中，将企业社会责任作为最后一章，他认为企业公民战略可以从三个理论视角进行透视：一是定位观，二是资源观，三是制度观。并运用基于制度的战略观对企业公民战略进行了理论阐述，对企业公民战略为什么能够超越竞争对手进行了分析。

Li 和 Zhou 也对中国的非市场战略凡事讲求关系的文化特征进行了分析。周海炜等认为，企业社会责任行为也应纳入非市场战略的研究内容。同时林淑、顾标认为，随着企业非市场战略研究的兴起，该领域学科庞杂、理论林立的弊病日渐显现。他们认为非市场战略存在三大视角，即经济视角、政治视角和伦理视角。“与前两大视角相比，伦理视角更强调非市场行为中蕴含的人文精神与象征意义，较少涉及组织的理性与政治性”。

由此可见，对企业公民行为的研究最早是在商业伦理中兴起的，但随着战略管理与社会学的对话逐渐兴起，在非市场战略的文献中出现了大量的关于企业公民行为的理论文献，并将其作为一种企业非市场行为纳入了自己的研究。企业的非市场行为千丝万缕般与企业所处的制度环境息息相关，企业公民行为正是在与制度环境的互动中产生，企业不得不与企业的非市场主体打交道，企业非市场主体的社会期望和要求，对企业构成一种制度压力，不管企业是自觉履行公民责任的行为，还是被迫产生的公民行为，最终都是与企业的外部利益相关者多重博弈的结果。

2.2.2 企业公民行为测量模型

依据 Hofer 和 Schendel 对战略的定义，企业与其外部的政治和社会环境相匹配的行为就是战略行为，企业与外部的政治和社会环境相匹配的战略就是非市场战略。从这个意义上来说，非市场战略的目的就是保证正常的经营和核心技术免受不稳定环境的影响，即“缓冲”（Buffer）环境对企业正常经营和核心技术的影响。这种缓冲行为包括保持高水平的库存以避免由于生产过程的必要调整不及时而造成的需求蒸发，游说政府以及政府官员以阻止对企业经营活动造成负面影响的法规出台。同时，企业公民行为对环境的反应不仅限于缓冲功能，它也可以起到促进企业适应环境变化的“搭桥”（Bridge），即企业公民行为或社会责任行为，不是影响社会契约（缓冲），而是促进企业适应和遵守社会契约（搭桥）。因此，Meznar 和 Nigh（1993）将非市场战略做出如下划分：缓冲战略的目的是保护企业的核心技术和核心业务免受政府法规和社会规范变化的影响，企业可以通过保持领先的技术和运营管理模式达到免受政府法规和社会规范变化影响的目的，也可以通过游说、拥护性广告、参与政治团体的活动，或者其他方式影响政府的立法和政策制定过程以及社会规范变化，使政府法规和社会规范沿着有利于企业经营的方向发展，以达到免受政府法规和社会规范变化影响的目的。搭桥战略则是指企业通过适当的活动，保持与政府和社会团体良好的关系，迎合政府和社会的期望，主动达到或超过行业中的一般要求，通过快速反应和认识社会要求的变化，保持企业与政府和社会期望的一致性。即缓冲战略是企业主动地塑造政府法规和社会环境，从而使企业的经营免受政府政策和社会环境的影响；搭桥战略则是企业积极适应政府法规和社会环境的变化。

与在市场竞争方面的低成本和高差异一样，企业无论是采取缓冲战略还是搭桥战略，都有可能获得明显的政治优势。Meznar 和 Nigh 于 1993 年和 1995 年进一步指出了企业实施缓冲战略和搭桥战略的具体行为。其中，企业的缓冲行为包括：①企业努力影响政府的政策和法规制定者，以确保政府政策和法规对企业经

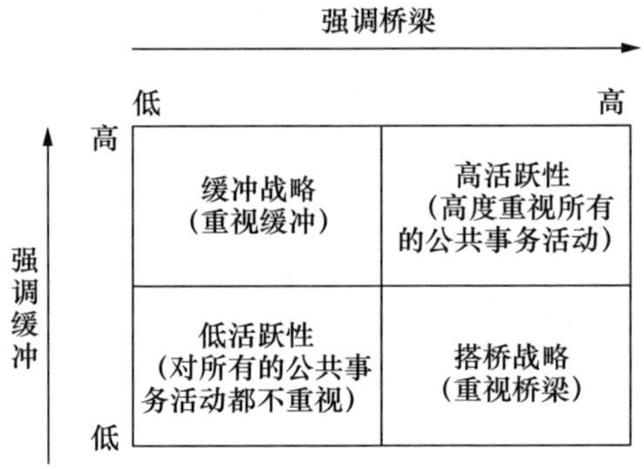

图2-3 缓冲与搭桥战略的分类依据

资料来源：Meanar M. R. , Nigh D. Buffer or Bridge? Environmental and Organizational Determinants of Public Affairs Activities in American Firms［J］. *Academy of Management Journal*, 1995（38）: 975-975.

营不会造成伤害。②企业努力影响或引导社会规范，以确保社会道德和风俗习惯以及其他的社会因素不会伤害企业的正常经营。③企业对政治因素和社会因素的变化进行预测，以便在政治环境和社会环境发生变化时提前做好准备。④企业对市场需求进行积极的引导，保证市场需求的变化是符合企业经营活动方向的。⑤企业保持高水平的库存以避免由于生产过程的必要调整不及时而造成的需求蒸发。⑥企业在经营活动的其他各个方面预留足够的空间，以便在政治和社会环境发生变化时，能够有足够的缓冲空间。采取搭桥战略的企业，致力于调整自身的经营活动，从而与环境变化保持一致，以保证他们的经营活动能够使适应环境的变化。企业的搭桥行为包括：①主动遵守政府政策和法规。②主动遵守社会公德、尊重社会习俗，成为遵纪守法的典范。③在政府政策和法规有所改变时，主动调整自身的行为，以便得到政府和社会的认可。④预测政府政策和法规变动方向，以便及早调整自身的行为。⑤预测社会规范变化方向，以便适应社会规范。⑥主动与政府和社会沟通，以便政府和社会理解自身的行为。

Meznar、Nigh 和 Blumentrit 采用缓冲战略和搭桥战略的分类体系对美国企业的非市场战略进行了实证研究。其中，Meznar 和 Nigh（1995）的研究是针对美国企业在美国的政治和法规环境下实施的非市场战略所进行的研究，研究结果显示：①环境的动荡性会导致企业采取积极的缓冲战略和搭桥战略。②企业规模与缓冲战略呈正相关关系，与 Pfefer 和 Salancik's（1978）的观点是一致的，即大型企业在塑造政治环境方面具有更强的能力，然而，企业规模与搭桥战略之间的关系并没有得到统计上的支持。由此，Meznar 和 Nigh 得出结论认为实力强的企业比实力弱的企业更倾向于采取缓冲战略，但是企业实力并不否定搭桥战略。③企业资源与缓冲战略正相关，这个结论与战略管理中的以资源基础理论是非常吻合的，但是企业资源与搭桥战略之间的负相关关系没有得到数据统计的支持。Meznar 和 Nigh 因此而得出企业资源不能解释搭桥战略的结论。④企业的管理哲学与搭桥战略之间存在显著的相关关系，而与缓冲战略之间的关系并不显著。在研究的讨论中，Meznar 和 Nigh 认为 Pfefer 和 Salancik 的资源依赖理论能够很好地解释企业缓冲战略，但是对搭桥战略的解释并不能令人满意。

Blumentrit 采用 Meznar 和 Nigh 的企业非市场战略分类体系针对美国企业海外子公司的非市场战略进行了研究。研究结果显示：①跨国公司海外子公司之间的非市场战略存在着显著的不同，尤其是子公司经理的价值观对企业政治资源的投入有显著的影响。②有关议价权力的一些假设都没有得到统计支持，Blumentrit 认为这是由于企业高层管理者的价值导向比议价权力更重要所导致的结果。③议价权力与企业高层管理者价值导向之间的关系值得进行更深入的研究，因为统计数据显示这两者之间存在着更加复杂的关系。④美国跨国公司海外子公司的非市场战略与东道国多个因素之间的相关性均没有得到统计支持，由此，Blumentrit 认为，跨国公司在海外东道国的非市场战略更主要是受母国环境和母公司以及子公司管理者的影响。⑤虽然东道国因素与企业非市场战略之间的相关性没有得到统计支持，但是在不同国家的子公司在非市场战略选择上具有显著差异。由此，Blumentrit 认为，在跨国公司的非市场战略中，子公司的活动是重要的，因此，跨国公司的总部应该明白不同国家的具体管理活动具有差异，企业在不同国家的非市场战略也存在差异，有必要对海外子公司的管理者进行教育和培训，以便更加有效地实施非市场战略。虽然西方学者对企业非市场战略做出了多种分类，但是较多的分类只适合美国的政治和法律环境，只有 Meznar 和 Nigh 的分类能够适用于跨国企业的非市场战略研究。Meznar 和 Nigh（1995）、Blumentrit 采用缓冲战略和搭桥战略对美国企业（海外子公司）的非市场战略进行了实证研究，确认 Meznar 和 Nigh 的分类是有效的，为企业公民行为这一种非市场战略的了战略行为分类提供了坚实的理论基础。

企业公民行为是一种典型的非市场行为，所谓非市场行为是指企业对利益相关者打交道的行为，这类利益相关者主要包括政府、大众媒体、环境保护主义者和社区。为企业创造有利的竞争环境，从而改善企业的竞争优势是企业非市场行为的主要动因。

“非市场行为和非市场战略”的概念一开始运用于企业在公共政策中追求竞争优势的研究，以后应用于企业层面的战略（Shaffer，1995）。由于在企业的非市场环境中，政府和公众是最重要的外部利益相关者，因此，在企业的非市场行为中，与企业政治行为关注政府为核心不同，企业公民行为正成为越来越受关注的研究领域，成为具有伦理属性的非市场行为。Post 等（1982）认为，企业的公共事项功能管理着企业与社会、政治环境之间的界面，负责维持企业的外部合法性。公共事务战略进行着企业社会事务管理，成为企业高管感知、监控、了解外部环境变化的窗口。Post 等（1982）使公共事项功能和 Fennell 和 Alexander（1987）的边界跨越的两个功能，即缓冲战略和搭桥战略联系起来。因此，Meznar 和 Nigh（1995）把企业的公共事项活动分为缓冲战略和搭桥战略。笔者在此基础上将企业公民行为在理论上界定为一种管理着企业与外部社会环境的界面，维持合法性和企业的竞争优势的，并具有公民责任属性的行为。

战略管理经典理论将实现企业股东利益最大化视为组织行为的原动力，从而将组织战略行为过程抽象为利益最大化的经济理性过程。这种理论模式将组织战略行为理解为一种单纯的对经济利益的本能式“刺激—反应”过程，把组织看成只有理性计算能力的原子，将组织与社会网络环境隔离开来。在经典的战略管理理论模式下，制度环境和非市场被视为既定的外生变量，对所有企业的影响是相同的，因此不考虑外在社会环境、社会因素对组织行为的影响，对组织战略行为对社会环境的管理和控制显得无能为力。“原子主义”的基本战略管理假设忽略了组织的社会性，不考虑企业与社会之间的和特定的社会关系对战略行为的影响，因此，对转型中国的企业竞争优势的维系和保持的理论解释缺少说服力，在实践中也存在着企业将慈善捐赠和环境保护等公民行为视为多余之物的理论依据，认为企业公民行为对竞争优势是有害无益的。

所谓缓冲是指企业采取的影响外部的社会和政治环境的行为，其目的是阻止外部的社会政治环境干预企业内部技术核心的运作。企业一般采取两种方式进行缓冲，一是把自身从外部社会和政治环境的干扰中隔离出来，二是通过政治捐款、游说、宣传性广告等手段来影响外部的社会和政治环境。所谓桥梁是指企业试图通过改变自身行为来满足外部的期望。桥梁意味着企业积极地试图达到或超过它所在行业的管制要求，或者试图快速地识别不断变化的社会期望，并促使组织适应这些期望。通过桥梁战略，企业促进内部适应不断变化的环境。引领型企业公民行为（Proactive Corporate Citizenship Action）强调一种精神引领和超前的意识。因此，我们不主张从动机的角度进行企业公民行为的划分，而是从企业战略意图进行划分，对于企业我们采用的是有限理性的假设，即企业并不完全是经济理性，也不完全是道德理性，而是兼而有之，企业的战略决策过程也是理性与非理性的统一。因此，不能奢求处于现实非市场压力的企业均具备较高的道德和伦理境界，但必须要求企业具有三重底线，具备起码的诚信。基于这样的认识，我们将企业公民行为按照战略意图和面对的非市场对象进行了划分。如图 2 - 4 和表 2 - 3 所示。

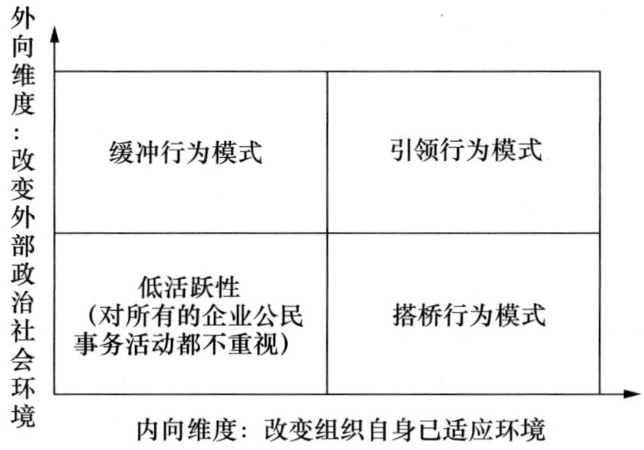

图2－4　企业公民行为模式的划分

表2－3　企业公民行为的分型与基本特征

	缓冲行为模式	搭桥行为模式	引领行为模式
战略意图	某种意义上说，企业非市场战略的目的就是保证它们正常的经营和核心技术免受不稳定环境的影响，即“缓冲”（Buffer）环境对企业正常经营和核心技术的影响	搭桥战略则是指企业通过适当的活动，保持与政府和社会团体良好的关系，迎合政府和社会的期望，主动达到或超过行业中的一般要求，快速反应和认识社会要求的变化	引领社会道德，积极从事企业公民事务，一方面改变自身的企业规范，另一方面也改变社会的游戏规则
利益相关者（非市场力量）	政府、媒体和公众，以核心利益相关者为主要对象	政府、媒体和公众，不局限于核心利益相关者，也包括边缘利益相关者	整个非市场网络
战略事项（社会问题管理）	与企业核心业务紧密相关	包括企业核心业务，也涉及非核心业务	与企业能够解决的战略事项为主进行问题管理
战术	以参与公益活动游说政府以及政府官员以阻止将会对企业经营活动造成负面影响的法规出台	公益慈善活动	战略性地使用多种战术
目标	阻止将会对企业造成的负面影响，保持企业竞争优势，赢得企业财务绩效	赢得长期绩效，包括社会绩效和经济绩效，但并不关注短期绩效的实现	保持和获取企业竞争优势

我们基于企业公民行为所指向的主要利益相关者和次要利益相关者的划分，

将基于主要利益相关者的带有交易特征的企业公民行为，如针对政府、公众等的公关性质的行为，称为交易型企业公民行为，而将针对首要和次要利益相关者的以构建关系为主要战略意图的企业公民行为，称为关系型企业公民行为。

2.2.3 企业公民行为对竞争优势的影响模型

企业公民行为以公益慈善为主要内容，在企业这样一个以创造物质财富为主要任务，以经济成就衡量贡献的组织，在企业公民行为中体现出了更多利社会性和伦理性，因此在商业伦理领域很早就开始研究公司责任的话题，企业公民行为其动机可能是复杂的，但其结果往往体现出了“公益”和“社会福利”特征。从这一点看，企业公民行为具有伦理属性，即企业公民行为在社会网络中的表现，其伦理特征表现为按照社会契约的要求，按照外部的“游戏规则”从事企业的业务活动，做“应该”做的事情。缓冲型企业公民行为正是主动地试图改变企业外部经营环境的主动的战略行为之一。

企业公民行为不仅是捐款，而是必须纳入企业战略管理体系之中。作为一种战略行为，其战略性表现为：①全局性。即企业从事公益慈善是同任何一种战略行为具有同等意义，企业高管大多数时间和精力在考虑与制度环境或者说与非市场环境打交道的事情，而企业公民行为涉及大量的企业资源流出企业，是企业资源的重大再分配问题，因此企业公民行为是企业家和高管思考的主要任务，构成了一项战略内容，将企业社会责任纳入企业的使命之中。②前瞻性。企业公民行为对于初创期的企业而言并不是考虑的主要事情，对于小规模企业同样如此，一些企业的企业公民行为表现不令人满意，出现了大量的败德行为，但也有一些中国本土企业和在华跨国公司的公司责任表现优异，并将企业公民行为纳入企业战略之中，融入企业的日常管理之中，企业公民行为作为一种战略性行为，其主要目的在于塑造中国未来的企业形象，是对企业的一项社会投资，它更关注长远利益和企业未来发展的定位。

缓冲型企业行为具有较强的逐利性。根据动机进行企业公民行为的划分是存在较大困难的，因为虽然企业公民行为落实在企业是一种公益活动，但其背后的企业动机可能是多样的。尤其是战略性企业公民行为的出现，将企业公民行为与商业运作整合，按照 Baron 的看法其动机实质仍是利润最大化，如果没有纯粹利他的动机就不是企业公民行为或企业社会责任行为。而事实上是许多企业在进行企业公民战略决策时其动机往往是多样的，既有利己也有利他的动机。因此，对于企业公民行为的分型不采用企业动机的标准。

搭桥型公民行为强调主动地适应外部的利益相关者的社会期望。企业公民责任和企业社会绩效与财务绩效的关系虽然逐渐形成了正相关的结论，但我们的研究兴趣在于如何培育企业公民行为影响竞争优势，这和前人关于企业社会绩效（环境绩效）与财务绩效的争论有一定关联，但也有一定的区别，区别主要在于用企业公民行为这一概念取代企业社会绩效目的是企业公民行为存在一个战略设计，或者说企业公民行为本身就是企业的一种非市场战略和行为，因为没有战略设计的企业社会责任活动可能偶然得到良好的企业绩效，但不一定存在必然的联系，其中的机制将更为复杂。另外，本书的结果变量选用竞争优势，而不选用财务绩效或企业绩效，其主要原因在于，笔者认为竞争优势是战略行为的指向对象与结果，况且企业只有通过一定的战略和战术行为获得竞争优势以后，通过竞争优势的维持和获得才能进一步地实现财务绩效和社会美誉，如果没有竞争优势，后两者也无从谈起。因此，本书聚焦于搭桥型企业公民行为与竞争优势的关系，通过搭桥战略实现这一关系。基于不同的战略设计，有搭桥战略和缓冲战略之分，但二者在实际企业运用中是不可分割的，因此我们必然思考其与竞争优势关系的中介机制和调节变量是什么这一问题，以便更清晰地了解其作用机理。

本书认为，企业公民行为的概念经常被随意使用，用来指称企业社会责任相关的概念，为了限定本书的研究范围和研究的开展，必须进行科学的界定，对内涵和外延进行廓清，即其内涵为以主动参与公益环保活动为主要手段，以运作非市场环境中的关系网络为主要任务、以提高整体绩效和竞争优势为目的的企业战略行为。其外延为公益行为和环保行为。同时在前人研究的基础上，对企业公民行为的分类进行了探讨，在按责任内容定义和按利益相关者框架进行分类的基础上，提出了按照战略意图进行企业公民行为的类型划分。在梳理非市场战略理论、企业公民理论和社会网络理论基础时，提出了本书的研究视角，即基于关系网络的非市场战略的视角，即企业在与非市场主体所构成的社会网络的关系中进行战略运作。最后，由于本书是战略管理的基础性研究，因此有必要提出一定的研究假设，认为企业公民行为具有战略行为特征、竞争战略的性质和拓展企业生存空间的功能，企业公民行为也具有嵌入于非市场网络的特征。企业公民行为作为一种企业战略行为，与某些诸如游说等非市场行为相比，从使用的频率看呈现越来越多的趋势。正如企业社会责任与企业绩效的因果关系具有多样性一样，企业公民行为与竞争优势的关系可以有三种情形，即正相关、负相关和无关系。在战略管理主流期刊中较为一致的意见是正相关，当然我们这里是将企业公民行为作为一种战略行为看待，战略行为与绩效之间必然存在着一定的关联，但是企业公民行为如何实现竞争优势，从而最终实现企业的经济绩效和社会绩效，虽然前人也进行了大量的研究，形成了一系列较为重要的研究成果，但仍然存在较多的研究空白，其中的黑箱基本没有打开。

企业公民行为属于企业的一种非市场行为，因此运用非市场战略的视角切入该种企业行为实现其战略使命，即企业竞争优势的实现，从而最终实现企业与社会的双赢，但首先企业必须通过其企业公民行为实现其竞争优势，因为只有通过价值创造，才能进一步实现企业的经济绩效和社会绩效。也就是说，企业只有实现竞争优势，才能使企业高管具有更多的合法性去进行企业公民活动和培育企业公民意识，如果不能在逻辑上说清具有战略性的企业公民行为与竞争优势的关联，那么人们就会从表象上拒绝企业公民行为的合法性和价值，即使人们也可以从伦理角度认同企业公民行为，但企业难以将企业公民行为纳入战略，因为毕竟企业公民行为实现竞争优势存在着障碍和困难（见图2－5和图2－6）。

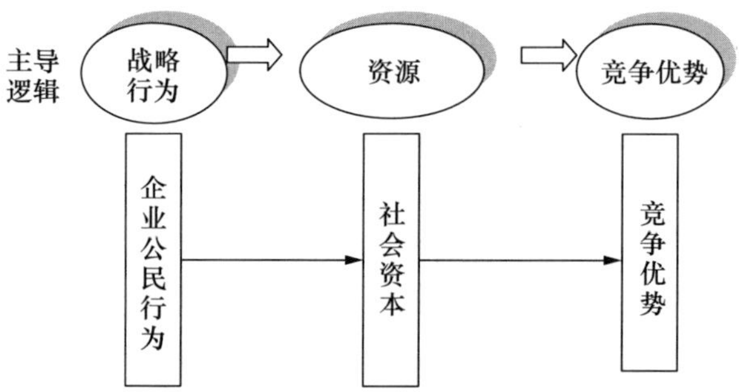

图2－5　社会资本视角的企业公民行为对竞争优势影响的理论框架

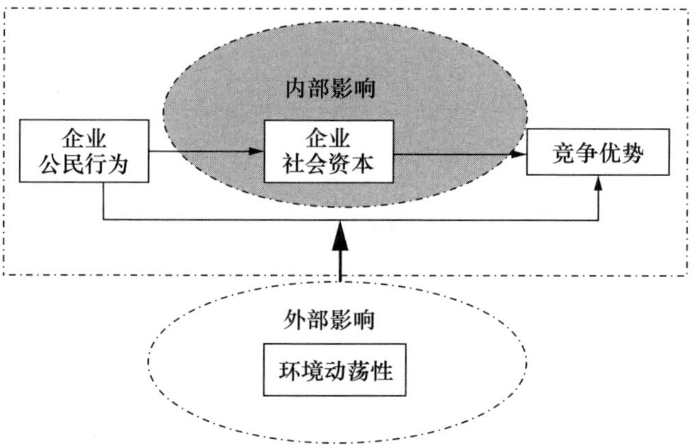

图2－6　企业公民行为影响竞争优势的机制

2.3 研究假设的形成

在文献梳理的基础上提出相应的研究假设，同时在研究文献的基础上进行理论分析和阐述，进而提出概念模型，根据概念模型再进一步提出相应的研究假设（见图2-7）。

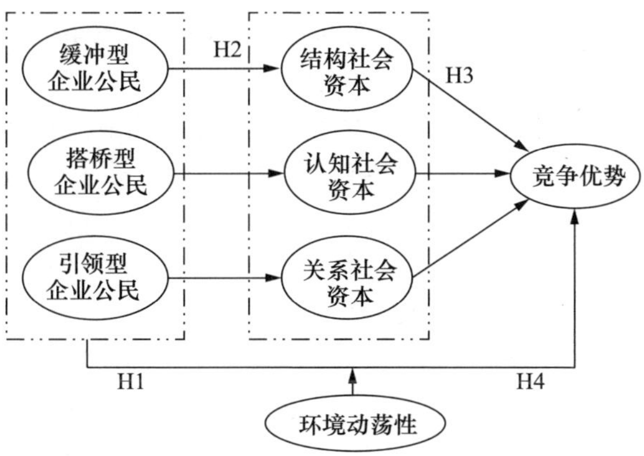

图2-7 本书的结构方程模型及其结构参数

2.3.1 企业公民行为对竞争优势的影响

战略管理视角下的企业公民行为正在形成一个主要的研究议题，从文献上看主要表现为组织与环境影响因素、企业公民行为分类及与绩效的关系三个方面的研究成果。在对这些文献进行简单回顾、分析比较和综述的基础上，关于企业公民行为的研究焦点各有侧重，尤其是在非市场战略的视角中，企业公民行为表现与企业竞争优势的关系，其理论根基是西方非市场战略理论，主要指企业战略行为与制度环境的界面管理。主要的理论基础包括非市场行为与竞争优势的关系（包含企业社会绩效与经济绩效的关系），同时将关系网络和动态竞争演化等思想也纳入其中。其对企业公民行为是持工具主义认识，是企业公民行为策略在企业战略中如何运用研究。工具主义并不是认为企业是完全功利的，或认为企业不该进行过多的企业社会责任，而是指企业总是存在着战略目标实现的任务。

基于战略的企业公民行为与传统的公共关系的差别，企业界的公关实务带有

"局部""外向""短期"和事务性的特征："公众"常被理解为那些与企业运营密切相关的直接公众，易使企业在不经意间忽略除直接顾客、股东、银行和政府相关主管人员以外的其他社会群体和大众的利益，特别是边缘利益相关者的利益，使其塑造企业形象的功能大大缩水。很少有人主动从企业公民行为角度来设计和实施其公关活动，更谈不上通过履行企业的社会责任来培养长期的市场亲和力和构建与政府、与社会的非市场环境，形成企业独享的软性竞争力源泉的战略性思考。

在制度环境已极大地影响了企业竞争优势的今天，企业如何运用企业公民行为的手段谋求企业在整个社会网络中的地位，如何谋求与政府等最大的利益相关者中获得各种资源，已成为企业和企业家不得不面临的战略问题，而本书的主要贡献在于揭示非市场战略中的企业公民行为与企业战略目标如竞争优势的关系机理，即企业公民行为如何实现企业竞争优势及其中的机制是什么。

本书是以非市场战略理论作为一种视角切入企业公民行为与竞争优势的关系研究，理论视角的创新构成本书的创新点之一。从企业的战略层面出发观察企业公民行为及其与竞争优势的关联性，透视作为重要的企业战略行为——企业公民行为与企业竞争优势之间的关联机制是什么。同时，本书主要运用非市场战略管理理论来整合现有的关于企业公民行为这一相对庞杂的研究。

战略行为与制度环境的互动。关系网络的运用，战略性资源包括关系资源、政府资源、社区支持和社会形象等无形资源。企业定位于市场空间，同时也定位于社会空间。企业高管面临着繁杂的政治社会事项，解决这些非市场事项，如企业公民行为成为企业战略决策者比较关注的工作。

"公民"这个概念，源自古罗马，指的是城邦内享有对等的权利和义务的自由人，后来延伸为某个主权国家享有合法权利和义务的居民。因而，所谓公民，指的是一个有所属的、身负权利和义务的个体（而不是孤立的个体）。而企业公民，就是自觉地把自己归属于社区共同体、社会共同体和人类共同体的企业。或者说，企业公民是指一个将社会基本价值与日常商业实践、运作和政策相整合的企业。从企业公民的定义可以看出，战略管理源于商业政策这门学科，企业公民是将社会基本价值，包括企业的价值系统、管理伦理文化与企业的商业政策、战略规划进行整合的产物。另外，从战略管理关注研究企业与环境之间的关系这一角度出发，企业与外部利益相关者网络之间的互动协调一直是值得关注的话题。也就是说，一个"好"的企业公民，需要在战略管理实践中善待在商业生态网络中各个层面的、相互联系的利益相关者：顾客、员工、社会（社区）、环境与资源、合作伙伴（包括上游和下游）以及股东，甚至与企业关系较远的边缘利益相关者。在现代商业世界，企业通过所有这些利益相关者获取收入和利润，缺少任何一环，企业都很难完成其业务运作。要构建良性的商业生态，要求企业在获取利益的运作中，至少不损害这些利益相关方的利益，从而完成企业的战略使命。

（1）企业公民理论从企业所处的关系网络和商业生态网络出发，不单纯强调企业应当承担“社会”责任（无论是广义的“社会”还是狭义的“社会”），而是应该对其所身处的网络中的所有利益相关者承担责任；企业公民理论不单纯强调企业应当承担什么样的责任和义务，而是推动其承担与其本身享有的权利和获取的利益相对应的责任。企业公民概念，其基础是基于一种网络关系之上的“底线伦理”，以不损害利益相关者的利益作为“底线”，以实现企业经营上的战略使命。实证性研究旨在揭示企业战略管理决策中企业是如何行动的，如企业公民行为表现如何、企业公民行为的维度是单维度的还是多维度，中国企业公民行为特征如何，在企业的发展阶段和各个不同的行业是一样的吗，企业在实施企业公民行为的结果如何，企业使命实现了吗，实现的程度如何，是哪些原因影响了企业公民行为的社会价值目标实现，企业公民行为的结果可以是经济绩效，也可以是风险防范的绩效，起到一个安全网的效果。对各个利益相关者的满足情况如何、与公司治理关系如何，这些均可通过实证研究得到满意的答案，除了规范的定量研究套路外，当然这里不排除定性的案例研究、内容分析和事件研究等定性的探索性研究思路。对策性研究意在说明如果企业及其管理应具备什么样的能力、采取什么样的策略或战略、制定什么样的社会责任标准和管理体系、如何实施社会责任审计、政府应采取什么样的政策措施，等等。由此可见，三类研究回答的问题分别是“为什么”（why）、“是什么”（what）和“怎么办”（how）。

如果一个企业能够提供的产品和服务具有某种独特性，那么就具有了有别于其他竞争者的标新立异。正如波特认为的那样，企业对于经营歧异性的认识过于“狭隘”，它们总是从有形产品或市场行为的角度看待经营歧异性，企业对于竞争优势看法局限于经济学的思维，没有看到竞争优势往往在于无形的方面，因此将企业社会责任与竞争优势联系起来总是受部分人的质疑或者觉得在企业现实层面缺少说服力。本书主旨不在于探讨企业社会责任与竞争优势的关联，而是从非市场战略的实际出发，寻求在非市场战略中运用企业公民行为如何获得与维系竞争优势的机理。因此，对于竞争优势本身和来源的认识并不能仅停留在经济层面，虽然竞争优势的表现形式主要以经济形式表征。

本书聚焦于非市场战略中企业公民行为，虽然企业公民行为也涉及市场行为，如在企业善因营销中的企业公民行为表现。涉及市场战略的内容。然而，对于在非市场战略中的企业公民行为现有的研究是非常少的。

（2）本书拟解决的问题及分析框架。笔者认为，根据文献讨论和对企业管理实践的认识，企业公民行为与竞争优势并不存在一致的关系，而是存在一种权变的关系，即在某种情况下正相关，而在另一种情况下负相关，甚至无关。因此，我们的研究主题是企业公民行为与竞争优势的权变关系，进一步可以将研究问题具体化为“企业公民行为与竞争优势之间存在着某种相互影响的关系”，即竞争优势影响企业公民行为，企业公民行为也影响着竞争优势，对于前者已存在着一定的研究，如通过企业冗余可以有更多的资源从事企业公民责任的相关活动，并且理论与实证基本上对该问题的研究已经形成定论，即竞争优势可以影响企业公民行为。而企业公民行为如何影响竞争优势的机制，前人的研究较少，较多处于规范研究和概念的解释上。

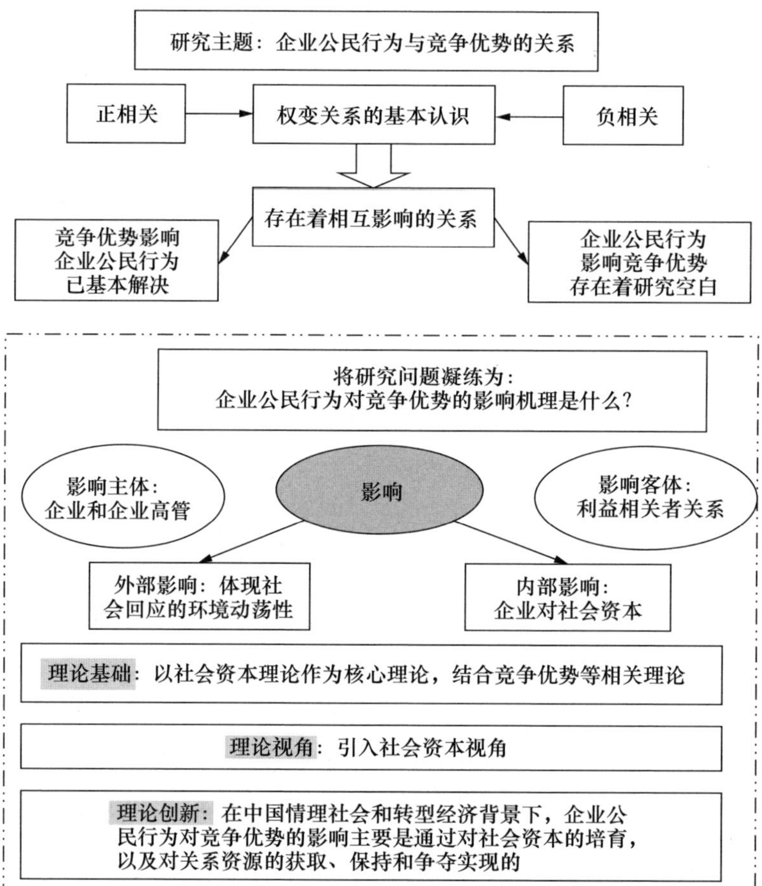

图2－8　研究的理论架构

我们将研究问题进一步进化相互影响，所谓自洽性，是指科学假说内部的无矛盾性、逻辑的一致性。由于理论是具有一定逻辑结构的理论体系，因此必然要求假说内部在逻辑上自洽。Frederick 对西方企业社会责任划分为四个时期，即 CSR1 ~ CSR4。CSR1 指企业社会责任，CSR2 指企业社会响应，CSR3 指企业社会公正，CSR4 指宇宙、科学和宗教。Waddock 认为，企业公民行为理论的发展与企业的实践是“两个平行的宇宙”，意思是在企业公民学术工作者的工作与企业界的社会实践存在着分离，虽然大家的目标都是将企业公民变为现实，然而企业公民的研究是一个艰难的过程。

Freeman 的利益相关者理论在巴纳德的“动机贡献”的框架基础之上强调企业公民责任的意义，认为经理人必须满足影响公司指出的多方利益，包括工人、顾客、供应商、当地社团。根据这一观点，经理人没有足够的精力仅关注利益相关者或者公司所有者的要求。利益相关者理论指出，参加一些企业公民行为活动对公司是有益的，因为那些非金融领域的利益相关者，可以通过参加这些活动感觉到自身的重要性，而会继续支持公司。Donaldson 和 Preston 对利益相关者理论进行了进一步展开。他们强调了企业公民行为的道德和伦理方面，以及参加此类活动的商业案例。从另一角度而言，公仆理论的基本观点是经理人“做正确的事情”是一种道德要求，而无须考虑这项决定对公司的经济利益有多大影响。Keith Davis 认为，企业社会责任指“商人的部分出于企业直接经济或技术利益以外的决策与行动”。Lan Davis 从社会契约和公仆理论出发，提出企业在商业的角色问题，以挑战经济学视角，即认为大公司必须将社会事项纳入战略，以一种反映商业意义的方式，挑战经济学视角的“商业的事情就是商业”（The Business of Business is Business），企业与社会应该建立隐性的社会契约，而这种社会契约对于企业与社会两方都是义务、机会和优势。

运用哲学思辨与大量的道德推理，强调道德原则的重要作用，正如 Baron 提出的，战略性企业社会责任并不是真正意义上的社会责任，因为其建立在利润最大化的基础上，往往是出于求利的动机和规避利益相关者的抵制行为而做出的，当然这主要是基于伦理视角得出的结论。企业讲社会责任和不讲社会责任与经营绩效之间存在怎样的关系呢？基本结论是不能笼统讲企业不道德经营行为一定会或一定不会获利，但是企业不道德经营也能获利，但必须基于三个条件：一是不被发现，不道德行为不被相关利益相关者发现；二是不被报复，即使利益相关者发现了也不能报复；三是不被损害，即使被报复也不至于对企业造成沉重的打击。

从理论上追求将企业利益和社会公益合二为一的解决路径成为许多商业伦理学者不得不面对的时代课题，当然回答这样的问题并找到合适的答案是困难的。

伦理学从功利论、目的论和美德论出发，对企业公民行为与竞争优势，更深层次是道德行为与经营绩效的关系，进行了道德推理和论证，赋予企业道德主体的身份，从应然的层面对于企业公民行为等商业伦理行为进行了合法性的辩护。Carroll 按照三个维度对企业社会绩效进行了细分，提出了社会责任分类、涉及的社会事项和社会响应哲学三个维度。尤其是按照社会责任分类，将企业责任分为经济责任、法律责任、道德责任和慈善责任四类。虽然对于后面三类划分仍存在着异议，但是将经济责任纳入企业公民责任，为企业公民行为落在企业现实层面提供了理论支撑。但是伦理视角在实证方面存在着较大的问题，如测量、量表的开发均遇到了前所未有的困难，如 Carroll 对于企业公民的内容维度非常早就提出了，然而其维度划分甚至到了今天也难以得到学界的认可，因为其理论基础中将经济维度、法律维度、道德维度和慈善维度均存在着交叉，或者说逻辑上不能相互排斥，这直接导致实证研究难以顺利开展。

利益相关者就是那些存在于组织内部与外部，与企业战略决策存在利害关系的利益集团。王凌云等从分析外部利益相关者通过影响企业的竞争环境、竞争优势和竞争标的来影响企业战略的成功入手，认为对上述企业战略是企业为了长期的生存和发展，在充分分析企业的外部环境和内部条件的基础上，通过资源配置来实现既定目标的过程。对企业战略成功决定因素的研究，其他学者基本上通过分析企业的竞争优势来进行，并且一般认为，具有竞争优势的企业，其战略成功的可能性比较大。

Coleman（1990）提出："社会结构的'某些方面'可以带来特定行动而为行动者创造资源。"

企业与社会环境的"界面"已成为战略管理的主要内容，企业寻求在社会网络中的位置，以期获得资源和增加企业的能力。企业的战略行为包括企业公民行为正是在社会结构中通过利他的履行社会责任行为以创造资源，谋求竞争优势的。

综合国内外学术文献，对于企业公民行为与竞争优势的关系研究而言存在着四个方面的不足：①现有的企业公民行为与竞争优势的文献是基于西方情境的，而中国作为一个新兴经济国家正处于制度转型时期，特别是处于转型经济中的中国，西方的理论适用程度如何，在中国特定的制度文化背景下是否适用西方文献，学者包括华人学者都没有提供现成答案。②现有的研究把非市场行为作为一个整体来研究，而非市场行为内涵和外延是包罗万象的，而对于某一种非市场行为如以游说公关为主要内容的企业政治行为或以公益环保为主要内容的企业公民行为的相关细化研究显得更有价值，在对于非市场行为本身是什么问题已经得到初步解决的情况下尤其如此，而此类研究非常鲜见。Shaffer（2000）建议应该把非市场行为分开研究，以考察不同行为对绩效产生的差异影响。③虽然作为一种非市场行为，企业公民行为对于竞争优势存在着影响，而其中的影响机制、二者之间是正相关还是负相关均未得到一致的认同，这构成了一个未知的、有趣的问题。④宏观视角考察企业公民行为与和谐社会等文献较多，而从企业组织微观层面，特别是从企业战略角度分析企业公民行为与竞争优势的文献并不多见，或者只是从职能战略如人力资源管理、营销管理等切入，而从非市场战略和非市场行为切入的几乎是空白，这构成了本书的一个创新点。

本书研究非市场行为，聚焦于企业公民行为，研究问题是非市场战略中的企业公民行为如何影响竞争优势、其影响机制是什么、理论和现实实践的逻辑是什么、如何进行实证研究、其调节变量和中介变量是什么、哪些因素构成了调节变量和中介变量。具体包括：①企业公民行为纳入企业战略的相关研究尚显薄弱。②现有的企业公民行为与竞争优势研究主要集中于市场主体，特别是消费者忠诚与雇员忠诚。③研究企业公民行为是什么的已较多，而对企业公民行为与战略目标的实现，如竞争优势的获得与绩效的提升较少。④对企业公民行为与竞争优势的直接关系的研究比较多，而对企业公民行为与竞争优势之间的内在机制研究的文章较少，理论研究有一些，而能提供实证证据的文章不多。对非市场行为与企业绩效的研究，基本认为存在正向关系，虽然对企业社会绩效与经济绩效关系的研究存在着较大的争议，但是基本认为存在着正向的关系。

Baron（2001）在谈到 CSR 战略影响时，提到过 CSR 捕捉价值的用处。他指出，“公益与私利动机行为的区别，在于其是负责任的行为。也就是说，如果它的动机是以牺牲利益为代价来服务社会，就是社会责任心的行为”。反之，就是没有社会责任心的。某些私利行为产生的社会福利，可能胜于成本耗费。McWilliams 和 Siegel（2001）指出，企业公民行为应该被考虑进战略体系之内，投入 CSR 的资源水平由成本收益计算决定。跨国家和跨文化的制度性差异是 CSR 战略性影响研究的阻碍，例如市场行为的规范，包括商业活动、劳动力和社会形式方面。制度差异导致了行为的期望值不同和回报值不同。对于跨国公司而言，这就增加了选择哪种 CSR 行为以及投资多少的决策复杂程度。鉴于 CSR 理论基础在全世界范围内的发展，我们最好能够加以研究并给出以下假设：

H1a：缓冲行为模式对竞争优势存在显著的正向影响；

H1b：搭桥行为模式对竞争优势存在显著的正向影响；

H1c：引领行为模式对竞争优势存在显著的正向影响。

2.3.2 企业公民行为对企业社会资本的影响

嵌入性（Embeddedness）概念最早见于经济史学家卡尔·波拉尼的论文《作

为制度过程的经济》。他认为“人类经济嵌入并纠结于经济与非经济的制度之中”。他认为，把宗教和政府放到经济研究的过程中去可能是非常重要的，“宗教和政府可能像货币制度或减轻劳动强度的工具与机器的效力一样重要”。波拉尼当时主要是针对新古典理论醉心于研究竞争模型的状况，同时结合自己对经济史的研究，强调了对制度的关注。因此，这个命题提出后，并没有引起经济学家的注意。他们认为，这是个非常古老的命题。但是，这个命题对其他社会科学家和历史学家产生了很大的影响。

获取外部资源是任何一家公司的战略管理和战术管理的重要原则。尽管如此，直到20世纪70年代，与《组织的外部控制：一个资源依赖视角》（Pfeffer和Salancik，1978）出版。资源依赖理论（RDT）的部门组织结构的优化、董事会成员和员工招聘、生产战略、合同结构、外部组织的联系以及组织战略的许多其他方面。资源依赖理论是有关的组织行为许多组织理论之一。在许多方面，资源依赖理论的预测是与交易成本经济学，同时也使用了制度理论的某些方面。

H2a：缓冲行为模式对结构社会资本存在显著的正向影响。

H2b：搭桥行为模式对结构社会资本存在显著的正向影响。

H2c：引领行为模式对结构社会资本存在显著的正向影响。

H3a：缓冲行为模式对认知社会资本存在显著的负向影响。

H3b：搭桥行为模式对认知社会资本存在显著的正向影响。

H3c：引领行为模式对认知社会资本存在显著的正向影响。

H4a：缓冲行为模式对关系社会资本存在显著的负向影响。

H4b：搭桥行为模式对关系社会资本存在显著的正向影响。

H4c：引领行为模式对关系社会资本存在显著的正向影响。

2.3.3 企业社会资本对竞争优势的影响

从企业公民行为影响竞争优势的路径看，主要是通过社会资本的积累实现的。将企业与外部利益相关者的多边关系视为一个关系网络，企业公民的战略化运作正是在整个社会网络上进行平衡和谋划的。本书主要采用社会资本作为主要的分析视角，运用这一视角的理由有三点：

第一，从企业、政府和社会的系统观点出发，企业公民行为一方面是企业战略使命使然，另一方面承认企业、政府与社会构成利益的博弈场，企业公民行为实现竞争优势，从企业公民行为影响竞争优势的路径看，将企业与外部利益相关者的多边关系视为一个关系网络，其理由是存有两种可能的企业公民行为对企业竞争优势的影响路径，即存在着两种可能路径，一种是直接影响，另一种是间接影响。对于直接影响，前人提供了较多的理论与实证的解释。企业公民行为本质上是企业的一种利他行为，是“做好事”（Do good），比如公益捐赠和企业实现的环保行为，与企业自身的竞争优势，即做得好（Do well）的实现之间存在着必然联系吗？通过前人的文献可以得出某些直接影响的解释，关于企业社会绩效与企业经济绩效的文章对于直接影响的解释已得到比如《战略管理杂志》（SMJ）等主流期刊的认可。而间接影响关系，已有一定的文献提出了企业公民行为（包含企业社会责任）与社会资本之间的可能关系，并得到了数据支撑。

第二，从企业竞争优势的结果看，在非市场环境中主要是处理与政府、媒体和社会公众的关系；从非市场战略理论看，企业的关系运作就是不断地积累社会资本的过程，企业的内外部关系资源构成企业的战略资源。如何运作关系间接影响更多的是通过两个方面来实现：第一，通过利益相关者关系资源的积累，因为企业通过企业公民行为，这种战略行为具有较为丰富的伦理特质和道德意味，因此，企业公民行为可以降低交易费用，提高企业的声誉，通过声誉机制企业得以实现与政府、媒体和社会公众的良好关系。

H5a：结构社会资本对竞争优势存在显著的正向影响。

H5b：认知社会资本对竞争优势存在显著的正向影响。

H5c：关系社会资本对竞争优势存在显著的正向影响。

第三，整合资源基础观和社会资本理论，企业公民行为获取竞争优势。

2.3.4 环境动荡性的调节作用

企业能否通过公民行为获取竞争优势，企业社会资本本身就是稀缺的、不可替代的异质性资源，而社会资本作为重要的异质化资源也可带来更多机会和信息，帮助企业在关键时刻获得所需的政府政策扶持和良好的社会正反馈。企业通过与关系网络上的利益相关者结盟，产生互相学习的机制，培育企业适应环境的能力。企业战略能否适应外部社会期望，企业战略能否与外部的环境或者说关系网络相匹配和适应。企业公民行为不能离开战略化运作，能否适应环境和关系网络成为企业实现竞争优势的重要环节。在中国这样一个处于转型中的国家而言，关系是非常有用的资源，而关系资源的获取必须依赖于社会对企业的信任，企业通过公民表现和公民活动展现自身的形象和声誉，社会信任和良好声誉是软性资源，而这类资源一般表现为企业社会资本或企业声誉、企业间信任等概念。

H6a：环境动荡性在缓冲行为影响竞争优势中起正向调节作用，即当环境动态性高时，缓冲行为对于竞争优势有更大的影响；反之亦然。

H6b：环境动荡性在搭桥行为影响竞争优势中起负向调节作用，即当环境动态性高时，搭桥行为对于竞争优势有较低的影响；反之亦然。

H6c：环境动荡性在引领行为影响竞争优势中起正向调节作用，即当环境动态性高时，引领行为对于竞争优势有更大的影响；反之亦然。

2.4 本章小结

本章首先对本书的关键概念进行了界定，明确了企业公民、企业公民行为内涵、分类与比较，区分了企业公民行为与企业社会责任行为和企业慈善行为的异同。按照外向维度（改变外部政治社会环境）和内向维度（改变组织自身已适应环境）界定了企业公民行为的三种行为模式：缓冲行为模式、搭桥行为模式和引领行为模式，缓冲行为模式是指强调外向维度，即企业出于自身短期经济利益的考虑，迫于制度环境压力而承担公民责任以实现对政治社会环境的影响。搭桥行为模式则指强调内向维度，即企业出于自身长期经济利益的考虑，主动承担公民责任以适应外部政治社会环境的行为。引领行为模式则指同时强调内向维度和外向维度，即企业出于与社会和谐共生关系的考虑，前瞻性地承担企业作为公民应尽的社会责任的行为。在 Meznar 和 Nigh（1995）把企业的公共事项活动分为缓冲战略和桥梁战略，在其提出的高活跃性（高度重视所有的公共事务活动）、缓冲战略、桥梁战略和低活跃性的基础上，缓冲和桥梁的划分只是强调了组织的界面扫描职能，而没有挖掘出企业公民行为的全部内涵，尤其是体现社会公益与企业自身竞争优势的引领行为模式没有体现出来。因此本书提出了企业公民行为三维概念框架，并在前人理论框架的基础上形成了企业公民行为影响竞争优势的理论分析框架，进而通过概念的操作化形成了四组研究假设。

引入社会资本概念来解释企业公民行为对于竞争优势的影响，用社会资本解释可以透视企业公民行为影响竞争优势的内在机理。三个社会资本的维度会在两者之间有着怎样的影响，中国情境下与西方情况企业公民行为只存在着声誉资本，所不同的是，中国企业公民行为对于竞争优势的影响往往是通过政府、社会、企业三方利益博弈和关系运作实现的，社会资本起到了决定性作用。本章通过分析上述内容提出一个理论框架。

3 研究设计与方法

3.1 实证研究的总体思路

3.1.1 问卷设计的总体思路及相关问题

为了设计出一份较科学的问卷，本书严格按照 Churchin （1979） 和 Dunn 等 （1994） 的建议，遵循了以下流程：①通过文献回顾和企业界的经验调查/访谈形成。②与学术界专家讨论。③与企业界专家讨论。④通过预测试对题项进行细化，最终问卷定稿。

依托坚实的理论基础和文献积累，寻找概念模型背后的逻辑和理论。根据非市场战略理论和社会资本理论，我们将企业公民行为视为一种企业战略行为，这个看法可以从企业的现实表现中大量参与慈善捐赠等公民行为背后所隐含的战略意图中发现，同时大量的前人文献也为本书提供了理论依据和解释。从表现上看，企业公民行为与竞争优势的关系存在着某种关联，但是深入分析就会发现两者的关系相当复杂。由于前人对于企业公民行为的前因研究比较充分，因此本次研究只限定于企业公民行为与竞争优势的中介变量和调节变量进行实证研究。主要解决以下问题：①企业公民行为与竞争优势是正向的影响关系吗？②企业公民行为对于竞争优势是否同时具有直接影响和间接影响？如果有间接影响，企业社会资本是否构成企业公民行为影响竞争优势的中介变量？③外部环境特征是否构成了企业公民行为影响竞争优势的调节作用？即在什么情况下，企业公民行为影响竞争优势的方向和强度得以改变？

通过企业收集的数据进行统计分析，以验证第 2 章提出的理论框架能否得以验证。这样设计的理由在于对企业公民及其行为模式的理论认识，笔者认为企业缺乏将企业公民行为纳入战略的较为系统的管理知识，其主要原因企业高层管理者缺乏将其视为战略行为的观念和理念。或者停留于战略的口头，或者更愿意归结于伦理和道德的考虑，其问题的核心在于没有看到企业公民与竞争力之间的关系，以及如何战略性运用企业公民的行为模式以谋划企业的竞争优势。通过层次回归分析和结构方程模型等分析工具，对影响机制进行透视和分析，运用较大样本数据进行统计验证，并对中介作用和调节作用进行统计检验。本书基于企业社会资本理论，在非市场环境各个利益相关者对企业实现竞争优势的意义重大，因为这些利益相关者赋予了企业合法性和控制稀缺资源的通道，企业与利益相关者关系的背后是社会契约，即通过 X 得到 Y，X 是企业公民行为，Y 是竞争优势及其绩效，X 与 Y 之间可能通过比较复杂的机制得以实现，但我们将 X 限定为必须具有明确战略意图的战略谋划，这将大大减少问题的复杂性。同时我们也关心在不同环境特征下 X 实现 Y 的方向和可能性。通过整合资源基础观、社会资本理论非市场战略等理论，我们建立的理论框架可以操作化为概念框架（在这里，概念框架指可以在实证中运用的框架），同时运用回归分析和结构方程模型等统计工具，对所设计的问卷进行统计分析。本书的研究框架如图 3－1 所示。

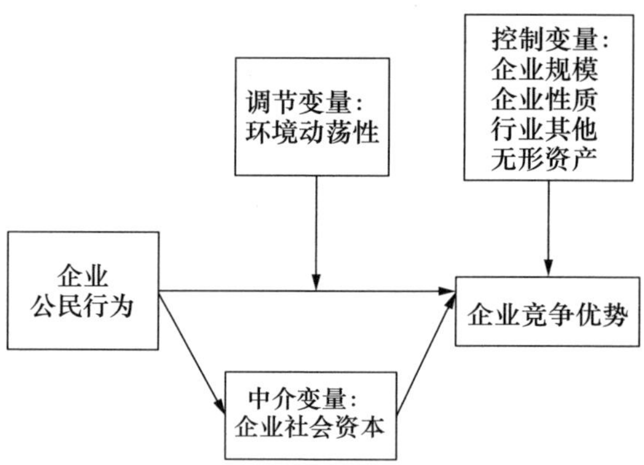

图 3－1　本书的研究框架

本书运用较大样本调查分析进行问卷设计。企业公民行为的成熟量表鲜见于国内文献，但西方企业公民行为的研究已经具有了相当的基础。本书进行了一轮预试和一轮正式问卷，首先，借鉴 Maignan 关于企业公民量表，进行了双向翻译。其次，2008 年预测是在长三角地区企业中进行的问卷调查的试测试。最后，在 2009 年 1～4 月进行了正式问卷调查。

然而，我们发现按照 Maignan 的量表进行测试在中国情境下并不令人满意，请教有关专家后发现，从理论逻辑上讲企业经济责任与法律责任存在着交叉，法律与道德责任也存在着重叠，慈善责任也有学者认为只是道德责任的一种表现，后来本书放弃了采用这一种量表进行企业公民行为的测量，同时也没有简单采用郑海东的基于利益相关者的责任行为划分，即对组织内部责任行为、组织外部责任行为、公共责任行为进行划分。而是采用了公共事务活动和非市场行为的划分方法。参考 Hillman（1996）、Meznar（1995）、叶广宇（2005）、贺远琼（2006）关于非市场行为及公共事务战略和社会事务战略的量表编制。条目如下：缓冲型企业公民行为量表由 7 个语句组成，各项目均采用李克特 7 分量表，最低分值为 1，最高分值为 7。

接着，我们进行了第二轮问卷，按照新的量表设计进行了调研，共取得有效样本 455 个。Meznar（1995）对企业的公共社会事务分为缓冲战略和搭桥战略，依据缓冲战略的目的是保护企业的核心技术和核心业务免受政府法规和社会规范变化的影响，企业可以通过保持领先的技术和运营管理模式达到免受政府法规和社会规范变化影响的目的，也可以通过游说、拥护性广告、参与政治团体等的企业公民活动，或者其他方式影响政府的立法和政策制定过程以及社会规范变化，使政府法规和社会规范沿着有利于企业经营的方向发展，以达到免受政府法规和社会规范变化影响的目的。搭桥战略则是指企业通过适当的活动，保持与政府和社会团体良好的关系，迎合政府和社会的期望，主动达到或超过行业中的一般要求，通过快速反应和认识社会要求的变化，保持企业与政府和社会期望的一致性。即缓冲战略是企业主动地塑造政府法规和社会环境，从而使企业的经营免受政府政策和社会环境的影响；搭桥战略则是企业积极适应政府法规和社会环境的变化。

与在市场竞争方面的低成本和高差异一样，企业无论是采取缓冲战略还是搭桥战略，都有可能获得明显的竞争优势。Meznar 和 Nigh（1993，1995）进一步指出了企业实施缓冲战略和搭桥战略的具体行为。其中，企业的缓冲行为包括：①企业努力影响政府的政策和法规制定者，以确保政府政策和法规对企业经营不会造成伤害。②企业努力影响或引导社会规范，以确保社会道德和风俗习惯以及其他的社会因素不会伤害企业的正常经营。③企业对政治因素和社会因素的变化进行预测，以便在政治环境和社会环境发生变化时提前做好准备。④企业对市场需求进行积极的引导，保证市场需求的变化是符合企业经营活动方向的。⑤企业保持高水平的库存以避免由于生产过程的必要调整不及时而造成的需求蒸发。⑥企业在经营活动的其他方面预留足够的空间，以便在政治和社会环境发生变化时，能够有足够的缓冲空间。

Hillman 根据社会交换理论将公司政治战略分为交易导向和关系导向，受此启发，对企业公民行为的研究也在社会交换理论的基础上，结合张建君对企业家政治战略按缓冲型和搭桥型的分类方法，将企业公民行为按照工具主义划分为追求短期利益的缓冲型，其目的在于可以对政治社会环境进行管理和治理。同时，大量追求与内外部利益相关者和谐关系及其意图的搭桥型企业公民行为正在大量涌现。当然，这与搭桥战略的外部企业行为表现是基本相同的。缓冲型和搭桥型并不存在着伦理的考量，只是对企业公民行为进行客观的划分，不存在孰优孰劣，只是企业在进行非市场战略行为时在企业公民行为上的客观表现。对于这种划分的来源，一方面源于上述学者的洞见，另一方面来自本书和其学术团队的主观的假设。因此，需要通过实证的方法进行检验，以验证其企业公民行为三因素结构的合理性和正当性。

此外，我们还参照李正卫和郑素丽的研究和数据分析思路，利用多种手段检测了单一问卷应答者，由于同时回答了解释变量和被解释变量，所以可能会出现一定的偏差。首先，从回收问卷中随机抽取了 12 份，根据这些应答者提供的信息，通过登录公司网站和相关关系人查证，并对问卷中填写信息进行了检查，结果表明其提供的信息和数据是真实有效的。为了减少一致性动机问题，在问卷设计中没有向应答人说明研究中各变量的逻辑关系，题项的安排并没有按因果顺序展开。对于单一应答人可能存在的共方差问题（Common Method Varianee），我们进行了哈曼因果单因子测试（Harman's Pos – hoc Single Factor Test）。如果存在较大的共方差问题，当对所有变量执行因子分析时，将会出现单一因子，或者出现一个综合因子，该因子能够解释大部分变量的方差。我们对本书中所有的题项进行因子分析，结果表明，存在 9 个特征根大于 1 的因子，他们一共解释了全部方差的 55.887%，解释力最强的因子解释了方差的 11.356%。

3.1.2 实证方法选择

社会经济学者认为企业承担社会责任能够提高企业的价值，其中，企业社会责任的工具理论的观点尤为突出。特别是 M. Porter 的顾客价值链管理理论和战略性企业社会责任理论（Husted 和 Allen，2007）的提出，企业的社会责任行为与企业价值创造就联系到了一起，甚至认为企业的社会责任行为的目的就是使企业创造的总价值最大化。对于企业而言，企业公民行为与企业竞争优势两者之间可能存在因果关系，但必须首先要检验两者之间是否存在相关关系，即两者之间存在正向关系。在此基础上，通过文献基础和理论基础寻找两者之间存在的逻辑关系，通过相关分析和多元回归分析验证两者之间的关系。

结构方程模型（Struetural Equation Modeling，SEM）是一种综合运用多元回归分析、路径分析和验证性因子分析方法的数据统计分析工具。它可以用来解释一个或多个自变量与一个或多个因变量之间的关系，能够测量自变量对因变量的直接影响和间接影响，目前已广泛应用于心理学、经济学、社会学和行为学等领域的研究中。在社会学科研究领域中，态度、智力、动机、偏见、社会地位等变量都不能准确、直接进行测量，需要找出一些可观察变量作为的间接性、替代性"标识"，然而这些潜在变量的观察标识总会包含大量的测量误差，在传统的统计分析中（如回归分析），即使是对那些可以测量的变量，也总是不断地受到测量误差问题的侵扰，自变量测量误差的发生会导致常规回归模型参数估计产生偏差。只有结构方程模型既能够使研究人员在分析中处理测量误差，又可分析潜在变量之间的结构关系。与许多传统的统计方法相比，SEM 模型没有严格的假定限制条件；可以同时考虑并处理多个因变量；允许自变量和因变量含有测量误差；可以同时分析因子结构和因子关系；容许采用更具弹性的测量模型；可以设计出潜在变量之间的关系，并估计整个模型的拟合程度。因此，结构方程建模是针对上述统计分析的缺陷而开发出来的一种十分重要的数据分析技巧，并以其独特的优势在统计学中建立地位。

SEM 模型的变量从可测性的角度可分为显变量（Manifest Variable）和潜变量（Latent Variables）两类，显变量是可以直接观察并测度的变量，潜变量则是不能直接观测的变量，是用对应指标测量的不可观测的结构或因子，这意味着它和两个或多个显变量存在协变（Covariance）关系。从变量生成的角度来看，SEM 模型又可分为外生变量（Exogenous Variables）和内生变量（Endogenous Variables），外生变量不受其他变量的影响，其值由外部输入，相当于自变量的概念；内生变量则受模型中其他变量的影响，其值要视其他变量而定，相当于因变量的概念。这样，综合起来，SEM 模型通常要涉及四种变量，即外生显变量、内生显变量、外生潜变量和内生潜变量。

结构方程模型分为结构模型和测量模型两部分。结构模型（Structural Model）描述潜变量之间的关联，是一组类似多元回归中描述外生变量和内生变量之间定量关系的模型。在结构模型的路径图中，各潜变量或潜变量的误差项用带箭头直线连接。测量模型（Measurement Model）则描述潜变量与部分（也可能全部）观测指标之间的关联。事实上，纯粹的测量模型是一个在每对潜变量间有着不可测变量的协方差（路径图中表现为双箭头曲线）的证实型因子分析模型。测量模型的路径图可以显示出各潜变量是通过哪些观测变量来间接测度的。在测量模型中，潜变量间的关系只假定是相关关系，而在结构模型中，潜变量间的关系是相关关系或有方向的关系。

3.1.3 模型建模与分析过程

SEM 模型的分析步骤。从广义角度上看，SEM 模型代表变量间一系列假设的原因—结果关系向一个涉及统计依赖范畴的复合假设的转换（Shipley，2000）。通过使假设的关系向可检验的数学模型的转化，SEM 模型为研究者提供了一套检验和量化理论模型广泛适用的方法体系。一般来说，应用结构方程模型进行统计分析可以分为四个步骤：①模型设定。在进行模型估计之前，首先要根据理论假设或以往的研究成果来建构初始理论模型，显现研究假设所要求证的变量之间的关系，并反映从概念性变量到操作性变量之间的变量转换过程，采用路径图或数学方程式反映出各变量间的关系和研究设计思路。②模型拟合。建构一个新模型后，要设法求解模型中各个参数的估计值，使模型隐含的协方差矩阵与样本协方差矩阵“差距”最小，常用的模型参数估计方法有最大似然法和广义最小二乘法。③模型评价。在取得了参数估计值之后，需要比较两种协方差矩阵，检查结构方程的解是否适当，包括迭代估计是否收敛，各参数估计值是否在合理范围内、衡量模型的拟合程度。④模型修正。如果发现模型偏离数据所显示的实际情况，则要修正该模型和再次设定。模型修正可以根据统计输出的改善模型拟合度的统计量“修正指数”MI，通过删除、增加或修改模型的参数实现模型的修正。

结构方程建模是评价理论模型与经验数据一致性的新型分析方法，SEM 模型主要具有验证性功能，研究者可以借此对复杂的理论模型加以处理，并根据模型与数据关系的一致性程度，对理论模型做出适当评价，从而证实或证伪研究者事先假设的理论模型。从处理过程可归纳出以下主要特征：①具有理论先验性。SEM 模型最重要的一个特征是必须建立在一定的理论基础之上，从变量内容的界定、变量关系的假设、参数的设定、模型的安排与修正，一直到应用分析软件进行估计，每个步骤都必须以清楚的理论模型或逻辑推理为依据。②同时处理测量与分析问题。SEM 模型将不可直接观察的概念，通过潜变量的形式，利用显变量的模型化分析来加以估计，不仅可以估计测量过程中的误差，还可以评估测量的信度与效度。在探讨变量关系的同时，把测量过程产生的误差包含于分析过程之中，把测量信度的概念整合到路径分析等统计推断决策过程。③以协方差的运用为核心。SEM 模型分析的核心概念是变量协方差（Covariance），如果研究者所设定的 SEM 模型出现问题，或是数据估计过程导致协方差矩阵（Matrix）无法导出，整个 SEM 分析就无法完成。④适用于大样本分析。SEM 模型处理的变量数目较多，变量之间的关系也较为复杂，为了维持 SEM 模型假设成立的最低要求，需要使用较大的样本并保持一定的样本规模，这关系到 SEM 模型分析的稳定性与各种检验指标的适用性。⑤重视多重统计指标的运用。虽然 SEM 模型集多种不同统计技术于一身，但对统计显著性的依赖程度却远不及一般统计分析。SEM 模型分析参考的指标不以单一参数为主要标准，注重整合性的系数，并发展出不同的统计评估指标，使研究者可从不同角度来进行分析、评价。

3.2 变量测度

根据对上述研究设计思路，本书主要聚焦于企业公民行为与竞争优势的关系研究，具体而言是指企业运用公益、慈善等企业公民行为对企业竞争优势进行影响，这种影响是如何发生的呢？企业公民行为作为一种非市场行为，作用于企业外部的市场环境和非市场环境，与多个主体的利益相关者发生交互作用，这种关系是非常复杂的，同时从企业公民行为到竞争优势的中介机制也具有一定的复杂性，因此有必要根据上述研究思想和研究对象的特征，从这一复杂关系中选择具有一定代表性同时又符合设计要求的变量，构造一个合理的可以进行实证研究的因果模型。概念模型是指可操作化进行实证检验的模型，与理论框架的各种概念相比，设计的变量不但是可以操作的并且是可以测量的。

变量的测量是企业公民行为获取竞争优势定量研究的重点和难点，是否正确地对相关变量进行测量直接关系到研究工作的质量。基于第 2 章提出的理论概念模型，本书所涉及的变量包括企业公民行为特征、企业社会绩效、战略适应能力和企业竞争优势等。这些变量大多难以量化测定，即便是测度竞争优势的财务指标可以量化，但考虑到由于这些数据可能会涉及调查对象的商业机密而得不到回答或得不到真实信息，因此，用主观感知方法来评价变量仍然是一种有效的方法。

因而，本书对变量的测度均采用李克特级量表打分法。根据李克特级量表打分法的原则，数字 1 ~7 表示从极为不同意（或不频繁、不密切、少、低）向非常同意（或频繁、密切、多、高）依次过渡，其中 4 为中性标准。为了使这些指标便于统计操作，本书基于大量文献对这些概念的界定及相关研究，并结合实地调研所获取的信息，设计了系列问题，旨在通过这些问题对各变量进行测度。不同的企业公民行为特征可能是引起企业竞争优势差异的关键原因，为验证这一理论假设，并为进一步实证分析企业公民行为影响企业竞争优势的作用机理奠定基础。本书选取了企业公民行为表现作为解释变量，即按照企业公民行为的利益相关者主体进行了划分，划分为核心利益相关者和非核心利益相关者，核心利益相关者主要指政府、媒体、社区、消费者、供应商和员工，非核心利益相关者主要指公众和环境；同时按照 Meznar 对社会公共事务战略的划分，可以划分为缓冲型和搭桥型两种类型。

缓冲战略的量表基础主要是 Menar、Nigh 和 Blumentrit 的研究工作，本书在使用时进行符合作语境的适当调整，并加入了一些符合中国企业实际情况的语句。在与 MBA、EMBA 学员的讨论中，他们特别谈到，中国非市场环境的复杂性表现之一是政府政策本身的不明确性和模糊性，这给政府部门留下了较大的操作空间。因此，我们设置如下问题：

（1）复杂性。①贵企业面临的来自政府管制、宏观经济政策、政府人事变动或社会公众的反对意见等非市场风险有多大。②近三年，影响贵企业经营运作的政府政策、法律制度（如财务、产品质量、广告、人事制度等）等条款的清晰、明确程度如何（主要是指条款有多大程度的可操作性）。③近三年，在开拓全国市场时，不同省（市、县）政府部门对贵企业影响程度的差异如何。④近三年，贵企业面临的不同政府机构（包括不同省、市、县政府以及不同的政府部门）对同一中央政府政策、法律法规等解释的差异程度如何。

（2）动荡性。①近三年，贵企业面临的政府管制政策（例如行业发展战略、对产品质量标准的要求、行业准入条件、税收政策等）等的变动情况。②近三年，贵企业所打交道的政府部门，其工作重点、人事等方面的变动情况。③近三年，贵企业面临的宏观经济环境（如汇率政策、货币政策等）的变化情况。④近三年，社会公众、媒体、所在社区、民间团体（如环保组织、公益组织等）对贵企业要求（例如要求企业遵守环保生产的标准等）的变化情况。

市场环境的动荡性在与 MBA、EMBA 学员的讨论中，他们特别谈到市场环境的复杂性主要表现在需求、技术等市场因素受到非市场环境中利益相关者的影响，如政府、社区、公众、媒体等。因此，我们设置如下问题：

（1）复杂性。①贵企业顾客对产品的需求在多大程度上受到社会文化、政治或社会事件、政策导向等非市场因素的影响。②贵企业的产品质量标准在多大程度上受到社会文化、政府政策等因素的影响。③贵企业的内部经营运作在多大程度上受到政府、社会公众、媒体、所在社区等的影响或干预。④贵企业有多少市场机会受到政府部门的控制和影响（上马新项目需要审批、生产小轿车等类似产品需要的生产资格、开拓新市场需要审批等情况）。

（2）动荡性。①在贵企业所在的行业中，技术变化的速度如何。②在贵企业所在的行业中，顾客需求变化的速度如何。③贵企业的竞争对手的竞争策略与行为变化的速度如何。④在贵企业所在的行业中，替代品出现的速度如何。

在目前文献中发现，对企业规模的衡量大多数是通过直接测量企业员工人数（卫武，2004），然后取其自然对数进行统计分析。这种方式在本次问卷调查中可行性不高，因为一般的员工较难准确描述企业员工人数，而且本书的研究对企业规模的精确性要求不高，因此，这里用另一个主观判断的变量来替代。本书让问卷填写者根据企业总资产在本行业的水平来判断企业的规模：特大型企业、大型企业、中型企业、中偏小型企业、小型企业。常用的指标有卡方（chi - square，

χ^2）、近似误差均方根（Root Mean Square Error ofApproximation，RMSEA）、标准化残差均方根（Standardized Root Mean Square Residual，SRMR）、赋范拟合指数（Normed Fit Index，NFI）、非范拟合指数（Non－normed FitIndex，NNFI）、指数（Tucker－Lewis，TLI）和比较拟合指数（Comparative Fit Index，CFI），还有以往常用的拟合优度指数（IGoodness－of－fit Index，GFI）和调整拟合优度指数（Adjusted Goodness－of－fit Index，AGFI）。由于 GFI 和 AGFI 两类指数常被批评受样本容量的影响，且在不同情况下，有各种程度的误差出现（Hu 和 Bentler，1995），故在近期的研究中较少使用；虽然 NFI 曾经使用频繁，但后来的研究显示其受样本容量的系统影响，在样本量较少的时候，会低估拟合优度，因此新近的拟合指数研究中并不推荐使用 NFI，反而推荐使用 NNFI（或 TLI）和 CFI（侯杰泰等，2004）。但无论怎样，要保证基于拟合效果良好的模型来对理论假设进行验证，至少达到多于一个参数标准是必需的（Breckler，1990）。基于对以上因素的综合考量，本书将选取 χ^2/df、RMSEA、TLI 和 CFI 四类指数作为评价模型的拟合指数。参照大量相关文献，对使用这四类拟合指数的判别标准进行说明，如表 3－1 所示。

表 3－1　结构方程模型适配度及相应拟合指数的判别标准说明

适配度	拟合指数	判别标准
整体适配度	χ^2/df	要求 χ^2 不显著（对应相伴概率 $p>0.05$），若 $\chi^2/df<3$，则对 χ2 不显著的要求可忽略不计；若 $2<\chi^2/df<5$，认为模型可以接受；若 $\chi^2/df<2$，则拟合较好
	RMSEA	$0.05\leq RMSEA\leq 0.08$ 为可接受范围；若 $RMSEA<0.05$，则模型高度拟合
	TLI	$TLI\geq 0.9$ 认为模型可以接受，该值越接近 1 表明模型拟合越好
	CFI	$CFI\geq 0.9$ 认为模型可以接受，该值越接近 1 表明模型拟合越好
内在适配度	所有估计的参数	达显著水平

另外，对于与路径系数相应的临界值 C. R.（Critical Ratio），当其值 >1.96 时，表明该路径系数在 $p\leq 0.05$ 的水平上具有统计显著性。本书采用 AMOS 6.0 软件来实现 SEM 的分析过程。

3.2.1　被解释变量：竞争优势

由于企业对财务数据一般在调研中采取保密的态度，难以取得客观数据。企业公民行为通过关系运作和战略匹配是导向竞争优势的，只有得到竞争优势才有可能进一步实现企业社会绩效和经济绩效，因为企业公民行为作为非市场战略行为导向竞争优势，在理论上经得起推敲并具有坚实的根基。由于研究条件的限制，本书采用企业高管的自评方式采集竞争优势的数据。在本书中，企业竞争优势为被解释变量。虽然有关企业竞争优势的研究文献不胜枚举，但其概念界定和测度仍然是战略管理学者争议的问题焦点之一，无论在理论界还是企业界都远未达成共识。

在纷繁芜杂的企业竞争优势文献中，许多研究者均采用 ROA、ROS 等表征企业财务绩效水平的指标来对企业竞争优势水平进行测评。然而，企业的财务绩效水平并不等同于企业竞争优势水平，单纯的财务绩效指标无法阐释企业竞争优势获取的内在逻辑。为弥补财务绩效指标测度的内在缺陷，此后又有学者采用创新绩效等非财务绩效指标来评价企业的竞争优势。本书基于前人文献，采用多维度对竞争优势进行了综合衡量，以避免单一测度指标所存在的不足。田雪莹对于竞争优势采用了资产收益率（ROA）、销售收益率（ROS）和销售增长率（SG）和市场占有率等指标来测度。本书中的竞争优势，与巴尼的竞争优势概念相一致，竞争优势是指可操作性的公司财务业绩，企业超出行业平均水平则被认为已展现了其竞争优势。竞争优势一般有两类指标，即资产报酬率（ROA）和托宾Q。本书根据数据的易得性出发，综合财务指标和非财务指标对于竞争优势进行测量，财务指标是指资产收益率（ROA）、销售增长率，非财务指标是指市场占有率。设置如下问题：①本企业息税前总资产收益率比同行业平均水平如何。②本企业息税前总销售收益率比同行业平均水平如何。③本企业年均销售增长率比同行业平均水平如何。市场占有率是众多文献对企业竞争优势界定的核心。较高的市场占有率标志着强势的市场地位，被认为是获取竞争优势的重要手段。企业通过占据最为广大的市场范围，获得比竞争者更具强势的竞争地位。因此，市场占有率是衡量企业竞争优势的重要指标。本书以市场占有率作为测度企业竞争优势的非财务绩效指标，设置问题。④本企业市场占有率比同行业平均水平如何。同时对于竞争优势采用了第五个题项，即企业在产品、服务和过程的创新情况，这是一个非财务指标。⑤企业在产品服务和过程中的创新情况。

表 3－2　被解释变量测度指标

序号	变量名称	测量项目	来源或依据
Q5. 1 ~ Q5. 4	企业竞争优势	ROA、ROS、SG 市场占有率 企业在产品、服务和过程中的创新情况	Chandler 和 Hanks（1993） Venkatraman 和 Ramanujam（1986） Ansoll 和 Mcdonnel（1990）

资料来源：笔者整理。

3.2.2　解释变量：企业公民行为

根据战略事项或企业所面对的社会问题来区分企业公民行为均存在着一定的

困难。正如 Carroll 对于企业公民行为按照内容进行了划分，将企业公民行为划分为经济公民行为、法律公民行为、伦理公民行为和慈善公民行为四类，以及 Maignan 对于按照卡罗尔的理论划分所进行的一系列实证与量表开发而言，虽取得了较大的学术影响，但也受到诸多质疑，如周祖城等对于卡罗尔理论划分的逻辑性进行了反驳，在理论受到质疑的同时，实证研究也存在着一定的测量难度，由于同一个问题在测量时究竟在测量经济公民行为还是法律公民行为，本身就存在着问题，因为可以说这同时是经济公民行为，也是法律公民行为。虽然有些学者也采用了变通的方式，如将经济公民行为和法律公民行为进行了整合，提出所谓底线责任行为的概念，但并未在理论上取得较大的突破。然而根据利益相关者来划分企业公民行为是当前较为普遍接受的方法。按照克拉克森的思路，也就是企业公民行为的界定应该按照"利益相关者框架"，因为企业公民理论本身就是企业社会绩效与利益相关者理论的整合。按照克拉克森的看法，利益相关者有首要（Primary）和次要（Secondary）之分。

基于利益相关者的框架对企业公民行为进行划分，即针对不同的利益相关者制定不同的战略和策略，郑海东将企业公民行为（企业社会责任行为）划分为对内部人责任（简称内部人责任）是指对股东、管理人员和普通员工的责任，对外部商业伙伴责任是指对债权人、供应商、分销商和消费者的责任，对社会公众责任是指对政府、环境和社区的责任。这种三维模型已经得到了实证分析的支持，外部商业伙伴责任表现最好，公共责任次之，内部人责任表现最差。从逻辑角度讲，在解决应当的问题之后，企业公民的研究不能仅停留在哲学思辨的层面，企业公民行为为从企业行为的现实性和理论建构提供了另一个角度，在中国面临严重的企业伦理困境时，仅满足从道德高度进行规劝和较宏观视角的透视是不够的，必须在企业的微观层面进行理论建构，从战略管理视角看企业公民建设，为将企业公民纳入企业战略和竞争战略之中提供理论和实证支撑，当然此类研究在目前尚不多见。对策研究必须依靠实证研究的结果提供一系列可靠的备选方案，否则就是无源之水。

缓冲战略和搭桥战略的分类，能够适用于不同的国家环境。缓冲战略就是企业试图构建缓冲以避免政治社会环境对自身的影响，或者主动影响外部经营环境，以使环境对自身的经营有利。搭桥战略是企业为了适应外部环境的变化而采取的适应性活动。企业通过缓冲行为，可以有效达到避免政府政策和外部压力集团影响的目的；通过搭桥行为，主动迎合政府和公众的要求，可以获得政府和社会的满意和喜爱。本书研究对象是非市场战略中的企业公民行为，这样，本书的自变量就是企业公民行为的三种策略选择：缓冲策略、搭桥策略和引领策略。

表 3-3　解释变量测度指标

序号	变量名称	测量项目	来源或依据
Q2. 1 ~ Q2. 7	缓冲 行为模式	我们通过公益环保行为影响政府决策保护公司免受消极影响 我们努力使我们的业务运作免受政府决策的影响 我们在参与由公众和政府倡导的社会活动 我们努力对可能影响我们业务的立法建议施加影响 我们从事公益性广告以维护公司的社会和经济利益 我们采用公益性活动提升公司的社会地位 我们从事公共活动提升公司的社会地位	贺远琼 田志龙 冯广宇
Q2. 8 ~ Q2. 18	搭桥行为 模式	我们快速调整公司行为以适应社会和政府期望的变化 我们密切关注政府行为和利益相关者的要求 我们会遵照政府与社会要求改变公司的行为 我们与政府一起致力于形成双赢的行业规范 我们公司目前的行为实践超过现行法规的要求 我们通常是对社会和政府期望的变化做出最快反应的公司之一 产品设计研发方面将市场考虑与非市场力量 供应商选择与战略合作伙伴选择会将市场考虑与非市场力量	贺远琼 田志龙 冯广宇
Q2. 19 ~ 3. 25	引领行为模式	我们的战略目标是将市场目标和社会期望高度整合在一起 贵公司总是在社区捐赠慈善上面投入巨大精力和时间 贵公司总是在环境保护方面做到行业领军的位置 贵公司总是在执行社会责任标准方面超越其他竞争对手 贵公司总是一如既往地投入到产品质量上 贵公司总是一如既往地投入时间和精力在产品创新和服务创新上 贵公司对于政府提倡的社会责任活动总是投入全力 贵公司总是前瞻性地投入企业公民活动和实施企业公民行为	Peng

资料来源：笔者整理。

3.2.3　调节变量：环境动荡性

环境动荡性可以对企业公民行为与竞争优势的关系起到正向的调节作用。环境动荡性高时，企业往往频频使用公民行为以获取更多的社会资源，在中国转型期所面对的是一个情理社会，虽然我们的目标是实现一个社会主义公民社会为基础的社会理想，然而在情理社会中重关系、重面子，将关系视为非常重要的资源成为普遍的“游戏规则”。企业社会资本嵌入企业网络之中，其实也是嵌入于企业管理者和员工的人际关系网络之中，通过企业公民行为模式缓和与外部非市场主体的利益冲突，或者作为一种“社会投资”，通过慈善捐赠将有形的资源转换成无形的资源，如美名、品牌和声誉。当环境动荡性较低时，企业往往由于来自外部的压力较小，而减少企业公民行为模式。

3.2.4 中介变量：企业社会资本

在战略管理的相关研究中往往通过第三变量来理解“黑箱”过程背后的复杂关系，Baron 和 Kenny 的中介研究促进了中介分析的巨大发展。在战略研究中，尤其在 *AMJ* 和 *SMJ* 两本管理学顶级刊物中战略学者应用中介变量以解释复杂关系的范例非常多。在最近十年战略管理领域涌现了验证复杂关系，包括中介关系的大量实证研究。通过中介变量的识别可以找到两者关系背后所隐含的逻辑关联。自变量对因变量的效应是通过中介变量产生的叫作中介效应。中介效应可以是完全中介也可以是部分中介。完全中介是指 X 对 Y 的影响是完全通过 M 实现的。而部分中介是指 X 对 Y 的总效应中仅仅一部分是通过 M 实现的。说得更具体一些，就是部分中介说明 X 与 Y 的关系，即有直接效应也有间接效应。

MacKinon 等提出了 14 种检验中介变量的方法，进而将其归纳为三类：第一类是 Judd 和 Kenny、Baron 和 Kenny 的经典四步法；第二类是对回归系数和相关系数进行比较的方法；第三类是系数乘积的方法，使用较普遍的是 Sobel 的系数乘积公式。在战略管理研究中，近 20 年来，越来越多的研究者应用结构方程模型（SEM）来检验中介效应。Miller 等认为不管是采用回归还是采用结构方程检验中介效应，Baron 和 Kenny（1986）的检验逻辑是包含其中的。

按照 Miller 对战略管理实证研究的建议，中介变量应该进行相应的统计检验，Preacher 和 Hayes 建议检验中介效应的显著性。因为如果不做如 Sobel 检验等中介变量统计检验，有可能会犯第一类错误，即在因变量和自变量之间加入中介变量导致一个非常小的变化以至于使得 X 和 Y 的统计显著性变得不显著了。也可能会出现第二类错误，即存在 X 和 Y 之间关系有一个巨大的变化，但在统计显著性上并没有多少下降。Shrout 和 Bolger 对于中介变量的信度要求在 0.9 或更高，样本量要在 200 以上。如果直接效应概念上不是非常重要、通过中介变量的间接效应却在研究中非常重要的话，可以忽略 BK 的第一步。当然，放松这样的假设可以帮助战略管理研究者不会因为 BK 的第一步，即 X→Y 在统计上不显著而放弃继续分析中介机制。企业公民行为作为一种企业战略行为，其对竞争优势的影响而言，其关系并不完全是直接的和简单的关系，而更多的是间接的和较为复杂的关系。同时这种关系又具有远距效应，即企业公民行为作为一种战略行为，将对企业竞争优势及其绩效产生影响，但这种影响可能是立竿见影的，也可能需要几个月甚至更长的时间。因此，作为自变量的企业公民行为与作为因变量的竞争优势之间存在暂时的分离，同时这种直接效应可能不是非常大。

本书应用社会资本视角看待企业公民行为与竞争优势的关系，是将企业公民行为视为一种非市场行为，而且是有战略意图的非市场行为。企业公民行为与企业政治行为最大的不同体现在两点：一是伦理性和规范性，无论企业公民事项还是制定和实施企业公民战略均是具有伦理导向的。背后是一种社会契约关系，既有显性的关系也有隐性的关系。二是对象不同。企业政治行为主要的对象是政府，因此主要分析企业与政府的关系，而企业公民行为涉及的面要宽一些，主要是指与社会公众的关系，同时也离不开整个外部利益相关者网络，因此是一种多边关系。其中一种是企业通过平衡关系网络以积累企业发展所需的关系资源，诸如信任、企业声誉等软性的资源。因此，企业公民行为离不开企业所依存的关系网络，竞争优势来源于企业与非市场环境的互动，因此，根据前人的文献和理论积累，对企业公民行为影响竞争力有着相关的研究。

对于致力于企业社会资本的研究，其有关构思和测量这种复杂构念的研究已取得了部分成熟量表。与社会资本相近的作为企业公民行为与竞争优势中介变量的构念如声誉也已有学者进行了基于美国的 KLD 数据库进行了测量，前沿的测量方法技术包括声誉商数限值（RQ）（Fombrun，1996）、公司人格量表（Davies 等，2003）和精神工具（McMillan 等，2004），已经建立量表并用于为执行企业社会资本相近概念的测量。虽然上述方法充满了挑战和洞察力，但对于企业社会资本相近概念如声誉、企业人格的测量方法仍处于资料缺乏和广泛使用不足的问题，前述方法运用于战略研究类型显然并不一定恰当，尤其是中国情境下完全照搬并不能取得良好的效果。具有一个历史传承性和在实践中被广泛应用的量表，且在学术上相当认同是财富最受赞赏的公司排名（Luo 和 Bhattacharya，2006；Roberts 和 Dowling，2002）。中国也不乏这类企业公民的排名，然而在学术上其指标体系也并没有得到学界的认可。因此，本次研究采用的是企业社会资本的经典量表。因为企业社会资本被认为影响了竞争优势，影响未来公司的财务业绩（预测效度），有必要构建滞后于竞争优势相对滞后一年，从而调研针对 2008 年企业社会资本进行提问，以有效地测量概念并对整个模型的验算有利。对企业社会绩效的测量方法众多，其中内容分析法的优点在于有洞察力，问题在于容易忽略重要信息，毕竟分类和编码是主观的。案例方法的问题在于应用的企业数量比较少，外部效度不尽如人意。企业社会绩效的测量问题在于是个多维测量，很难全面的测量。

主要是由于测量问题把许多学者的研究弄糊涂，造成对于两者相关问题的困惑，一些人认为是轻微的正相关（McGuire 等，1988；McGuire、Schneeweiss 和 Branch，1990；Aupperle 等，1985），一些人发现了明显的正相关（Cochran 和 Wood，1984），也有人认为是负相关（Shane 和 Spicer，1983），在财务绩效与企业社会绩效是否存在相关并不清楚，如果存在，关系是正的还是负的也不得而知（Aupperle 等，1985）。如前所述，本书从企业与外部实体之间的联系出发来划分和界定社会资本，具体包括：①企业与客户之间的联系。②企业与供应商之间的联系。③企业与其他企业之间的联系。④企业与政府部门之间的联系。⑤企业与金融机构（如银行）之间的联系。⑥企业与高校、科研院所、行业协会之间的联系。企业社会资本的三个维度：结构维度、关系维度和认知维度，是本书概念模型的中介变量，它们将对企业公民行为对竞争优势产生影响。Leenders 和 Gabbay（1999）指出，企业社会资本的形成需要时间，信任随时间而增加，关系随时间而成熟，其收益通常需要经历一段时间后方能显现。一定的时间间隔可以较好地实现长时间内观测数据的变化度与短时间内观测数据的有效性之间的较好折中。由此，考虑到企业社会资本对竞争优势影响的滞后性，本书采取了在调查约束情况下可用的最好的折中方法（Cooke 和 CIift，2002），即均测度企业社会资本近三年的平均情况。

（1）结构维度。网络联系为企业带来了广泛的信息收益，企业外部联系的频次反映了双方的重复交互程度（M. Fadyenand Cannella，2004）；外部联系的密切程度和数量等，则体现企业了解对方的程度（Granovetter，1973：Uzzi，1996；Hansen，1999）。Yli－Renko 等（2001）在对关键客户关系中的社会资本对于知识获取和知识利用作用的研究中，通过考察“与此客户保持紧密的社会关系”和“在个人层面上了解客户的员工”两个方面来测量社会交互作用，这与本书所界定的企业社会资本结构维度非常相近。由此，对企业社会资本结构维度的测度分别从联系的频繁程度、联系的密切程度、联系对象的数量三个方面予以衡量，相应地设计了三个问项。

（2）关系维度。企业社会资本关系维度的水平越高，则企业更易于从外部联系中进行信息和知识的交换与转移。联系双方之间的信任可减少对机会主义行为的担忧（Bradach 和 Eeles，1989；Gulati，1995a；Zaheer 和 MeEvily 等，1998）。相互信任构成了双方持久和有效关系的基础。在对关键客户关系中的社会资本对于知识获取和知识利用作用的研究中，Yli－Renko 等（2001）设计了“在此关系中双方避免提出严重有损于对方利益的要求”“在此关系中即使有机会，双方都不会利用对方”“此客户通常对我们信守诺言”三个题项来测度企业与关键客户关系的质量；而 Beugelsdijk 等（2003）在研究组织文化、联盟能力与社会资本之间的关系时，从机密信息交换、判断信息的准确性、履行诺言、对技术的信心、可以信赖五个方面衡量联盟的信任维度。基于上述学者的研究，对企业社会资本的关系维度分别从联系双方在合作过程中，存在损人利己的趋向、联系双方能真诚合作、联系双方能相互信守诺言三个方面进行度量。

表3-4 企业社会资本探索性因子分析

因子1：企业社会资本结构维度	载荷1	载荷2	载荷3
St1：我们与政府部门之间的联系比较频繁	0.661	0.029	0.071
St2：我们与银行之间的联系比较频繁	0.712	0.000	0.085
St3：我们与科研院所、行业协会之间的联系比较频繁	0.701	0.028	0.056
St4：我们与客户、供应商之间的联系比较频繁	0.679	0.031	-0.050
St5：我们在同行业中的知名度很高	0.703	0.106	0.018
St6：一些单位会主动跟我们联系	0.700	0.097	0.027
St7：我们经常会得到合作方的称赞	0.740	0.054	0.000
St8 在与对方的业务往来中我们感到很愉快	0.719	0.064	-0.041
St9 对方常常会考虑我们的利益	0.652	0.014	-0.023
St10：我们不会做有损对方利益的事情	0.004	0.050	0.069
因子2：企业社会资本认知维度			
Co1：我们之间比较容易沟通	0.040	0.674	-0.128
Co2：我们平时的沟通比较愉快	0.070	0.729	0.049
Co3：我们很容易就能达成一致意见	0.041	0.718	0.176
Co4：我们都希望建立长久的合作关系	0.053	0.702	-0.057
Co5：我们合作的目标是一致的	0.013	0.662	-0.004
Co6：我们对未来的合作前景比较乐观	0.050	0.763	0.052
因子3：企业社会资本关系维度			
Gx1：我们与对方有着长期的合作关系	0.019	0.043	0.469
Gx2：我们与对方彼此相互信任	0.009	0.113	0.774
Gx3 我们很相信合作方的业务水平	-0.011	-0.056	0.639
Gx4 我们与对方有时会存在口头协议	0.037	0.011	0.552
Gx5：我们在市场上的口碑很好	0.044	0.079	0.811
Gx6：对方良好的声誉是我们与其合作的前提	0.014	0.021	0.906

（3）认知维度。联系双方共享相同的语言到一定的程度，通过有效的沟通可促进信息、技术等的获取（Nahapiet 和 Ghoshal，1998）。相似的价值观对联系

双方之间的知识共享和利用具有推动作用（Tsaiand Ghoshal，1998）。本书提炼了网络联系因有共同语言能有效沟通、联系中存在相似的价值取向两个方面对企业社会资本的认知维度进行了测度。

变量度量本书通过分析和综合各种变量，进一步修订和整合，设计出初始的问卷量表。本书对所涉及的变量进行测量，如缓冲战略、搭桥战略、高层团队的管理导向、企业社会绩效、竞争优势等均采用李克特 7 分量表。

（1）缓冲战略。缓冲战略量表由 3 个语句组成，各项目均采用李克特 7 分量表，最低分值为 1，最高分值为 7，分值越高说明企业采取缓冲战略的程度越高。3 个语句分别是：①我们通过企业公民行为努力保护公司免受政府干预。②我们通过企业公民行为努力使公司业务运作免受政府决策的影响。③我们通过企业公民行为从事公共活动（如召开新闻发布会、会见社团组织等）提升公司的社会地位。

（2）搭桥战略。缓冲战略量表由 8 个语句组成，各项目均采用李克特 7 分量表，最低分值为 1，最高分值为 7，分值越高说明企业采取搭桥战略的程度越高。8 个语句分别是：①我们努力让当地政府官员知道我们会依照政府的期望做事。②我们不断审视环境以确保自身的行为符合社会的期望。③我们快速调整公司行为以适应社会和政府期望的变化。④我们通过企业公民行为密切关注政府行为。⑤我们会遵照政府的要求改变公司的行为。⑥我们与政府一起致力于形成双赢的行业规范。⑦我们公司目前的行为实践超过现行法规的要求。⑧我们通常是对社会和政府期望的变化最快做出反应的公司之一。研究假设的形成定量实证论文的写作套路通常是在文献梳理的基础上进行提出相应的研究假设，但基于本书的特殊性，需要在案例研究、文献基础上进行理论分析和阐述提出概念模型，然后根据本概念模型进一步提出相应的研究假设。企业公民行为对竞争优势影响机理的研究，其理论根基在于利益相关者理论，尤其是工具性的利益相关者理论，相对于“利益相关者关系—战略行为—竞争优势”的规范研究框架而言，“战略行为—利益相关者关系—竞争优势”的研究范式成熟且经得起实证检验，在此研究范式的基础上，提出了“企业公民行为—社会资本—竞争优势”的理论分析框架，操作化构念是企业社会资本用来表征利益相关者的关系资源。由于企业面对众多的内外部利益相关者，因此通过对企业中高层管理者调查问卷的方式较难一次性地对利益相关者关系进行直接测量，因此，通过对利益相关者关系的操作，提出了两个有着前人研究基础的构念，即企业社会资本，这个构念均是企业层面且有一定的信度和效度的。

“社会资本”的概念最早出现在社会学研究中，法国社会学家 Bourdieu 的“社会资本”的定义为：“实际或潜在的资源集合体，这些资源与占有人们共同熟悉或认可的制度化关系的持久网络联系在一起。”

学术界对社会资本和企业社会资本仍缺乏统一认识，但对企业社会资本是一种存在于网络结构中的资源基本达成共识。如科尔曼认为，社会资本是个人的社会结构资源，行动者可以通过此种结构资源实现自身利益；普特南认为，社会资本是指组织特征，诸如信任、规范以及网络，它们能够通过合作行为来提高社会效率。伯特则更多将社会资本理解为一种机会，企业的社会资本是指那些能够被企业所控制、有利于企业实现其目标和实现目标活动、嵌入企业网络结构中显在的和潜在的资源集合。林南强调权力、财富、声望等社会资源是嵌入社会网络之中的，缺乏这些资源的人可以通过社会网络而摄取（借用），而社会资源的利用是个人实现工具性目标的有效途径（Lin，1982，1990）。周小虎认为，并不是所有关系资源都可以作为企业社会资本，只有在一定条件下那些能够有利于企业目标实现的，而不是约束和限制企业目标实现的网络资源才能成为企业的社会资本。

社会资本发生的前提在于个体是否愿意加入社区或一些组织并积极参与社区与组织的活动。企业公民行为正是将企业作为一个公民与外部的许多社会组织连接在一起的一种企业行为，而信任、规范与互惠等就是这些连接的黏合剂。对企业社会资本的维度划分较为著名的有两分法和三分法，现在基本认为企业社会资本不是一个单维概念。Granovetter（1973）首先把企业社会网络中的关系划分为强关系和弱关系两种模式。Uzzi（1996）认为，企业必须建立既包括强关系又包括弱关系的平衡的社会网络，单一的弱关系或强关系的社会网络都会对企业的生存和发展起消极作用。边燕杰和丘海雄提出，企业通过纵向联系、横向联系和社会联系摄取稀缺资源的能力是一种社会资本。一个企业社会资本量的大小，受经济结构和企业家能动性两大要素影响，社会资本对企业的经营能力和经济利益有直接的提升作用。

Nahapiet、Ghoshal 和 Tsai 等学者将社会资本概念应用于管理学领域，提供了一个清晰的分析框架，即社会资本的三个基本维度——结构维度、认知维度和关系维度。结构维度是指行为个体之间联系的整体模式，这一维度主要关注网络联系存在与否、联系强弱及网络结构。认知维度是指提供不同行为主体间共同理解的表达、解释与意义系统的那些资源，如语言、符号和文化习惯，在组织内还包括缄默知识等。关系维度是指通过创造关系或者经由关系途径获得的资产，包括信任与可信度、规范与惩罚、义务与期望以及可辨识的身份。社会资本的三个维度之间存在一定的自相关性。

在非市场行为方面，吴晓波、韦影和杜健从社会资本的结构、认知和关系三个基本维度出发，提出社会资本在企业开展“产、学、研”合作中的作用主要体现为信息收益、有效沟通和建立信任基础三个方面。田雪莹从向 NGO 捐赠提升竞争优势中也将企业社会资本的结构维度、关系维度和认知维度列为比较重要的中介变量。

中介作用的理论逻辑分析如下：

在上述文献综述和对企业公民行为实现或影响竞争优势的障碍分析中，我们提出在企业公民行为这种战略行为到企业竞争优势之间存在某种或几种中介变量的可能（Baron 和 Keriny，1986；温忠麟、侯杰泰和张雷，2005）。

相关研究的理论和实证验证作为一种非市场行为的企业公民行为影响竞争优势及绩效（X→Y），企业社会资本与竞争优势及绩效的关系已得到了众多学者的认同，相关研究也表明企业社会资本能对企业经济绩效产生较大的影响（Me→Y）（Granovetter，1985；Uzzi，1997）。企业公民行为能否产生企业社会资本（X→Me）成为打通理论逻辑的关键，企业公民行为作为企业的一种非市场战略，通过企业高管的慈善公益行为与外部利益相关者打交道，在外部的市场关系网络和非市场关系网络中为企业谋求生存和发展空间，企业公民行为是一种具有网络嵌入性的企业战略行为，通过外部利益相关者的关系资源不断整合其他经济资源和智力资源为企业所用，因此在通过企业公民行为这种具有关系嵌入性和道德利他性的战略行为，可以为企业谋求声誉和社会资本，虽然可能有一部分社会资本由企业高管所获得，但由于企业高管与企业具有特殊的关联，由企业高管社会资本到企业社会资本的过渡要更加容易。这就表明企业公民行为对竞争优势及绩效的影响是可以通过企业社会资本中介和传递的（X→Me→Y）。这里的理论逻辑是，企业公民行为的好坏会带来企业占有社会资本的多寡，而社会资本的差异会影响竞争优势，这种“战略行为→资源→竞争优势”的理论逻辑暗含在很多的理论或实证研究当中。

企业公民行为对竞争优势的影响关系起中介作用。应该说企业公民行为的实证研究在国内进行得并不多，相对于西方的企业公民研究显得不足，比较系统的研究并不多见。在前人的实证研究中田雪莹针对企业捐赠行为与竞争优势的关系通过社会资本的中介实现进行了大样本问卷的实证研究，贺远琼对企业非市场行为与绩效的关系也进行了大样本问卷实证研究和结构性的内容分析，同样两者关系也是通过高管的社会资本关系维度中介的。这类研究为本书提供了前期的量表设计基础和相应的理论基础。当然，企业公民行为不同于一般的企业捐赠行为，其战略性和目标更强，强调的是权利与义务的对等，而不是单纯的义务和责任的概念。企业公民行为是非市场行为的一种，但与一般传统意义上政治行为也存在着差异，因为一提到非市场战略许多人就会联想到企业政治战略和政治行为，非市场行为的研究始于企业政治行为，企业公民行为的研究将非市场行为的研究重心由企业与政府的关系转向企业与利益相关者网络的关系，尤其是企业与公众关系。但是非市场行为的研究缺少细化，正如 Shaffer 所提出的，非市场行为不能仅研究政治行为，也要研究某一种非市场行为，如游说行为。田志龙也提出不能对非市场行为（不仅包括政治行为）研究比较多，而对公益行为和环保行为研究较少。因此，在战略管理研究与企业公民责任研究的融合与对话的进程和大趋势中，我们将企业公民行为的研究纳入非市场战略研究。因此，将非市场战略作为自己的理论基础，具体而言，三种维度的社会资本在缓冲型企业公民行为、搭桥型企业公民行为与竞争优势关系中起中介作用的假说。

3.2.5 控制变量

顺承 Grant 等（1988）的研究，本书对可能对企业竞争优势产生较大影响的变量进行控制。这些待控制变量包括企业规模和企业成立年限。研究表明，企业规模、成立年限与企业竞争优势存在着一定的相关关系，因此，在研究中需要剥离掉这两个变量对企业竞争优势的影响。企业规模是影响企业行为和决策的重要属性（Nadler 和 Tushman，1985），企业规模越大，其规模效应和声誉优势就越明显，则竞争绩效就会越好（Lee 等，2001）。企业规模有多种测度指标，如员工数、资产总额、销售总额等。国务院国有资产监督管理委员会办公厅于 2003 年 11 月 4 日在《关于在财务统计工作中执行新的企业规模划分标准的通知》中指出，各企业应在财务会计统计和财务报告工作中遵照执行《统计上大中小型企业划分办法（暂行）》，囊括了工业、建筑业、仓储和邮政业、批发和零售业、住宿和餐饮业等多个类型的企业和部分非工企业。依据新的划分标准，本书采用从业人员数、销售额和资产总额来衡量企业规模。企业成立年限会影响企业的能力和知识的积累，从而影响企业的竞争优势（Lane 和 Lubatkin，1998；Zahra 等，2000）。对企业成立年限的测度一般采用单一指标，本书以企业从创立至今的成长年限来进行测度。

企业规模划分标准按 Lane 和 Lubatkin（1998）、Zahra 等（2000）的题项。利用 SPSS 分析工具，本书主要对样本企业基本资料（包括企业产权性质、企业规模、所属行业、成立时间、企业所处发展阶段等）和样本企业公民行为状况（包括企业公民行为方式、企业公民行为指向领域、企业公民行为数额、选择的 NPO 以及企业公民行为管理等）进行统计分析，说明各变量的平均数、百分比、次数分配表等，以描述样本的类别、特性以及比例分配状况。

3.3 调查问卷发放与样本容量

3.3.1 问卷调查对象定位

本书理论模型验证的是因果模型，因此对因果模型的检验需要较大的样本，我们选择了长三角企业，运用两年时间进行了两轮问卷。企业样本涉及旅游、零售、电信、能源和医药卫生等13个行业类别的企业公民行为，由于企业公民行为所引致的竞争优势的提升存在一个滞后，因此对企业公民行为的提问提前三年，而企业竞争优势的提问则指当年情况，主要的企业样本情况见附录。由于企业样本所涉及的是具有企业公民行为的样本，因此本次问卷一般选择员工规模在50以上的企业，同时经营时间在3年以上。调查问卷内容：本课题主要采用问卷调查方式来获得数据，拟设计两套问卷均采用李克特7分量表法进行设计。

调查问卷设计方案：①大量的文献、信息收集及研读，寻找成熟量表，为本书的问卷设计提供参考。②进行实地访谈及小组深度访谈，访谈都采取半结构化的方式进行，结合文献研读情况设计问卷初稿。③反复征求学术团队、企业界人士的意见，对问卷不断地进行修改，形成预测问卷。④小样本预测试。选择30～40家企业通过面对面的问卷填写方式，及时发现问卷填写过程中遇到的问题，并根据被测试者的反馈和建议，对题项的区分度、问题的表达方式、陈述语气、措辞选择、填写时间以及填写难度做进一步修改，在上述工作基础上最终形成正式问卷。

3.3.2 调查问卷发放及回收

由于研究条件的限制，根据上述的研究思路，我们最终将问卷总体确定在长三角地区的企业。以长三角地区企业为研究总体的理由主要是：①有大批跨国公司进入中国东部沿海，这些跨国公司企业公民行为表现积极，在华跨国公司频繁运用企业公民行为作为协调利益相关者关系的战略手段。②所以，基于长三角地区企业样本，研究企业公民行为影响竞争优势的机理，相对于我国中西部地区企业具有一定的参考价值。③为了保证数据的可获得性，由于作者及其研究团队与长三角地区企业有着密切的合作和联系，因此较易获得真实数据和情况。本书立足于企业层面展开研究，本书的问卷设计主要包括：

（1）研读国内外文献，寻找成熟量表。西方对企业公民行为的理论与实证研究成果较早，对其影响竞争优势的机理探索也形成了一定的研究成果。然而，立足于中国国情的成熟且系统的研究并不多见。企业公民行为概念的提出始于西方情境，可以说是一个社会文化概念，因此研究中国企业公民行为不能照搬西方的成熟理论，而要在中国制度环境下探索中国企业公民行为对竞争优势的几个影响因素，又同于西方也有异于西方的地方。同时非市场行为与竞争优势和绩效关联的相关理论与实证研究也为本书提供了相关的理论支撑。关于企业社会绩效与经济绩效的实证研究同样为本书提供了借鉴和参考。

（2）借助于自己的研究团队，同时向专家请教。通过学术交流的机会，向著名高校的企业公民行为方面的专家和教授进行请教，多次通过 E－mail、面对面的方式，以及小型座谈交流的机会，将自己的预试问卷和正式问卷向专家咨询。

（3）企业访谈和意见征询。在此基础上，结合商业实践中企业公民行为的具体特征和维度结构，汲取前人的量表，在此基础上编制了第一轮预测问卷，同时于 2008 年 7～9 月对南京地区的 7 家大中型企业进行了访谈。该问卷的主要内容包括企业基本信息，企业公民行为的初始题项，企业利益相关者影响能力的初始题项，以及企业社会资本的题项、竞争优势的题项、环境动荡性的题项。通过与企业高层的访谈笔者对企业公民行为有了感性的认识，同时企业界朋友也从务实的角度提出了许多有价值的意见，进一步纠正了问卷中的许多不足。

（4）预试和题项纯化。在进行大规模问卷前，我们进行了针对长三角地区的小规模预测试工作，并获得了 46 家预测问卷的有效数据。面对面的问卷过程，通过积极接收受试对象的反馈，对题项在区分度方面、问卷的表述方面以及回答的时间控制等方面进行了完善，在上述工作基础上最终形成正式问卷。

问卷均采用了李克特 7 分量表，调研问卷收集数据的方法，是根据长三角地区中心城市的《电话黄页》进行一轮电话预约调研的方式，同时采用网络收集企业的地址和邮件方式，这两项工作交给十余名访谈员进行安排并发放问卷。同时，我们也与长三角地区几家高校 MBA 班建立联系，请教师在课堂上发放问卷。另外，也借助学校的研究团队和个人的关系网络进行企业调研。

由于企业对企业公民行为的调研一般比较配合，尤其是企业高管，由于企业高层一般对企业的全面认识和宏观把握，因此较能全面获得企业公民行为的重要信息。在战略管理的实证调查中主要以高管为主，通过这种方式我们随机选择了可以进行问卷的 1000 余家企业成为我们的目标问卷企业。正式问卷中，发放的 1000 余份问卷中回收了 501 份问卷，回收率为 43.15%，剔除无效问卷 46 份，回收有效问卷 455 份，我们将未回收问卷进行 T 检验，未发现已回收问卷与未回收问卷存在显著差异。

表 3-5 问卷发放及回收情况

发放方式	发放数量（份）	回收数量（份）	回收率（%）	有效问卷（份）	有效回收率（%）
邮件发放	400	33	8.25	26	6.50
直接邮寄	400	78	19.50	64	16.00
集中走访	180	166	92.22	146	81.11
个人关系	105	101	96.19	98	93.33
委托问卷	132	123	93.18	121	91.67
合计	1161	501	43.15	455	39.19

资料来源：笔者整理。

本书所研究的概念的测量量表主要来自中西方学者的研究文献。主要有叶广宇和贺远琼等的有效量表，并在此量表的基础上进行适当的修订，同时结合 7 位高管的深度访谈，对相关的题项进行了修订和完善。

（5）研究样本。本书的主要研究设计，在大量西方文献阅读的基础上，结合西方学者的研究量表，针对中国特有的管理文化背景进行小范围的改编，并进行严谨的信度和效度检验。抽样预计在 455 个企业样本，并结合 5～30 分钟的访谈，获得第一手资料。利用访谈员走访和网络问卷相结合的方式。运用探索性因子分析和验证性因子分析我国公司社会责任行为的内容和特征分析，对现阶段我国公司公民行为进行分析，提炼出其主要特征。基于回收的有效问卷对样本企业的基本资料进行分析，主要通过企业所有制、企业规模、所属行业、企业成立时间和企业发展阶段等基本指标来进行描述性统计。

（1）样本企业的所有制情况。2007～2009 年有过企业公民行为的 455 家企业中，共有 162 家民营企业，占样本的最大比重为 35.54%；其次是外资企业（包括中外合作企业、中外合资企业和外商独资企业）有 93 家，占样本总量的 20.48%；国有企业的占样本总量的 24.40%；其他企业主要指集体企业和合伙制企业，有 89 家有企业公民行为，所占比重最小，为 19.58%。样本企业的所有制情况分布如表 3-6 所示。

企业公民的概念源自西方，然而改革开放 40 年来，中国的管理实践也涌现出大量的中国企业公民，这些本土的中国企业其企业公民行为的发端并不是西方的公民伦理，而是中国古代以儒家为主导的管理思想。基于此，在战略性地运用企业公民行为进行竞争优势培育方面，可以寻求不同于西方的企业公民行为特征。企业公民行为对组织外部和内部有影响分析，从利益相关者的视角，我国企业社会责任行为对组织员工和消费者有影响 。各研究变量的描述性统计分析和结构方程建模。问卷研究运用主成分分析法对企业公民行为的影响因素进行提炼。运用 SEM 法进行统计分析，得到初步的问卷结构。

表 3－6　样本特性描述

类型		数量（家）	占比（%）	总计（%）
单位类型	国有	111	24. 40	24. 40
	民营	162	35. 54	59. 94
	外资	93	20. 48	80. 42
	其他	89	19. 58	100
单位类型	大型	133	29. 22	29. 22
	中型	99	21. 69	50. 90
	小型	223	49. 10	100. 00
所属行业	机械制造、化工和纺织	32	6. 93	6. 93
	软件、电子及通信设备制造业	48	10. 54	17. 47
	房地产业	48	10. 54	28. 01
	物质流通业	30	6. 63	34. 64
	电力、燃气及水的生产和供应业	16	3. 61	38. 25
	服装、鞋类、玩具业	27	6. 02	44. 28
	零售业	16	3. 61	47. 89
	金融保险业	44	9. 64	57. 53
	住宿和餐饮业	25	5. 42	62. 95
	医药业	29	6. 33	69. 28
	文体娱乐业	32	6. 93	76. 20
	建筑业	47	10. 24	86. 45
	石油业	30	6. 63	93. 07
	其他	32	6. 93	100. 00
企业存续时间	3 年以下	89	19. 58	19. 58
	3～5 年	119	26. 20	45. 78
	6～10 年	122	26. 81	72. 59
	11～25 年	89	19. 58	92. 17
	25 年以上	36	7. 83	100. 00
企业生命周期	初创期	93	20. 48	20. 48
	成长期	226	49. 70	70. 18
	成熟期	122	26. 81	96. 99
	衰退期	14	3. 01	100. 00

3.3.3 样本容量

由于样本容量对估计方法、统计显著性和统计效力和实证效度会产生影响，在数据分析中的评估样本量是一个谨慎和经常必要的初始的步骤（Cohen，1992；Green，1991）。评估最小样本量的一般规则被提出并被许多作者参考，例如，Nunnally（1978）提出的被试与变量 10∶1 的比率已经成为在做因子分析时确定样本量的一个相对标准。关于路径分析和线性回归，Green（1991）建议 50 + 8m 规则，在这里 m 代表回归方程中的自变量。

尽管存在其他规则，VanVoorhis 和 Morgan（2001），如至少 300 个样本（Tabachnik 和 Fidel，1996）或 50 个样本/因子（Pedhazur 和 Schmelkin，1991）（包括相关的因子分析），哈里斯（1985）规则，线性回归需要的数量超过因变量至少 50，但是 Nunnally 和 Green 的样本量建议已经被学术界广泛使用。

在本书的分析中，样品符合和超过 Green（1991）回归方程的样本量最低要求，关于结构模型，在任何一个方程最多的自变量，它将需要 6 个，并在此基础上，50 + 8m 规则的 98 个。因此，我们的样本量超过了最低要求。同时，考虑到测量模型，Nunnally 10∶1 的标准最小样本容量的要求未满足。因为有 50 个指标，样品应至少有 500 个，本书的样本仅为 455 个，没有完全满足其要求。按照 James Stevens 的社会科学的应用多变量统计的说法，一个好的经验法则是在标准普通最小二乘多重回归分析中每个因子有 15 个样本。因为 SEM 在某些方面与多重回归紧密相关，SEM 中每个测量变量 15 个样本是合理的。Bentler 和 Chou（1987）注意到只要数据表现良好（例如，正态分布、无缺失数据或例外值等），在 SEM 分析中研究者对每个参数估计，只需要 5 个样本。注意 Bentler 和 Chou 提及每个参数估计要有 5 个样本而不是每个测量变量。测量变量在分析中至少有一个典型的路径系数与其他变量相关联，加上残差项或方差估计，所以认可 Bentler、Chou 和 Stevens 推荐的每个测量变量最少要 15 个样本相吻合是重要的。更一般地，Loehlin（1992）使用验证性因子分析模型报告蒙特卡洛仿真的研究结果，参考一些文献后，得出对 2 ~ 4 个因子模型，调查者应该收集至少 100 个样本，200 个更好（如果可能）。使用小样本的结果包括迭代失败（软件不能达到满意的解）、不合理的解（包括测量变量的方差估计为负值）和降低参数估计的准确性，尤其是，标准误——SEM 的标准误是在大样本假设下进行计算的。Marsh 和 Hau（1999）在一系列的模拟研究中，比较了多种处理小样本数据的策略。他们建议：若有可能，尽量增大样本容量；如果样本很小，应该用更多高信度的题目；每个因子应当最少含有 4 ~ 5 个指标，指标越多越好。

合理的样本量是平均一个自变量大约需要 15 个样本；Bentler 和 Chou

(1987) 认为平均一个估计参数需要 5 个样本就差不多了，但前提是数据质量非常好；这两种说法基本上是等价的；而 Loehlin (1992) 在进行蒙特卡罗模拟之后发现对于包含 2 ~4 个因子的模型，至少需要 100 个样本，当然 200 个更好；小样本量容易导致模型计算时收敛的失败进而影响到参数估计；模型的说明和因果关系的理论基础（实际上就是假设检验的逻辑——你只能说你的模型不能拒绝，而不能下定论说你的模型可以被接受）。在此基础上，本书对回收问卷各变量的均值、标准偏差、方差、偏度与峰度进行了计算，旨在考察样本各变量是否符合结构方程模型对数据的正态性分布要求。根据 Kline (1998) 的建议，在数据呈正态分布时，偏度系数和峰度系数都应该接近于 0，而当偏度系数 >3，峰度系数 >8 时，研究者则应视为异常值，必须进行处理①。从本书的描述性统计计算结果来看，各变量的偏度系数和峰度系数都在正常的范围，基本能满足 SEM 对数据正态性分布的要求。

社会资本：是指人群、团体为达到共同目标，利用社会网络环节的特性，促进个体内部与相互间合作，以增加附加价值。这种市场机能促进合作关系，可提升社会生产力，降低企业生产成本，增进社会利益。社会资本是无形资产，导引行为，聚合、融入社会关系，促进社会协调、协同与合作分工，与市场机能产生互补关系，以增进社会共同利益。

社会资本三个维度：①结构维度：包括企业的产销网络结构、企业间及企业本身之整体关系与规范、企业员工间之彼此关系。社会资本与企业社会责任之研究。②关系维度：企业间之声誉、信任、规范、互助与服务质量和企业内部员工间之情感、认同与信任。③认知维度：企业间之共同语言、产品认知及员工在社会网络系统分享，共同观点与判断力（理解）、共同故事，强调个人之间关系的本质。

3.4 统计过程与统计方法

针对上述实证研究中理论假设的验证情况，本书运用层次回归和 SEM 对“企业公民行为对企业竞争优势作用机理概念模型”进行了统计分析。修正后的概念模型表明，基于验证的企业公民行为对企业社会资本各维度的影响路径和企业社会资本各维度对企业竞争优势的影响路径，相互衔接共同构成企业公民行为

① 荣泰生. AMOS 与研究方法［M］. 重庆：重庆大学出版社，2009.

模式，通过企业社会资本对企业竞争优势产生正向影响的作用机理。企业公民行为模式作为企业社会责任的重要表现形式，通过对企业社会资本各维度水平显著的促进作用，对企业竞争优势产生了极大的正向影响。企业凭借参与慈善企业公民行为模式活动树立自身形象、提升企业声誉、获得社会地位、扩大社会影响力，这些无形资源增强并扩展了企业与外部环境之间的交往和联系，从而使之可以获得有效信息、技术和知识，捕捉市场机遇，摄取竞争所需的更多的稀缺资源，进而能够保持并提升企业竞争优势。由此可见，企业是否从事企业公民行为模式是导致其在竞争优势方面获取形成差异的重要因素。

3.5 本章小结

本章从问卷设计及相关问题、数据收集、变量度量和统计分析方法等方面较详细地阐述了采用的研究设计与方法。在问卷设计中，本书采用问卷调研和访谈相结合的方式科学合理地设计调查问卷，尽可能排除同源方差的影响。在数据收集过程中，采取了多种方式进行了问卷发放，同时确保所获数据的信度和效度。在变量测度分析中，本书参照了国内外现有的关于企业公民行为、企业社会资本和竞争优势的理论和实证研究，确立了被解释变量、解释变量、中介变量、调节变量和控制变量的测量方法。在分析方法的说明中，对本书所采用的信效度测试、多元回归分析、结构方程模型等实证分析方法进行了说明。在第 4 章中，本书将基于所获的数据，利用上述分析方法，对本书的概念模型中的研究假设进行实证研究。

4 数据分析与模型验证

本章重点报告实证研究结果和理论模型假设检验情况。第一部分进行了数据预处理，包括正态检验和统计数据的效力问题，同时也进行了描述性统计。第二部分检验了前述章节所提出的测量模型和结构模型。这些统计结果提供有用的证据并保证前述章节中所提出论点的有效性，同时引发了下述章节的讨论和拓展性研究以及未来研究的意义。

4.1 调查结果的描述性统计

本章根据上述实际调研获得的长三角地区 2008 ~ 2009 年有过企业公民行为模式的 455 个样本企业数据，运用 SPSS 11.5 软件对 455 家企业公民行为进行了定量刻画和分析。其中对企业公民行为的调查采取李克特 7 分量表打分法，运用因子分析方法提取因子；对企业公民行为结构，主要采用频次统计进行描述和测算（见表 4 – 1 ~ 表 4 – 6）。

表 4 – 1　企业的所有制情况的描述性统计

单位类型	频数	百分比（%）
国有	81	17.80
民营	118	25.93
外资	188	41.32
其他	68	14.95
合计	455	100.00

表 4-2　企业所处行业的描述性统计

单位类型	频数	百分比（%）	累计百分比（%）
大型	122	29.22	29.22
中型	170	21.69	50.90
小型	163	49.10	100.00
合计	455	100	

表 4-3　企业所属行业的描述性统计

所属行业	频数	百分比（%）	累计百分比（%）
机械制造、化工和纺织	23	6.93	6.93
软件、电子及通信设备制造业	35	10.54	17.47
房地产业	35	10.54	28.01
物质流通业	22	6.63	34.64
电力、燃气及水的生产和供应业	45	3.61	38.25
服装、鞋类、玩具业	48	6.02	44.28
零售业	12	3.61	47.89
金融保险业	65	9.64	57.53
住宿和餐饮业	18	5.42	62.95
医药业	21	6.33	69.28
文体娱乐业	45	6.93	76.20
建筑业	34	10.24	86.45
石油业	29	6.63	93.07
其他	23	6.93	100.00
合计	455	100	

表 4-4　企业存续时间的描述性统计

企业存续时间	频数	百分比（%）
3 年以下	24	5.27
3～5 年	143	31.43
6～10 年	189	41.54
11～25 年	70	15.38
25 年以上	29	6.37
合计	455	100.00

表 4－5　企业生命周期的描述性统计

企业生命周期	频数	百分比（%）
初创期	68	20. 48
成长期	221	49. 70
成熟期	123	26. 81
衰退期	43	3. 01
合计	455	100. 00

表 4－6　样本各变量的描述性统计（N＝455）

题项代码	均值	标准偏差	方差	偏度	峰度
CA1	3. 569231	1. 305334051	1. 703896984	0. 167169	－0. 24724
CA2	4. 424176	1. 354657544	1. 835097062	0. 153151	－0. 58034
CA3	3. 556044	1. 357245915	1. 842116474	0. 173155	－0. 38189
CA4	5. 589011	1. 278546338	1. 634680738	0. 188025	－0. 29543
CA5	3. 417582	1. 357520528	1. 842861984	0. 219975	－0. 4678
PO1	3. 573626	1. 574356394	2. 478598054	0. 181789	－0. 61034
PO2	3. 549451	1. 615343121	2. 609333398	0. 206713	－0. 66848
PO3	3. 553846	1. 650277489	2. 723415791	0. 202966	－0. 71121
PO4	6. 538462	1. 592297624	2. 535411725	0. 217302	－0. 60052
PO5	3. 483516	1. 617379709	2. 615917123	0. 18817	－0. 73442
PO6	3. 514286	1. 598221163	2. 554310887	0. 303984	－0. 47687
PO7	3. 571429	1. 567447328	2. 456891126	0. 205056	－0. 56983
PO8	3. 597802	1. 529012957	2. 337880622	0. 159231	－0. 48533
BR1	3. 549451	1. 261630791	1. 591712253	－0. 04256	－0. 32202
BR2	3. 4	1. 361199264	1. 852863436	0. 232841	－0. 19962
BR3	3. 496703	1. 290208001	1. 664636685	0. 022765	－0. 35088
BR4	3. 476923	1. 343533782	1. 805083023	0. 095891	－0. 40562
BR5	3. 496703	1. 305482387	1. 704284262	0. 066898	－0. 4017
BR6	6. 595604	1. 375998803	1. 893372707	－0. 05016	－0. 40073
BR7	3. 536264	1. 287992366	1. 658924336	－0. 03089	－0. 39643
BR8	3. 531868	1. 338425592	1. 791383066	0. 114286	－0. 37857
BR9	3. 505495	1. 278194162	1. 633780317	－0. 01865	－0. 41885
BU1	3. 472527	1. 348360559	1. 818076197	0. 242689	－0. 33905

续表

题项代码	均值	标准偏差	方差	偏度	峰度
BU2	3. 573626	1. 359647788	1. 848642107	-0. 00281	-0. 30953
BU3	3. 459341	1. 36749377	1. 870039212	0. 121953	-0. 45489
BU4	3. 520879	1. 366328603	1. 866853851	0. 047082	-0. 50905
BU5	4. 573626	1. 335126515	1. 782562812	0. 005986	-0. 378
BU6	3. 536264	1. 311715802	1. 720598344	0. 103045	-0. 30806
BU7	3. 575824	1. 41975836	2. 015713802	0. 170274	-0. 34581
GX1	3. 545055	1. 411739931	1. 993009634	0. 006906	-0. 54987
GX2	3. 582418	1. 339553595	1. 794403834	0. 320017	-0. 05272
GX3	3. 61978	1. 397938994	1. 954233432	0. 038895	-0. 47711
GX4	4. 582418	1. 440951824	2. 07634216	0. 215953	-0. 45741
GX5	3. 58022	1. 386548005	1. 92251537	0. 124358	-0. 46698
GX6	3. 507692	1. 406187614	1. 977363606	0. 022404	-0. 58403
CO1	3. 56044	1. 463271267	2. 141162802	0. 02861	-0. 61917
CO2	3. 549451	1. 45916318	2. 129157186	0. 130435	-0. 39622
CO3	3. 61978	1. 459604359	2. 130444886	0. 158856	-0. 43721
CO4	3. 498901	1. 469026357	2. 158038437	0. 154998	-0. 54199
CO5	3. 558242	1. 500518701	2. 251556373	0. 270402	-0. 57801
CO6	3. 481319	1. 407649968	1. 981478433	0. 192977	-0. 54043
CO7	3. 492308	1. 446340572	2. 09190105	0. 168942	-0. 54053
CO8	3. 556044	1. 387738057	1. 925816914	0. 169118	-0. 46398
CO9	3. 448352	1. 395821536	1. 948317762	0. 258083	-0. 39881
ST1	3. 518681	1. 465905629	2. 148879315	0. 1169	0. 59112
ST2	3. 461538	1. 484929375	2. 205015249	0. 111595	-0. 65813
ST3	3. 540659	1. 534477341	2. 35462071	0. 154426	-0. 56955
ST4	3. 43956	1. 404906374	1. 973761921	0. 334855	-0. 19757
ST5	3. 483516	1. 527736494	2. 333978797	0. 185843	-0. 5569
ST6	3. 540659	1. 477435123	2. 182814542	0. 082812	-0. 66558
ST7	3. 450549	1. 460671925	2. 133562473	0. 132134	-0. 60414
ST8	3. 525275	1. 495558285	2. 236694583	0. 167243	-0. 55814
ST9	3. 551648	1. 427033107	2. 036423488	0. 059808	-0. 59832
ST10	3. 582418	1. 492019402	2. 226121896	0. 123381	-0. 58056

本书旨在研究企业公民行为给企业带来的商业利益和战略优势，由此，在借鉴相关研究成果的基础上，结合企业公民行为的特殊性并参考对部分企业的前期访谈内容，选取了反映企业公民行为的主要项目指标：获得税负减免、有助于商品促销、缓和同行业竞争压力、扩充现有市场或进入新市场、经营者的为善理念、争取正面媒体报道、建立良好企业形象、凝聚员工认同、获取同业或社区对企业的尊重与认可、响应非营利组织的邀约、协助社会提高生活品质、促进整体商业环境的改善和发展、发展良好公共关系、善尽社会责任、体现企业的价值观使命感和文化传统。根据因子分析模型构建的原理，以 455 家企业的企业公民数据为样本，首先进行 KMO 检验和巴特利球体检验，KMO 为 0.836 >0.7，巴特利特球体检验的 χ^2 统计值的显著性概率为 0.000，小于 0.001，说明数据非常适合做因子分析，而后利用 SPSS11.5 软件进行计算，得到经标准化处理后的各指标的相关矩阵的特征值和方差贡献率，按照特征值大于 1 的原则，提取三个主因子，其累计方差贡献率为 92.88%。

4.2 信度与效度检验

4.2.1 信度分析

（1）内容效度（Faee Validity）。内容效度又称表面效度，指内容的代表性，同时反映理论建构过程中量表涵盖研究主题的程度，通常需要研究者主观判断量表中的项目能否足够覆盖测量对象的主要方面。本书的调查问卷是依据文献研究和访谈调研内容，经相关研究学者和资深企业人士讨论审核，并在四个企业进行前测和修正的基础上，整理完善而得，能够保证调查问卷较为充分地涵盖所测量的内容，因此，可以认为本问卷具有较高程度的内容效度。

（2）建构效度（Eonstruet Validity）。建构效度以理论的逻辑分析为基点，同时依据实际的数据信息来检验理论的正确性，是一种非常严谨的效度测量标准。因子分析是检验建构效度的常用方法（吴明隆，2003），同时还可用少量因子代替多个原始变量，从而达到化简数据（Datareduetion）的目的（马庆国，2002）。以因子分析检验建构效度，若能有效提取共同因子，且此共同因子与理论结构的特质较为接近，则可判断测量工具具有建构效度。通常采用 KMO 值来检验数据是否适合做因子分析，具体判别标准如下：KMO 在 0.9 以上，非常适合；0.8 ~ 0.9，很适合；0.7 ~ 0.8 适合；0.6 ~ 0.7，不太适合；0.5 ~ 0.6，很勉强；0.5

以下，不适合。按照经验判断，当 KMO 值为 0.7，各变量的载荷均大于 0.5 时，可以通过因子分析将同一变量的各测试题项合并为一个因子进行后续分析（马庆国，2002）（见表 4 -7 和表 4 -8）。

表 4 -7 变量信度检验结果

题项	剔除题项后的量表均值	剔除题项后的量表方差	CITC	平方多重相关系数	剔除题项后的信度系数
CA1	13.9868	11.4800	0.5052	0.3102	0.5024
CA2	14.1319	11.2513	0.5025	0.2811	0.5010
CA3	14.0000	10.8811	0.5505	0.3545	0.4735
CA4	13.9670	12.4505	0.3954	0.2275	0.5597
CA5	14.1385	15.7539	0.0052	0.0125	0.7396
PO1	24.8088	83.7717	0.7505	0.5668	0.9183
PO2	24.8330	82.9060	0.7603	0.5804	0.9176
PO3	24.8286	83.2789	0.7263	0.5364	0.9203
PO4	24.8440	83.0615	0.7677	0.5958	0.9170
PO5	24.8989	82.7783	0.7640	0.5882	0.9173
PO6	24.8681	83.2293	0.7577	0.5793	0.9178
PO7	24.8110	83.8056	0.7533	0.5801	0.9181
PO8	24.7846	84.7597	0.7382	0.5488	0.9193
BR1	28.0396	55.3068	0.5731	0.3318	0.8535
BR2	28.1890	53.6514	0.6092	0.3801	0.8501
BR3	28.0923	54.7756	0.5871	0.3595	0.8522
BR4	28.1121	54.0733	0.5959	0.3610	0.8514
BR5	28.0923	53.9254	0.6270	0.3992	0.8484
BR6	27.9934	54.2709	0.5666	0.3344	0.8543
BR7	28.0527	54.7725	0.5886	0.3629	0.8521
BR8	28.0571	54.1773	0.5930	0.3643	0.8517
BR9	28.0835	54.2089	0.6274	0.4012	0.8485
BU1	21.2396	35.9755	0.5969	0.3646	0.8296
BU2	21.1385	35.7803	0.6036	0.3711	0.8286
BU3	21.2527	35.3963	0.6257	0.4013	0.8253
BU4	21.1912	35.9523	0.5876	0.3513	0.8310

续表

题项	剔除题项后的量表均值	剔除题项后的量表方差	CITC	平方多重相关系数	剔除题项后的信度系数
BU5	21. 1385	35. 3618	0. 6489	0. 4301	0. 8220
BU6	21. 1758	36. 3787	0. 5908	0. 3526	0. 8305
BU7	21. 1363	35. 3162	0. 5995	0. 3655	0. 8294
GX1	17. 8725	28. 7106	0. 5971	0. 3586	0. 8266
GX2	17. 8352	29. 4331	0. 5855	0. 3474	0. 8286
GX3	17. 7978	28. 6154	0. 6130	0. 3790	0. 8235
GX4	17. 8352	27. 4992	0. 6724	0. 4570	0. 8117
GX5	17. 8374	28. 3788	0. 6387	0. 4153	0. 8185
GX6	17. 9099	28. 0293	0. 6535	0. 4306	0. 8156
CO1	28. 2044	75. 8943	0. 6846	0. 4713	0. 8926
CO2	28. 2154	76. 2663	0. 6707	0. 4528	0. 8937
CO3	28. 1451	76. 5472	0. 6582	0. 4367	0. 8946
CO4	28. 2659	75. 7199	0. 6888	0. 4806	0. 8923
CO5	28. 2066	76. 0453	0. 6569	0. 4392	0. 8948
CO6	28. 2835	76. 4899	0. 6911	0. 4821	0. 8922
CO7	28. 2725	76. 0533	0. 6875	0. 4791	0. 8924
CO8	28. 2088	77. 5312	0. 6560	0. 4321	0. 8947
CO9	28. 3165	76. 6309	0. 6919	0. 4842	0. 8922
ST1	31. 5758	103. 9232	0. 7063	0. 5070	0. 9119
ST2	31. 6330	104. 8892	0. 6605	0. 4410	0. 9145
ST3	31. 5538	103. 2300	0. 6927	0. 4831	0. 9127
ST4	31. 6549	104. 7772	0. 7104	0. 5107	0. 9118
ST5	31. 6110	102. 8902	0. 7085	0. 5032	0. 9118
ST6	31. 5538	103. 4415	0. 7173	0. 5259	0. 9113
ST7	31. 6440	104. 7364	0. 6794	0. 4702	0. 9134
ST8	31. 5692	103. 6642	0. 6988	0. 4943	0. 9123
ST9	31. 5429	104. 6099	0. 7035	0. 5039	0. 9121
ST10	31. 5121	103. 1315	0. 7202	0. 5211	0. 9111

表 4 –8 KMO 和 Bartlett's 检验

Kaiser – Meyer – Olkin Measure of Sampling Adequacy.		0.951
Bartlett's Test of Sphericity	Approx. Chi – Square	12124.498
	df	1431
	Sig.	0.000

修正后问卷结构验证性因子分析完全标准化因子载荷结果表明，各项目因子载荷均在 0.4 以上，且达到统计显著性，表明问卷各因子的组成项目均是对应因子的有效指标。修正后问卷各因子之间的相关系数相对较低（r =0.26），说明各因子既能测量关系维度这一相同内容，又能独立测量交易维度方面。考虑到 EFA 过程受数据驱动的局限，我们认为有必要对理论模型与探索模型（一阶模型和二阶模型）加以验证比较，以便找出更为简洁合理的模型。结合最初的理论构想和初步探索性因子分析结果，我们发现一阶二因素结构比单因素拟合的情况更好。用正式测验的数据对经验证修正过的项目的问卷进行信度分析，同时也对不同样本下该问卷的信度系数做了检验。修正后问卷各因子 α 系数在 0.7455 ~0.8784，问卷总体 α 系数达到了 0.8366，表明该问卷具有很好的内部一致性。对不同样本施测后问卷各因子 α 系数在 0.6990 ~0.8232，问卷总体 α 系数为 0.8774。这进一步表明，该问卷具有较好的稳定性和外部推论性。

该问卷的 11 个题项与其所属因子间相关分别如表 4 –9 所示。各题项与问卷部分相关在 0.346 ~0.877。问卷总分与各因子的相关在 0.46。

表 4 –9 因子间的相关矩阵及各因子与总分的相关（n =455）

	缓冲型	搭桥型	引领策略
缓冲策略	1		
搭桥策略	0.46	1	
引领策略	0.23	0.68	1

用 AMOS16.0 统计软件对偶数半数据进行构想模型的验证。结果见表 4 –10。

在缓冲行为中，成熟期与衰退期存在着显著差异，即缓冲行为成熟期的表现优于衰退期。从 95% 置信区间来看，置信区间在 0.8344 ~9.9197，并未包括 0，因而二者差异显著。在搭桥型企业公民行为中，成长期与成熟期存在着显著差异，即搭桥型企业公民行为的表现，成长期表现优于成熟期。从 95% 置信区间来看，置信区间在 0.2582 ~2.0087，并未包括 0，因而二者差异显著。检验样本数据的信度（Reliability）和效度（Validity）是进行数理统计分析的前提和基础，是保证总体测量质量的重要步骤。信度用以衡量结果的一致性（Consistency）和稳定度（Stability），通常采用 Cronbach'α 系数来测度，系数越大，信度越高。Cronbach'α 系数适合检验同一变量各项目间的一致性，一般认为该值超过 0.70 则表明样本数据的信度满足要求（李怀祖，2004），介于 0.70 ~ 0.35 尚可，而低于 0.35 则应将其放弃。本书为了验证样本数据各问题之间的内部同质性，对测度每一个变量的相关问题利用 Cronbach'α 系数对其进行信度检验。

表 4 – 10　样本特性描述

		样本	均值	标准差	标准误	95% 均值信度区间		最小值	最大值
						Lower Bound	Upper Bound		
bargain	创业	77	27.5195	4.63570	0.52829	26.4673	28.5717	7.00	35.00
	成长	118	27.6186	4.92147	0.45306	26.7214	28.5159	7.00	39.00
	成熟	258	27.5426	4.63703	0.28869	26.9741	28.1111	7.00	41.00
	衰退	2	27.0000	1.41421	1.00000	14.2938	39.7062	26.00	28.00
	Total	455	27.5560	4.69237	0.21998	27.1237	27.9884	7.00	41.00
guanxi	创业	77	44.9351	6.72258	0.76611	43.4092	46.4609	24.00	55.00
	成长	118	45.4915	6.70214	0.61698	44.2696	46.7134	24.00	55.00
	成熟	258	45.6163	6.85623	0.42685	44.7757	46.4568	24.00	61.00
	衰退	2	37.0000	18.38478	13.00000	–128.1807	202.1807	24.00	50.00
	Total	455	45.4308	6.84626	0.32096	44.8000	46.0615	24.00	61.00
guanxi	创业	77	44.9351	6.72258	0.76611	43.4092	46.4609	24.00	55.00
	成长	118	45.4915	6.70214	0.61698	44.2696	46.7134	24.00	55.00
	成熟	258	45.6163	6.85623	0.42685	44.7757	46.4568	24.00	61.00
	衰退	2	37.0000	18.38478	13.00000	–128.1807	202.1807	24.00	50.00
	Total	455	45.4308	6.84626	0.32096	44.8000	46.0615	24.00	61.00

效度是指测量结果能够真正反映所要了解对象特征的程度，即测量结果的准确性。一般而言，效度衡量涉及内容效度（Content Validity）和建构效度（Construct Validity）两个方面。内容效度旨在检测衡量内容的适切性，本书用以测量企业公民行为影响企业竞争优势的问卷，综合参考了大量国内外相关文献，并结合实地调研进行补充丰富，又多次与相关领域学者和企业界人士讨论修正，加以归纳整理而成，因此，可以确信具有相当程度的内容效度。建构效度系指测验能测量理论的概念或特质之程度而言。所谓"建构"或"构念"，就是理论所涉及的抽象而属于假设性的概念，特质或变项，如智力、焦虑、机械性向、成就动机

等。建构效度的重点在于理论上的假设和对理论假设的考验。在考验的过程中，必须先从某一建构的理论出发，导出各项关于行为的基本假设，据以设计和编制测验，然后由因求果，以相关实验和因素分析等方法，查核测验结果是否符合心理学中的理论观点。对建构效度进行检验，需要清晰阐明各建构的设置和测度、各建构变量的结构及其相互关系，然后运用因子分析等方法从若干数据中离析出基本建构，以此对建构效度进行分析。通常认为因子分析是检验此效度的常用方法（吴明隆，2003），若能有效提取共同因子，且此共同因子与理论结构的特质较为接近，则可判断测量工具具有建构效度。本书分别对企业公民行为表现、企业社会资本、战略适应能力及企业竞争优势各变量进行因子分析，以确定各指标变量是否具有建构效度。

建构效度（或构念效度）是用于多重指标的测量情况。此类效度也有两个次类型：①聚合效度（Convergent Validity）：当测量同一构念的多重指标彼此间聚合或有关联时，就有此种效度存在。②区别效度（Discriminant Validity）：此种效度也称为分歧效度（Divergent Validity），与聚合效度相反。此类效度是指当一个构念的多重指标相聚合或呼应时，则这个构念的多重指标也应与其相对立之构念的测量指标有负相关。

为了进一步了解本书问卷的可靠性与稳定性，我们有必要对各量表的信度进行分析和考验。所谓信度（Reliability）又被研究者称为可靠性，它反映的是测量工具在测量时的稳定性与一致性。信度有外在信度和内在信度两大类别，外在信度通常指不同时间测量时，量表的一致性程度，再测信度、复本信度考验的就是此类外在信度。由于本书研究条件的限制，重在考验量表的内在信度，即考验每一量表是否测量单一概念，同时组成量表题项的内在一致性程度如何。本书以国内研究者最常使用的 Cronbach' α 系数来衡量量表内部结构的一致性程度。在社会科学领域研究中，目前学者们对于 α 系数究竟多少为佳的看法未尽一致。如 Gay（1992）等认为，α 系数至少应该在 0.80 以上才好；而 DeVellis（1991）、Nunnally（1978）则认为，0.70 以上就是可以接受的信度①。本书采纳 Nunnally 等的观点，采用 α 系数 0.70 以上作为量表信度的评判标准。此外，对各量表内部结构一致性的判断，不仅可以考验其信度是否合理，我们还可以根据“个项—总项修正系数”来对测量题项进行净化。根据 Nunnally（1978）的观点，如果“个项—总项修正系数”小于 0.50，一般都应将这一题项予以删除，删除后整个量表的 α 系数会得到提升。为此，我们也对本书各量表的“个项—总项修正系数”予以了分析与考虑。

① 吴明隆. SPSS 与统计应用分析［M］. 台北：五南出版社，2009.

基于上述讨论，我们运用SPSS11.5对本书所有分量表的信度进行了检验，从上述分析结果来看，本书所有分量表的Cronbach’α系数都达到了大于0.7的要求，四个量表的Cronbach’α系数更是达到了0.8以上，表明这几个分量表具有非常好的信度。此外，从各分量表个项对总项的相关系数来看，本书所有的测量题项都符合了个项—总项相关系数大于0.5的判断标准。总体来说，本次信度检验结果表明本书各个分量表都具有良好的信度，各题项都具有较高的内部结构一致性。一份问卷是否具有可靠性，除了上面讨论的信度检验外，还应考量它能否测量到我们所要研究的构造变量及其特质，因此，还需进一步对本书所采用测量工具的效度进行检验。一般而言，问卷的效度包括多种类型，如内容效度（Content Validity）、结构效度（Construct Validity）和效标关联效度（Criterion－related Validity）等。其中，迄今为止，内容效度尚未有一种定量的方式可以予以确认，在社会科学领域，学者们最常用的问卷内容效度评定方式，主要是由多位本书领域的专家对问卷内容进行评鉴，将他们对问卷内容所提的建议，作为设计、修改问卷题项的依据。其中的结构效度则具体可以分为收敛效度和区别效度，旨在分别考验问卷题项与其要测量的构造变量之间是否紧密相关以及某个构造变量的测量题项与其他构造变量是不相关的。对于问卷的结构效度，目前已有成熟的统计技术对其进行检验。效标关联效度，是通过考验测量工具与外在效标之间的关联程度而进行的一种效度检验方法。它通常是在很难找到概念上完全重合的客观效标时采用，这样的分析是属于纯粹的统计实证分析，因而效标关联效度又被称为实证效度①。

本书对于问卷效度的检验主要是从问卷的内容效度和结构效度两方面来进行的。本书对于相关变量的测量，大量地借鉴了研究领域前人的研究成果。与此同时，探索性因素分析可以分为两类：主成分分析和共同因素分析，根据李茂能（2006）的建议，当分析题项数大于20时建议采用主成分分析法②。因此，本书主要采用主成分分析法对问卷中的76个题项进行因素分析。在此之前，我们首先应当对问卷题项是否适合进行因素分析进行判断，采用的方法则是考验量表的KMO值。根据吴明隆的建议，当KMO值在0.90以上时，表明问卷题项的相关性较高，具有极佳的因素分析适切性；而当KMO介于0.80～0.90时，说明具有良好的因素分析适切性；而当KMO介于0.70～0.80时，勉强能够达到进行因素分析的条件③。因此，本书采用KMO值大于0.70作为是否适合进行因素分析的判定标准。通过对226份样本数据进行分析计算，KMO值达到了0.903，χ^2值为

①③ 吴明隆．SPSS与统计应用分析［M］．台北：五南出版社，2009.

② 李茂能．结构方程模式软体AMOS之简介及其在测验编制上之应用［M］．新北：心理出版社，2006.

18585.039，df=2850，达到0.000的显著水平，说明该样本具有极佳的因素分析适切性。其次我们采用主成分分析法，以抽取特征根大于1者进行最大正交旋转，结果共抽取了15个因素，解释了总变异量的63.895%。具体因子矩阵如表4-11所示。

表4-11 旋转因子矩阵（Rotated Component Matrix）

	因子						
	1	2	3	4	5	6	7
CA1	0.25	0.56	0.17	0.22	0.04	0.11	0.01
CA2	0.19	0.60	0.21	0.20	0.04	0.13	0.08
CA3	0.12	0.64	0.15	0.21	0.15	0.09	0.02
CA4	0.15	0.56	0.16	0.12	0.01	0.09	-0.17
CA5	0.01	0.94	-0.03	0.03	0.03	0.07	0.22
PO1	0.17	0.21	0.75	0.12	0.02	0.13	0.02
PO2	0.15	0.21	0.76	0.15	0.11	0.03	-0.01
PO3	0.08	0.22	0.73	0.19	-0.02	0.11	0.02
PO4	0.13	0.29	0.74	0.18	0.07	0.08	0.00
PO5	0.11	0.22	0.77	0.15	0.06	0.10	-0.10
PO6	0.04	0.23	0.78	0.12	0.06	0.09	0.12
PO7	0.18	0.27	0.73	0.14	0.08	0.07	-0.04
PO8	0.11	0.21	0.75	0.14	0.02	0.09	-0.07
BR1	0.19	0.60	0.13	0.22	0.08	0.03	-0.06
BR2	0.06	0.63	0.19	0.19	0.06	0.13	-0.07
BR3	0.20	0.53	0.27	0.13	0.04	0.17	0.07
BR4	0.11	0.66	0.17	0.09	0.08	0.09	0.08
BR5	0.24	0.58	0.20	0.17	0.05	0.15	-0.03
BR6	0.15	0.60	0.15	0.18	0.03	0.12	-0.08
BR7	0.19	0.59	0.16	0.18	0.04	0.09	-0.01
BR8	0.23	0.56	0.13	0.19	0.11	0.17	0.12
BR9	0.20	0.60	0.21	0.14	0.10	0.12	0.08
BU1	0.05	0.17	0.05	0.03	0.70	0.11	-0.10
BU2	0.16	-0.05	0.07	0.15	0.70	0.02	0.03
BU3	0.12	0.08	0.03	0.08	0.72	0.04	0.09

续表

	因子						
	1	2	3	4	5	6	7
BU4	0.10	0.02	0.00	0.11	0.70	0.02	-0.03
BU5	0.16	0.03	0.09	0.07	0.73	0.09	-0.03
BU6	0.01	0.14	0.05	0.01	0.71	-0.02	0.09
BU7	0.06	0.09	0.00	0.05	0.71	-0.01	-0.01
GX1	0.02	0.13	0.07	0.05	0.00	0.72	0.09
GX2	0.10	0.19	0.08	0.08	0.08	0.66	0.03
GX3	0.09	0.12	0.07	0.07	0.00	0.72	-0.02
GX4	0.05	0.16	0.14	0.03	0.06	0.76	-0.01
GX5	0.06	0.15	0.11	0.09	0.05	0.73	-0.06
GX6	0.13	0.12	0.05	0.09	0.04	0.75	0.05
CO1	0.09	0.19	0.04	0.74	0.04	0.09	0.01
CO2	0.14	0.14	0.12	0.70	0.09	0.06	0.06
CO3	0.00	0.23	0.13	0.69	0.03	0.08	0.07
CO4	0.12	0.21	0.11	0.70	0.09	0.07	0.04
CO5	0.14	0.15	0.11	0.69	0.12	0.10	-0.10
CO6	0.15	0.20	0.13	0.72	0.04	-0.01	-0.02
CO7	0.11	0.16	0.16	0.72	0.06	0.06	-0.03
CO8	0.11	0.21	0.14	0.67	0.09	0.06	-0.05
CO9	0.09	0.19	0.21	0.70	0.08	0.04	0.04
ST1	0.74	0.15	0.05	0.05	0.09	0.11	-0.09
ST2	0.69	0.17	0.09	0.06	0.14	0.06	0.10
ST3	0.74	0.10	0.07	0.16	0.06	0.06	0.01
ST4	0.74	0.15	0.10	0.06	0.12	0.03	-0.05
ST5	0.73	0.19	0.14	0.04	0.09	0.03	0.02
ST6	0.74	0.17	0.13	0.09	0.08	0.03	-0.04
ST7	0.70	0.17	0.16	0.09	0.07	0.03	0.06
ST8	0.70	0.20	0.07	0.19	0.08	0.08	0.11
ST9	0.72	0.19	0.06	0.17	0.05	0.12	-0.08
ST10	0.73	0.23	0.08	0.10	0.07	0.07	-0.03

注：抽取方式：主成分法。

经过6次迭代聚合。

我们认为本书测量题项对构造变量的衡量具有良好的结构效度。我们运用AMOS16.0，以随机分配的另外一半数据为基础，对各个因素的内部结构进行了验证性因素分析，旨在考验各因素内部的结构效度。由于结构方程模型通常是通过各种拟合指标来反映数据对模型的支持程度，因此这里就涉及模式适配指标选取和标准选取的问题。参考国内外相关研究，本文最终选取了卡方值（χ^2）、卡方比率（χ^2/df）、拟合优度指标（GFI）、（RMR）、近似误差均方根（RMSEA）这几个绝对适配指标，以及调整后的拟合优度指标（AGFI）和比较拟合指数（CFI）两个增值适配指标对本书中各因素内部结构关系进行验证。本书对这些适配指标标准的选取则主要参考了李茂能（2006）的相关建议，具体如表4－12所示。

表4－12　SEM常用的适配指标及其标准

指标名称	适配标准及临界值
χ^2	越小越好，其p值至少>0.05显著水平
χ^2/df	≤2
GFI	≥0.9
RMR	≤0.05
RMSEA	0.05以下优良，0.05~0.08良好
AGFI	≥0.9
CFI	≥0.9

依据这些适配指标标准，我们对本书各分量表的结构进行了验证性因素分析，其分析结果如表4－13所示。

表4－13　各量表的验证性因素分析结果

	χ^2/df	p	GFI	AGFI	CFI	RMSEA	RMR
竞争优势	2.57	0.09	0.92	0.93	0.94	0.06	0.05
引领行为	2.82	0.08	0.89	0.92	0.91	0.05	0.04
搭桥行为	2.38	0.06	0.88	0.90	0.99	0.06	0.04
缓冲行为	2.82	0.05	0.97	0.90	0.93	0.04	0.03
关系社会资本	2.61	0.04	0.97	0.91	0.95	0.03	0.02
认知社会资本	2.80	0.05	0.95	0.94	0.96	0.05	0.02
结构社会资本	1.79	0.06	0.94	0.90	0.99	0.06	0.02

从AMOS16.0分析的结果来看，竞争优势、引领行为、搭桥行为、缓冲行为、关系社会资本、认知社会资本和结构社会资本这几个分量表的各项拟合指标均为良好，这说明这些对于本书这些因素的测量具有很好的结构效度。χ^2/df指标均超过了2，分别为2.23、2.315、2.67和2.32，反映其χ^2/df计算值本身也离<2这一标准相差不远，因此基本能接受这些因素的测量模型。总的来说，在RMSEA指标上，通过AMOS16.0对本书量表进行因素内部结构验证性分析，我们认为本书的这些分量表都具有良好的结构效度。

尽管调查问卷的回收率和有效率基本令人满意，无应答偏差检验仍必不可少。本书中将缺失值太多的无效问卷的企业特征（包括企业性质和企业年龄）与有效问卷的企业特征进行比较，并进行显著性差异检验（Armstrong和Overton，1977）。如表4－14所示。

表4－14　无应答偏差检验结果（独立样本T检验）

企业特征	T值	相伴概率	结果
企业性质	1.195	0.231	不显著
企业年龄	1.344	0.229	不显著

结果说明本次问卷调查不存在显著的无应答偏差问题。项目分析旨在对量表之题库做筛选，项目的好坏是依据其是否有区别力（Power of Discrimination）判定，被判定为较差区别力之项目，则须删除。具体步骤是将每题得分平均数在高分组（总分最高的27%）和低分组（总分最低的27%）之间进行差异的显著性检验，如果决断值（Critical Ration，CR）值未达显著水平者予以删除（吴明隆，2003；齐晓栋，2005；贺远琼，2007）。删除的理由是：李克特量表，在同一构念之下存在众多相似项目，基于经济原则考虑，无法有效区别受试者的项目，可以优先删除。在项目分析的基础上，还参考了"修正后项总相关系数"（CITC，每个题项得分与各题项总分间的相关系数）来进行项目筛选，筛选的标准是将CITC低于0.4的项目删除（Gilbert和Churchill，1979），并且删除该项目后，分量表的Cronbach' α系数有所提高，即提高整体信度。同时还根据初次因子分析结果，按以下标准剔除不合适的题项：①因子负荷小于0.5（马庆国，2002）；②共同度小于0.16（齐晓栋等，2005）；③保留该题项导致因子累计贡献率小于50%（Hair等，1998）。尽管在项目筛选时有如上量化的标准，但最终项目是否删除还应该考虑理论上的依据。如果有强烈的理论分析该题项，也可以考虑不删除它。由于篇幅所限，项目分析的决断值分析结果和CITC分析结果如表4－15所示，分析方法参照贺远琼的做法。

表 4 – 15 项目分析与题项净化

分量表	删除题项	CR	CITC	在分纬度上的因子负荷	删除该题项前的因子累积贡献率	删除该题项后的因子累积贡献率
企业公民行为	Q1	11.342 ***	–0.027	0.545	34.2%	64.3%
	Q4	12.879 ***	–0.088	0.545		
	Q12	11.342 ***	0.091	0.545		
	Q15	12.879 ***	0.069	0.545		
	Q16	11.342 ***	0.289	0.545		
	Q17	12.879 ***	0.275	0.545		
	Q20	11.342 ***	0.263	0.545		
	Q21	12.879 ***	0.244	0.545		

注：当通过 CITC 分析结果就可以优先删除该题项时，则该题项不再参加因子分析的过程，因此其对应的因子负荷和因子累积贡献率为缺省标识（—）。另外，在做因子分析之前，本书已经通过 KMO 样本测度和巴特莱特球体检验等结果考虑了数据是否做因子分析，具体结果详见效度检验部分。而其他指标均满足基本要求。表 4 – 11 中的“在分纬度上的因子负荷”是因子分析旋转后的结果，旋转方法是 VARIMAX。

以非市场战略理论为基础，根据问卷调查结果中企业公民行为的描述，编制了 18 个项目的问卷，对此问卷内容的适宜性先请专家评价，基本认可本书的量表设计。问卷采用李克特 7 点记分。在中国东部沿海部分省份，主要集中于长三角、珠三角和北京等东部经济较发达七省市地区，共发放初始问卷近 1000 份，收回有效问卷 455 份，回收率为 45.50%。初测结果经 SPSS15.0 统计分析表明，KMO 值为 0.872，Bartlett 球形检验的值为 4486.537（df = 153），$p < 0.001$，适合进行因子分析。

4.2.2 效度分析

采用主成分分析法，选择转轴法，抽取特征根大于 1 的因子，共得到 2 个因子，累计贡献率为 68.651%，这 2 个因子从其意义来看，基本与理论构想吻合。经删去因子负荷小于 0.3 的项目，多次重新探索后保留其中 10 个项目，抽取了 2 个因子，累计贡献率为 68.651%，各因子的变异解释率分别为 37.436%。根据各因子项目意义发现，探索性因子分析得到了验证，下一步是进行验证性因子分析（见表 4 – 16 和表 4 – 17）。

表 4 – 16　问卷的 KMO 和 Bartlett's Test

KMO	自由度	卡方	显著性
0. 872	153	4486. 537	0. 000

表 4 – 17　量表的信度

	题目数	Cronbach' α 系数
整体	11	0. 711
因子 1	5	0. 809
因子 2	6	0. 845

以初测结果探索性因子分析后得到的 15 个项目组成的问卷为工具，共发放初始问卷 1000 份，收回有效问卷 455 份，回收率为 52. 1%。采用 AMOS16 统计软件对这两组调查数据分别进行验证性因子分析和交互效度（Cross Validation）验证。为了消除同源方差问题，我们对企业高管进行了 5 ~ 10 分钟的访谈，以保证评价的准确和客观（见表 4 – 18）。

表 4 – 18　正式问卷旋转后的因子负荷矩阵

因子 1	Q2	0. 629	
	Q3	0. 758	
	Q5	0. 654	
	Q6	0. 780	
	Q7	0. 763	
因子 2	Q8		0. 788
	Q9		0. 753
	Q10		0. 582
	Q11		0. 830
	Q13		0. 570
	Q14		0. 850
	Q18		0. 822
特征值		5. 342	1. 212
贡献率		34. 443%	37. 444%
累计贡献率		34. 443%	71. 89%

用正式测验中455个企业的数据结构进行验证性因子分析结果表明，几种主要的拟合指数 χ^2/df、RMSEA、NNFI、CFI、GFI均达到可接受的范围，但不是十分理想。因此，在遵循不改变题项和因子意义及小步渐进修正的原则下，根据Lisrel提供的修正信息，经过5次验证性因子分析，删去6个项目（第1、第4、第12、第15、第16、第17题），形成由10个项目共2个因子组成的企业公民行为特征评定问卷，删除项目后，各因子上其他项目的分布没有改变。修正后自由度损失145，而 χ^2 减少量达到649.37，平均每减少一个自由度，χ^2 值减少4.48，达到显著（df=1时，0.05水平上的 χ^2 =3.84），其他各主要拟合指数也较修正前有所提高，并接近理想指标（见表4－19）。

表4－19 拟合优度指标统计

拟合优度指标	Cmin/df	RMR	SRMR	RMSEA	GFI	AGFI	NNFI	NFI	CFI	IFI
指标值	2.04	0.032	0.054	0.048	0.932	0.90	0.879	0.821	0.90	0.91

4.3 回归分析

采用层次回归分析（Hierarchical Regression Analysis）的统计方法以检验假设，通过层次回归分析可以引入新的变量以观测 R^2 的变化，引入新的变量后其解释变量的系数和显著性也会发生相应的变化，从而为SEM分析提供坚实的基础。

4.3.1 相关分析

变量之间是否相关是进行回归分析的前提，所以，在得出因变量、自变量和中介变量及调节变量的描述性统计，以及上述变量两两相关的相关系数后，结果表明，缓冲行为模式、搭桥行为模式和引领行为模式与社会资本各维度、竞争优势之间存在着显著的相关关系，且社会资本各维度也与竞争优势存在着正的相关关系，这为本书提供了数据上的支撑，其结果见皮尔逊相关系数表（见表4－20）。

4.3.2 回归的三大问题检验

在进行回归之前必须进行多重共线性、序列相关和异方差的三大问题的检验，只有恰当处理才能得出科学性结论（马庆国，2002），依据方差膨胀因子（VIF）

表 4-20 描述性统计与皮尔逊相关系数表

		均值	标准差	1	2	3	4	5	6	7	8	9	10	11	12
控制变量															
1	企业规模	3.010	0.983	1.000											
2	企业年龄	7.890	1.001	0.79*	1.000										
3	其他无形资产	4.330	0.655	0.017	0.026	1.000									
4	行业	3.430	1.544	0.030	0.027	0.007*	1.000								
自变量															
5	缓冲型企业公民行为	4.330	1.092	-0.048	-0.054	-0.017	0.031	1.000							
6	搭桥型企业公民行为	4.320	1.322	-0.025	-0.015	-0.039	-0.038	0.397**	1.000						
7	引领型企业公民行为	3.220	0.089	0.047	0.044	-0.041	0.025	0.210*	0.410**	1.000					
中介变量															
8	结构社会资本	4.550	1.433	-0.020	-0.032	0.005	0.102	0.27**	0.406*	-0.044	1.000				
9	关系社会资本	4.320	1.222	0.009	0.001	-0.039	-0.006	-0.027*	0.37*	0.104**	0.480*	1.000			
10	认知社会资本	5.020	0.909	0.034	0.043	-0.029	-0.028	0.093*	0.410**	0.253*	0.212*	0.183**	1.000		
调节变量															
11	环境动荡性	4.780	1.322	0.013	0.013	0.017*	0.004	0.210*	0.180*	-0.016*	0.114**	0.240**	0.304*	1.000	
因变量															
12	竞争优势	5.430	1.344	0.39*	0.138	0.043*	0.048	0.222**	0.165*	0.1*	0.033**	0.53*	0.108*	-0.120	1.000

注：* 表示 $p<0.10$；** 表示 $p<0.05$。

指数的评判标准，在 0 < VIF < 10，不存在多重共线性，经过统计检验，本书模型中的各变量的 VIF 指数均大于 0 且小于 5，因此，可以认为本书中变量之间并不存在严重的共线性问题。异方差是指随着自变量的变化，因变量的方差并不存在明显的变化趋势（不具有常数方差的特征），对于异方差的检验，通常采用散点图进行判定（马庆国，2002），以检验本书中的散点图均呈无序状态，所以，可以判定本书中不存在异方差问题。序列相关指不同期的样本值（不同编号的样本值）之间存在相关关系，可用 DW 值判断（马庆国，2002），本书中各模型的 DW（Durbin – Watson）值接近于 2，所以，经检验可以判定不存在序列相关问题。

4.3.3 回归分析

（1）企业公民行为对竞争优势影响分析。根据研究问题，本课题首先采用层次回归法验证企业公民的行为模式对竞争优势的影响关系，表 4 –2 给出了企业公民行为对竞争优势的回归分析结果，模型 1 的自变量仅包括控制变量，以验证企业年龄、企业规模、行业和其他无形资产对竞争优势的影响。模型 2 在控制变量的基础上加入了企业公民行为的三个维度，即缓冲行为模式、引领行为模式和搭桥行为模式。模型 3 则在上述基础上加入了企业社会资本的三个维度，即结构社会资本、关系社会资本和认知社会资本，以验证是否在企业公民行为与竞争优势之间社会资本存在着中介作用。

表 4 –21 企业公民行为对竞争优势回归分析结果（标准化后）

变量	模型 1	模型 2	模型 3
常数项	4.332	3.222	2.227
控制变量			
企业规模	0.312**	0.112**	0145*
企业年龄	0.211	0.211	0.125
其他无形资产	0.112**	0.112**	0.112*
行业	0.338	0.338	0.338
企业公民行为			
缓冲型企业公民行为		0.378	0.366
搭桥型企业公民行为		0.233*	0.203
引领型企业公民行为		0.122	0.101
中介变量			
结构社会资本			0.221

续表

变量	模型 1	模型 2	模型 3
关系社会资本			0.455 *
认知社会资本			0.398 **
模型统计量			
R^2	0.01	0.15	0.24
调整后的 R^2	—	0.14 ***	0.09 **
F 值	0.52	2.25 **	2.46 **

表4－21表明，4个控制变量解释了竞争优势总体方差的40.9%，说明企业规模、行业、企业年龄和其他无形资产对于企业的竞争优势会产生较大的影响。其中，企业的其他无形资产（主要指研发产生的无形资产）在 $p<0.05$ 水平上是显著的，而行业、企业规模、企业年龄在 $p<0.001$ 水平上是显著的。对于行业、企业规模和企业年龄和其他无形资产在战略文献中多次被涉及其对竞争优势的影响，同时在企业社会责任文献中也涉及其他无形资产对于竞争优势的影响，控制住这些变量后才能反映出企业社会资本对于企业公民行为影响竞争优势的作用。

假设1主要涉及的是企业公民行为对竞争优势的直接影响。模型1是4个控制变量与竞争优势的关系，其调整后的 R^2 值为40.9%。模型2、模型3和模型4是在控制变量的基础上逐次加入了企业公民行为的三种行为模式后的回归方程，模型2的 R^2 值较模型1有显著性提高（$p<0.001$），这说明企业公民行为对企业竞争优势有重要的解释作用。其中，缓冲行为模式的回归系数为正且在 $p<0.01$ 水平上显著异于0，意味着企业公民行为中的缓冲战略行为对企业竞争优势有显著的正向影响，因而假设1a通过验证；模型3的 R^2 值较模型2有显著性提高（$p<0.001$），模型3是加入了搭桥行为模式的回归方程，回归系数为正且在 $p<0.001$ 水平上显著异于0，意味着搭桥行为模式与企业竞争优势有显著的正向影响，因而Hlb通过验证。模型4的 R^2 值较模型3有显著性提高（$p<0.001$），这说明企业公民行为中的引领行为模式对企业竞争优势有重要的解释作用。因而H1c通过验证。

中介变量存在的4个条件。Baron 和 Kenny（1986）认为实验中是否存在中介作用应满足以下四个条件：①自变量与中介变量之间有显著相关；②中介变量与因变量之间有显著相关；③自变量与因变量之间有显著相关；④当中介变量引入回归方程后，自变量与因变量的相关或回归系数显著降低。如果自变量与因变量的关系下降至零，是完全中介（Fullmediation）；如果自变量与因变量的相关系数降低但不等于零，是部分中介（Partialmediation）。在这种情况下就可以证明预测变量对结果变量的影响是通过中介变量来进行的。

在非市场环境中企业非市场行为也包括伦理准则和责任等概念，这正是企业公民的行为模式得以存在的理论基石。企业公民行为模式是针对非市场环境的一种战略行为，而非市场环境中蕴含着大量的资源正是企业战略所迫切需要获取以维持企业生存和发展的资本，这些资源可以是有形的也可以是无形的，正如卫武所认为的那样，对于企业政治行为而言更多的是获取政治资源，而企业公民行为模式更多的是追求一种合法性以及道德优势和伦理资源，为了研究的需要，对于这类软性的资源我们可以用一个概念将其集合起来，我们认为企业社会资本与企业家的社会资本可以比较好地涵盖上述软性资源。

引入企业社会资本的理由及为什么要在此导入社会资本的概念。企业社会资本与企业家的社会资本具有贯通性，但是对于企业家的社会资本只有为企业所用时方可对企业产生正的影响。因此选用企业社会资本用以涵盖，当然不可避免地会出现遗漏，毕竟网络资源不同于社会资本，应该说社会资本比一般的网络资源具有更加可能产生增益竞争优势的功用，因为资本就是一种可以产生资源的资源，或者也可以说是一种“能力”，社会资本按照周小虎的界定是网络上的资源和价值。因此，使用企业社会资本涵盖对于企业公民行为模式在非市场网络中谋划和关系协调所导向的资源。

中介效应是属于间接效应中的一种，当自变量 X 对因变量 Y 的影响是通过 M 来实现时，M 就被称为中介变量。图 4－1 给出了中介变量作用路径的示意图，其中 c 是自变量 X 对因变量 Y 的总效应，而 a、b 则是中介变量的中介效应，c′则是 X 对 Y 的直接效应。

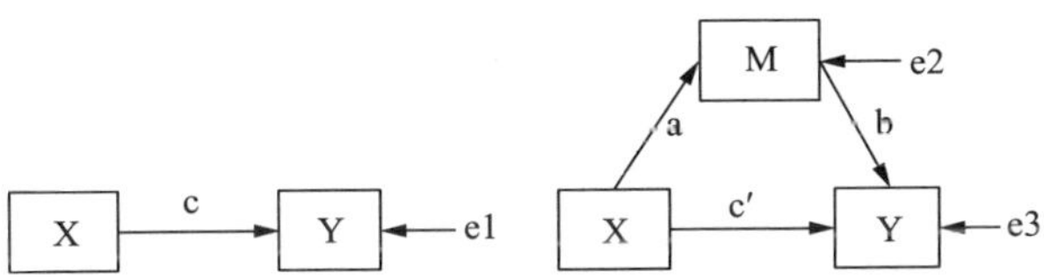

图 4－1　中介变量示意图

学者们对于中介效应的检验提出了多种方法和程序，温忠麟等（2004）将这些检验方法总结成了三类：第一种方法是依次检验回归系数法，当 H0：a＝0 被拒绝，且 H0：b＝0 也被拒绝时，则 M 的中介效应显著，否则中介效应不显著，该方法的主要弊端在于当 M 的中介效应很弱时，其检验功效会很低；第二种方法是通过检验 H0：ab＝0 来实现，该方法的弊端在于当 a 或者 b 有一个为零时，a 和 b 的乘积依然为零，在统计上犯第一类错误的概率比较高，这是此方法最大的弊端；第三种方法，则是通过检验 H0：c－c′=0 来进行，但同样也存在第一类错误率较高的问题①。在此分析基础上，温忠麟等总结了一个较有效的中介效应检验方法，它可以概括为以下四个步骤：

第一步，检验自变量 X 对因变量 Y 的回归系数 c，如果显著则继续进行第二步检验，如果不显著则应该立即停止中介效应分析。第二步，依次检验系数 a 和 b，如果 a 和 b 都显著，则意味着 X 对 Y 的影响至少有一部分是通过 M 来实现的，应该转入第三步继续进行完全中介检验。如果 a 和 b 至少有一个不显著，则建议转到第四步进行 Sobel 检验。第三步，承接上述两步骤检验结果，继续对 c′进行检验，如果不显著，说明中介变量 M 在 X 对 Y 的影响过程中起到的是完全中介作用；如果显著，则说明中介变量 M 在 X 对 Y 的影响过程中只是起到了部分中介的作用。第四步，如果 a 和 b 至少有一个不显著，则要进行 Sobel 检验，通过检验统计量 z 的显著性来判别其中介效应是否存在。

企业公民行为对社会资本的影响如表 4－22 所示。

表 4－22　企业公民行为对关系社会资本回归分析结果（标准化后）

变量	模型 1	模型 2	模型 3	模型 4
常数项				
控制变量				
企业规模	0.312**	0.112**	0.131**	0.211**
企业年龄	0.211	0.211	0.211	0.311
其他无形资产	0.112**	0.112**	0.112**	0.112**
行业	0.338	0.338	0.338	0.338
企业公民行为				
缓冲型企业公民行为		0.378	0.234	0.122
搭桥型企业公民行为			0.455	0.322
引领型企业公民行为				0.433*
模型统计量				
R^2	0.01	0.11	0.29	0.31
调整后的 R^2	—	0.10***	0.18**	0.02**
F 值	0.52	2.25**	5.46**	6.46**

注：* 表示 $p<0.10$；** 表示 $p<0.05$；*** 表示 $p<0.01$。

① 温忠麟，张雷，侯杰泰，刘红云．中介效应检验程序及其应用［J］．心理学报，2006，36（5）：614－620.

假设3 主要涉及的是中介变量，即社会资本对竞争优势的相关关系。模型2、模型3 和模型4 是三个社会资本变量与竞争优势的关系，其调整后的 R^2 值分别为61.2%、65.5%和67.8%。模型2、模型3 和模型4 是在控制变量的基础上逐次加入了企业社会资本的三个维度后的回归方程，模型5 的 R^2 值较模型1 有显著性提高（$p<0.001$），这说明结构型社会资本对企业竞争优势有重要的解释作用。其中，结构型社会资本的回归系数为正且在 $p<0.01$ 水平上显著异于0，意味着结构型社会资本对企业竞争优势有显著的正向影响，因而假设3a 通过验证；模型3 的 R^2 值较模型1 有显著性提高（$p<0.001$），这说明关系型社会资本对企业竞争优势有重要的解释作用。其中，关系型社会资本的回归系数为正且在 $p<0.01$ 水平上显著异于0，意味着关系型社会资本对企业竞争优势有显著的正向影响，因而假设3b 通过验证；模型4 的 R^2 值较模型1 有显著性提高（$p<0.001$），这说明认知型社会资本对企业竞争优势有重要的解释作用。其中，认知型社会资本的回归系数为正且在 $p<0.01$ 水平上显著异于0，意味着认知型社会资本对企业竞争优势有显著的正向影响，因而假设3c 通过验证。

表4-23 企业公民行为对关系型社会资本回归分析结果（标准化后）

变量	模型1	模型2	模型3	模型4
常数项				
控制变量				
企业规模	0.312**	0.112	0.012	0.012
企业年龄	0.211	0.411	0.011	0.211
其他无形资产	0.112**	0.110	0.112**	0.112**
行业	0.338	0.010	0.338	0.338
企业公民行为				
缓冲型企业公民行为		0.378	0.233	0.123
搭桥型企业公民行为			0.123	0.433**
引领型企业公民行为				0.233
模型统计量				
R^2	0.01	0.23	0.34	0.36
调整后的 R^2	—	0.22***	0.11**	0.02**
F值	0.52	5.25**	4.46**	5.46**

注：** 表示 $p<0.05$；*** 表示 $p<0.01$。

表4-24 企业公民行为对认知型社会资本回归分析结果（标准化后）

变量	模型1	模型2	模型3	模型4
常数项				
控制变量				
企业规模	0.312**	0.312**	0.002**	0.012**
企业年龄	0.211	0.211	0.211	0.011
其他无形资产	0.112**	0.112**	0.112**	0.110**
行业	0.338	0.338	0.308	0.099
企业公民行为				
缓冲型企业公民行为		0.378	0.322	0.433
搭桥型企业公民行为			0.234	0.564**
引领型企业公民行为				0.201
模型统计量				
R^2	0.01	0.32	0.33	0.39
调整后的 R^2	—	0.31***	0.01**	0.06**
F值	0.52	5.25**	7.46**	9.47**

注：**表示 $p<0.05$；***表示 $p<0.01$。

（2）环境动荡性的调节效应检验。调节回归分析用于检验上述关于调节效应的假设。设企业公民行为模式是自变量，做Y对X和M的回归，得测定系数R^2。做Y对X、M和XM的回归得R^2，若第二个R显著高于第一个R^2，则调节效应显著。或者，作XM的回归系数检验，若显著，则调节效应显著。

竞争优势是因变量，对于竞争优势我们采用的是主观指标。由于许多财务指标涉及财务机密，因此在中国取得绩效和竞争优势等资料是非常困难的。我们采用了与同行相比的几个相对指标：①我们的市场占有率与同行相比；②我们的销售收入水平与同行相比；③我们的盈利水平与同行相比；④我们的资产规模增长速度与同行相比。

环境动荡性作为调节变量，可以细分为环境复杂性、环境动态性两个维度。首先，我们使用调节回归分析检验企业公民行为模式与竞争优势关系的调节效应；其次，我们检验环境动荡性（调节变量）是否与竞争优势（因变量）相关；最后，我们检验环境动荡性（调节变量）是否与企业公民行为模式（自变量）显著地相关，以排除环境动荡性可能是企业公民行为模式前因变量的概率。如图4-2所示。

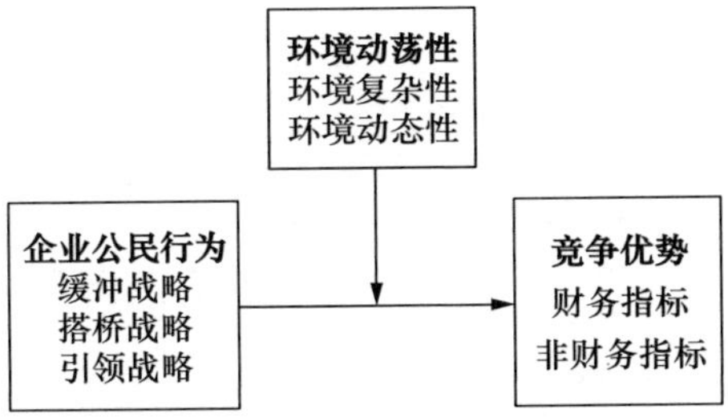

图 4－2 研究假设与概念模型

同时，我们也采用了子群分析（Subgroups）以进一步探索企业人民行为与竞争优势在不同环境中的关系。对于企业公民行为模式与竞争优势的调节变量的检验我们采用了 1986 年 Prescott 在 AMJ 中的《环境在战略与绩效的调节作用》一文中的做法。按照中位数作为分界，将样本分成环境高丰裕性和环境低丰裕性两个子群。按照中位数作为分界，将样本分成环境高动态性和环境低动态性两个子群。按照中位数作为分界，将样本分成环境高复杂性和环境低复杂性两个子群。这样做的目的是测试高分组与低分组在企业公民行为模式与竞争优势关系中的变异程度。均值、标准差和相关系数均包括在下表中，我们遵循了 Prescott（1986）调节变量的统计处理方式检验了环境动荡性各维度在企业公民行为模式与竞争优势关系中的调节效应。吴明隆的观点预测对象人数以问卷中包括最多题项之“分量表”的 3～5 倍为宜。因此，本次预测试的企业问卷数量为 108 家长三角企业，其中以江苏省南京市居多。由于企业公民行为模式的问卷涉及部分对于本企业形象的评价，因此在问卷中穿插了反向题项。

虽然题项和分量表直接或间接地来自国内外前人成熟的量表，同时绝大多数题项均吸引的是国内学者的量表，只有极少量题项（主要是人口统计学部分和企业公民的现状描述部分）是自己编制的。但是出于严谨性的考虑，我们仍运用 SPSS 对调查问卷的题项进行了项目分析，以验证前人的量表在长三角地区企业中是否具有信度和效度（见表 4－25～表 4－29）。

表 4－25 环境动荡性的探索性因子分析

因子 6：环境动态性	荷载 1	荷载 2
Hj1：贵企业面临的来自政府管制，或宏观经济政策，或政府人事变动，或社会文化、社会公众的反对观点等风险有多大	0.611	0.135
Hj2：在开拓全国市场时，不同省（市、县）政府部门对贵企业影响的差异程度如何	0.688	0.022
Hj3：贵企业所面临的不同政府机构（包括不同的省、市、县政府以及不同的政府部门）对同一中央政府政策、法律法规条款等解释的差异程度	0.658	0.071

续表

因子 6：环境动态性	荷载 1	荷载 2
Hj4：贵企业面临的政府管制政策（例如行业发展战略、对产品质量标准的要求、行业准入条件、税收要求等各方面）等的变化情况	0.693	0.051
Hj5：贵企业所打交道的主要政府部门，其工作重点、人事等的变化情况	0.688	0.027
Hj6：贵企业面临的宏观经济环境（例如汇率政策、货币政策等）的变化情况	0.705	0.041
Hj7：贵企业顾客对产品的需求在多大程度上受到社会文化、政治或社会事件、政策导向等因素的影响	0.704	0.090
Hj8：贵企业的产品质量标准在多大程度上受到社会文化、政府政策等因素的影响	0.717	0.044
Hj9：贵企业的内部经营运作在多大程度上受到政府、社会公众、媒体、社区等的影响或干预	0.694	0.036
因子 7：环境复杂性		
Hj10：贵企业有多少市场机会受到政府部门的控制和影响	0.075	0.833
Hj11：在贵企业所在的行业中，技术变化的速度如何	0.071	0.808
Hj12：在贵企业所在的行业中，顾客需求变化的速度如何	0.031	0.817
Hj13：贵企业竞争对手的竞争策略与行为变化的速度如何	0.017	0.834
Hj14：在贵企业所在的行业中，替代品出现的速度如何	0.097	0.813

表 4－26 环境动荡性的验证性因子分析

因子 1：环境动态性	荷载 1	荷载 2
Hj1：贵企业面临的来自政府管制，或宏观经济政策，或政府人事变动，或社会文化、社会公众的反对观点等风险有多大	0.788	
Hj2：在开拓全国市场时，不同省（市、县）政府部门对贵企业影响的差异程度如何	0.589	
Hj3：贵企业所面临的不同政府机构（包括不同省、市、县政府及不同政府部门）对同一中央政府政策、法律法规条款等解释差异程度	0.583	
Hj4：贵企业面临的政府管制政策（例如行业发展战略、对产品质量标准的要求、行业准入条件、税收要求等各方面）等的变化情况	0.575	
Hj5：贵企业所打交道的主要政府部门，其工作重点、人事等的变化情况	0.582	
Hj6：贵企业面临的宏观经济环境（例如汇率政策、货币政策等）的变化情况	0.594	
Hj7：贵企业顾客对产品的需求在多大程度上受到社会文化、政治或社会事件、政策导向等因素的影响	0.614	

续表

因子 1：环境动态性	荷载 1	荷载 2
Hj8：贵企业的产品质量标准在多大程度上受到社会文化、政府政策等因素的影响	0. 580	
Hj9：贵企业的内部经营运作在多大程度上受到政府、社会公众、媒体、社区等的影响或干预	0. 594	
因子 2：环境复杂性		
Hj10：贵企业有多少市场机会受到政府部门的控制和影响		0. 636
Hj11：在贵企业所在的行业中，技术变化的速度如何		0. 619
Hj12：在贵企业所在的行业中，顾客需求变化的速度如何		0. 652
Hj13：贵企业竞争对手的竞争策略与行为变化的速度如何		0. 682
Hj14：在贵企业所在的行业中，替代品出现的速度如何		0. 639

表 4－27　缓冲行为模式影响竞争优势的环境动荡性调节作用回归分析（标准化后）

变量	模型 1	模型 2	模型 3
控制变量			
企业规模	0. 00	0. 06	0. 05
企业年龄	0. 09	0. 05	0. 06
所有权	0. 83	0. 87	0. 02
行业	0. 22	0. 12	0. 13
自变量			
缓冲行为模式		0. 39	0. 28
环境动荡性			
环境动态性		0. 32	0. 21
环境复杂性		0. 23	0. 11
交互项			
缓冲模式 × 环境动态性			0. 84 **
缓冲模式 × 环境复杂性			0. 94 **
模型统计量			
R^2	0. 01	0. 15	0. 24
调整后的 R^2	—	0. 14 ***	0. 09 **
F 值	0. 52	2. 25 **	2. 46 **

注：** 表示 $p<0.05$；*** 表示 $p<0.01$。

表 4-28　搭桥行为模式影响竞争优势的环境动荡性调节作用回归分析（标准化后）

变量	模型 1	模型 2	模型 3
控制变量			
企业规模	0.01	0.00	0.00
企业年龄	0.02	0.05	0.06
所有权	0.13	0.87	0.06
行业	0.11	0.12	0.11
自变量			
搭桥模式		0.39	0.28
环境动荡性			
环境动态性		0.10	0.50
环境复杂性		0.23	0.23
交互项			
搭桥模式×环境动态性			0.14**
搭桥模式×环境复杂性			0.24**
模型统计量			
R^2	0.01	0.17	0.23
调整后 R^2	—	0.16***	0.06**
F 值	0.52	6.29**	4.46**

注：** 表示 $p<0.05$；*** 表示 $p<0.01$。

表 4-29　引领行为模式影响竞争优势的环境动荡性调节作用回归分析（标准化后）

变量	模型 1	模型 2	模型 3
控制变量			
企业规模	-0.00	-0.00	-0.00
企业年龄	-0.09	-0.05	-0.06
所有权	-0.83	-0.87	-0.06
行业			
自变量			
引领模式		1.39	1.28
环境动荡性			
交互项			
搭桥模式×环境动态性		0.42	0.42
搭桥模式×环境复杂性		0.50	0.50

续表

变量	模型 1	模型 2	模型 3
引领模式×环境动态性			0.24**
引领模式×环境复杂性			-0.43**
模型统计量			
R^2	0.01	0.15	0.24
调整后的 R^2	—	0.14***	-0.09
F 值	0.52	2.25**	2.46

注：** 表示 $p<0.05$；*** 表示 $p<0.01$。

表 4－29 给出了环境动荡性在企业公民行为与竞争优势之间调节作用的回归结果。从回归结果可以看出，环境动荡性、企业公民行为不同行为模式对竞争优势的影响是有显著差异的。从表 4－29 可以看出，在引入环境动荡性的情况下，缓冲模式（$p<0.01$）、搭桥模式（$p<0.01$）对竞争优势的影响都有明显的促进作用。而在引领模式对竞争优势在环境动荡性下的调节效应未通过检验。

从上述回归分析结果可以发现，大部分初始假设通过了实证检验。此外，层次回归分析结果还显示，尽管企业公民行为对竞争优势都具有显著的正向作用，但这种作用并非完全是直接的，中介作用确实存在。而且当我们考虑到中介变量的影响之后，企业公民行为对竞争优势的作用机制是互相影响和制约的，作用的路径也非常复杂。多元回归分析每次只能考虑自变量和因变量之间的线性关系，忽略了自变量之间、中介变量之间以及自变量和中介变量作用于因变量时的系统作用。为了进一步深入分析企业公民行为各维度对竞争优势的不同影响机制，下面我们将使用结构方程建模的方法对企业公民行为影响竞争优势做进一步的检验。对于结果的讨论将在结构方程分析之后一并进行。

4.4 结构方程模型分析

4.4.1 数据分析和处理

在本书中，企业公民行为模式对企业竞争优势的作用机理具体体现为：企业公民行为模式目标通过对企业社会资本结构、关系和认知三个维度水平的促进与提高，进而对企业竞争优势产生正向影响；企业公民行为方式通过促进与提高企业社会资本结构和关系两个维度水平，进而对企业竞争优势产生正向影响；企业公民行为模式数额通过对企业社会资本结构、关系和认知三个维度水平的促进与提高，进而对企业竞争优势产生正向影响；企业公民行为通过促进与提高企业社会资本结构、关系和认知三个维度水平，进而对企业竞争优势产生正向影响；目标 NPO 的选择通过对企业社会资本结构和关系两个维度水平的促进与提高，进而对企业竞争优势产生正向影响。在对结构模型进行数据分析之前，需要对数据的合理性和有效性进行检验。一般认为，样本容量至少在 100 ~ 150，才适合使用极大似然法（ML）对结构模型进行估计。本书的样本数量为 455 份，达到最低样本容量要求。Anderson 和 Gerbing（1988）指出，研究中在以结构方程来进行模型拟合度检验之前先要得到可接受的测量方程，这样能够避免因不正确的测量方程所造成的混淆结果。本书在运用结构方程进行潜变量之间关系假设检验之前，将首先对测量方程进行评价，对测量模型进行评价的过程就是验证性因子分析的过程。

一般而言，验证性因子分析模型的拟合指数受到题项数量的影响，侯杰泰、温忠麟和程子娟（2004）认为，每个因子用三个题项来表征其结构方程最为稳定。当原有变量的测量题项过多时，便会对模型的整体拟合不利（Rogers 和 schmitt，2004），而遗弃部分项目以简化模型的做法也被研究者证明并不可取，很多学者采用了项目组合的方法来对题项进行归并精简（卞冉、车宏生和阳辉，2007）。从本质上讲，项目组合涉及的是数据分析的基本单元问题，即概念表征的深度问题。使用项目对概念的表征通常有四种不同的聚合层次，分别为完全分散、部分分散、部分聚合与完全聚合（卞冉、车宏生和阳辉，2007）。从完全分散模型到完全聚合模型实际上是一个连续体，反映了我们对概念表征具体程度的不同。我们可以根据研究的具体情境以及目的的不同来选择适合的模型。

项目组合在实践中的广泛应用促使了各种各样具体组合方法的产生，其中内容组合方法是较为常见的一种，这种方法建立在已有理论或研究者对项目内容的推理、判断上。考虑到本书中很多潜变量测量题项较多，本书首先根据以上建议对题项进行了组合，将组合的题项取均值获得新的项目得分。

首先，对企业公民行为的各个构成要素进行理论维度的分析。根据本书的设计，企业公民行为缓冲策略原量表中第 1 题主要侧重于政府维度，而另外三题是侧重于与社区的关系，因此可以合并成两个新项目。搭桥策略和引领策略情况相同，也是合并成两个新项目。此外，对于竞争优势这一潜变量，由于明显地具有多维度的特征，我们尝试从理论上或数据上对其进行进一步的维度划分非常困难，因此采用完全聚合的方法对竞争优势的 5 个题项进行了组合，本书所使用的竞争优势的测量量表已经得到充分的验证，具有很高的信度和效度，因此这样的项目组合对研究结果影响不大。对于企业社会资本的25个测度题项，从理论上来讲本书已经将其分为认识社会资本、结构社会资本和关系社会资本，据此理论维度，可以按政府和社会、市场的联系三个方面各自合并为一个新题项。

使用极大似然法进行结构方程模型估计，要求所使用的数据服从正态分布。数据的正态分布性可以通过检验测量变量的偏度和峰度值得到确认（耿帅，2005）。一般地，样本数据满足中值与中位数相近，偏度（Skew）小于2，同时峰度（KurtosiS）小于5的条件时，即可认为其服从正态分布（见图4－3～图4－5和表4－30）。

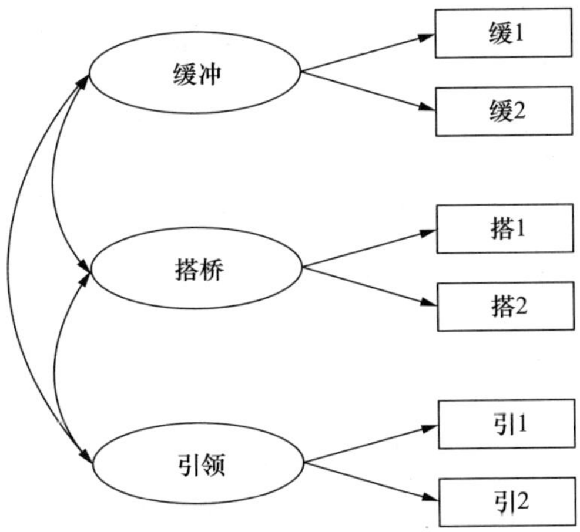

图4－3　企业公民行业的测量模型（项目合并）

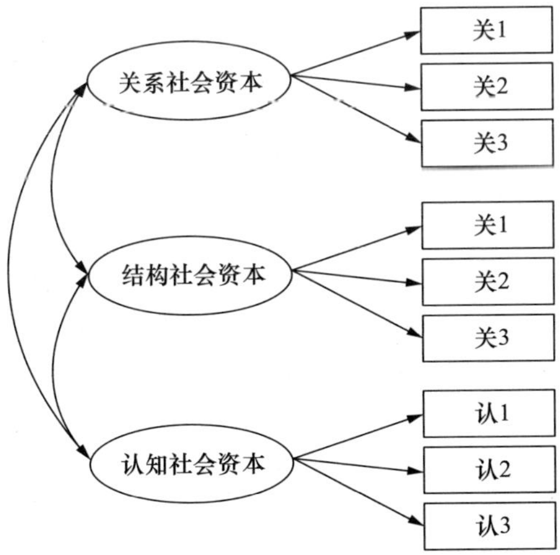

图4－4　企业社会资本的测量模型（项目合并）

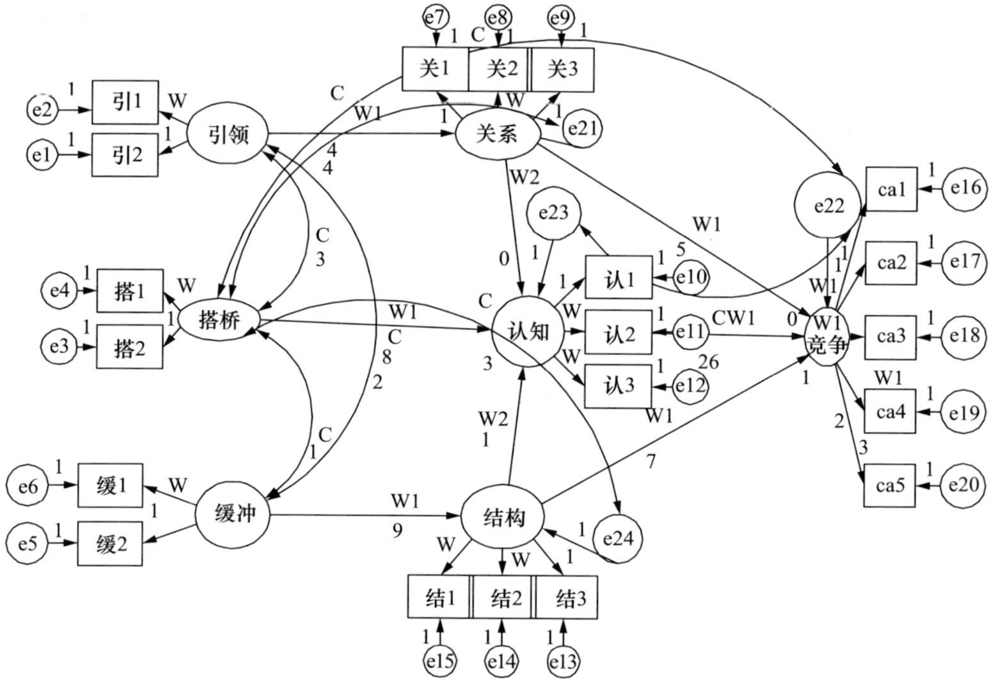

图 4-5　结构方程模型

表 4-30　题项的正态检验

	缓 1	缓 2	搭 1	搭 2	引 1
偏度	0.655	0.433	0.233	0.988	0.001
峰度	-0.48	0.22	0.22	0.23	0.32
	引 2	关 1	关 2	关 3	认 1
偏度	0.055	0.439	0.733	0.698	0.061
峰度	-0.18	0.22	-0.82	-0.83	-0.52
	认 2	认 3	结 1	结 2	结 3
偏度	0.121	0.766	0.322	0.655	0.055
峰度	-0.48	0.82	0.42	-0.23	-0.32

4.4.2　初始模型构建

结构方程的产生模型分析针对事先建构的一个或多个基本模型，来估计整个模型是否与数据拟合，并找出模型中拟合欠佳的部分，加以调整和修正，再通过同一数据或其他样本数据检查修正模型的拟合程度，其分析目的在于通过不断地调整与修正产生并确定一个最佳模型（见表 4 – 31）。

表 4 – 31 描述性统计与正态检验

变量	最小值	最大值	偏度	C. R.	峰度	C. R.
ca5	1.000	7.000	0.219	1.909	–0.476	–2.072
ca4	1.000	7.000	0.187	1.632	–0.305	–1.330
ca3	1.000	7.000	0.173	1.503	–0.391	–1.702
ca2	1.000	7.000	0.153	1.329	–0.587	–2.556
ca1	1.000	7.000	0.167	1.451	–0.258	–1.122
结 1	1.000	6.670	0.134	1.170	–0.524	–2.283
结 2	1.000	7.000	0.182	1.582	–0.272	–1.186
结 3	1.000	7.000	0.061	0.528	–0.377	–1.640
认 3	1.000	6.670	0.251	2.187	–0.429	–1.869
认 2	1.000	6.670	0.236	2.057	–0.403	–1.754
认 1	1.000	7.000	0.146	1.272	–0.438	–1.907
关 3	1.000	7.000	0.057	0.497	–0.330	–1.437
关 2	1.000	7.000	0.128	1.114	–0.424	–1.847
关 1	1.000	6.500	0.139	1.207	–0.398	–1.732
缓 1	1.250	6.750	0.170	1.480	–0.409	–1.782
缓 2	1.000	6.330	0.053	0.463	–0.411	–1.790
搭 1	1.000	6.500	0.091	0.796	0.080	0.350
搭 2	1.000	6.200	0.004	0.032	–0.416	–1.811
引 1	1.000	7.000	0.240	2.088	–0.360	–1.566
引 2	1.000	7.000	0.288	2.506	–0.294	–1.281
Multivariate					–6.807	–2.447

综合几个拟合指数判断，该模型的拟合质量较好，可以进入下一节的结构方程模型分析。通过两次对初始结构方程模型的调整与修正，本书最终形成的 SEM 模型，其各项拟合指数和变量间的路径关系均符合相应的判别标准，由此模型得以确定（见表 4 – 32）。

表 4 – 32 路径系统表

	估计值	标准差	C. R.	p 值	标签
关系 < – – – 引领	0. 263	0. 038	6. 936	***	W14
结构 < – – – 缓冲	0. 407	0. 063	6. 450	***	W19
认知 < – – – 搭桥	0. 724	0. 072	10. 018	***	W18
认知 < – – – 关系	– 0. 001	0. 059	– 0. 017	0. 987	W20
认知 < – – – 结构	0. 064	0. 048	1. 323	0. 186	W21
竞争优势 < – – – 关系	0. 256	0. 051	4. 989	***	W15
竞争优势 < – – – 认知	0. 421	0. 049	8. 552	***	W16
竞争优势 < – – – 结构	0. 268	0. 043	6. 298	***	W17
引 2 < – – – 引领	1. 000				
引 1 < – – – 引领	1. 029	0. 039	26. 481	***	W1
搭 2 < – – – 搭桥	1. 000				
搭 1 < – – – 搭桥	0. 990	0. 045	21. 936	***	W2
缓 2 < – – – 缓冲	1. 000				
缓 1 < – – – 缓冲	1. 015	0. 077	13. 213	***	W3
关 1 < – – – 关系	1. 000				
关 2 < – – – 关系	1. 154	0. 072	15. 984	***	W4
关 3 < – – – 关系	1. 135	0. 070	16. 169	***	W5
认 1 < – – – 认知	1. 000				
认 2 < – – – 认知	1. 016	0. 045	22. 459	***	W6
认 3 < – – – 认知	0. 992	0. 043	22. 822	***	W7
结 3 < – – – 结构	1. 000				
结 2 < – – – 结构	1. 022	0. 038	26. 936	***	W8
结 1 < – – – 结构	0. 980	0. 039	24. 872	***	W9
ca1 < – – – 竞争优势	1. 000				
ca2 < – – – 竞争优势	0. 999	0. 087	11. 492	***	W10
ca3 < – – – 竞争优势	1. 050	0. 086	12. 195	***	W11
ca4 < – – – 竞争优势	0. 780	0. 079	9. 837	***	W12
ca5 < – – – 竞争优势	0. 046	0. 079	0. 580	0. 562	W13

4.4.3 模型拟合与修正

AMOS 软件可以计算修正指数（Modifieation Indiees，MI），它能提供使拟合指数减少的有用信息，AMOS 允许在总体拟合模型中增加或减少每个可能的路径，产生期望结果。需要注意的是，任何时候增加或减少路径，都会重新定义或修改模型，在某种程度上间接改变它的意义。在许多情况下，路径的增加导致模型真实含义的变更是局部或微不足道的，但在另一些情况下，可能会导致模型的含义有重大变化。因此，模型的修正过程不能仅由数据导向来驱动，增加或删除路径必须具有理论或现实依据。

对上述的四条路径进行修正，企业公民行为对竞争优势的影响机制研究中 TLI、RMSEA 均有所改进，此外，经过这次模型调整之后，所有路径系数的 CR. 均已达到大于 0.07 的要求，具有显著意义。综合以上各方面的评判指标，对模型的拟合通过检验，模型得以确认（见图 4－6 和表 4－33）。

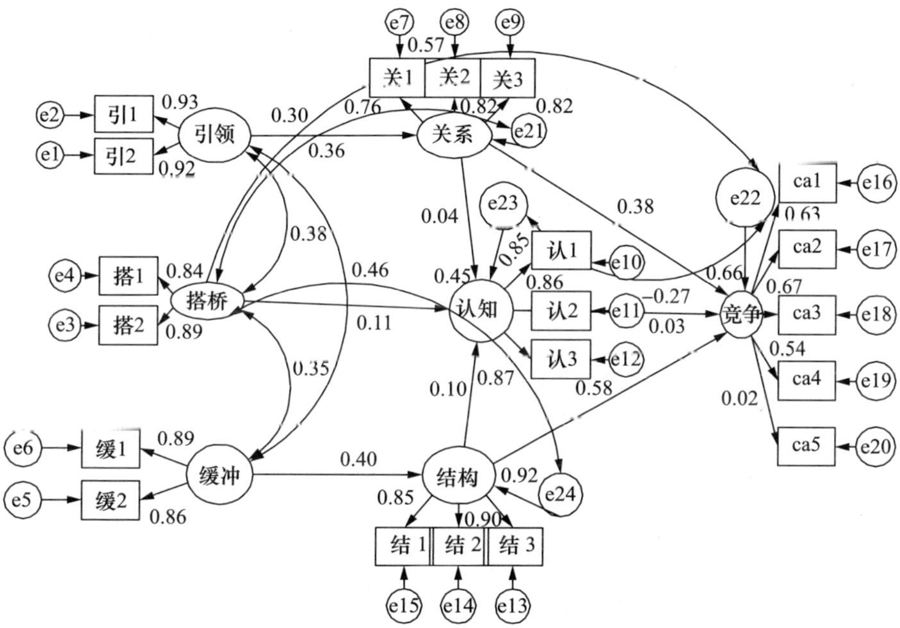

图 4－6　修正后（项目合并）

表 4-33 路径系数表

	估计值	标准差	C. R.	p 值
关系 < - - - 引领	0. 262	0. 038	6. 888	***
结构 < - - - 缓冲	0. 465	0. 059	7. 88	***
认知 < - - - 搭桥	0. 585	0. 092	6. 348	***
认知 < - - - 关系	0. 04	0. 066	0. 609	0. 543
认知 < - - - 结构	0. 087	0. 055	1. 584	0. 113
竞争优势 < - - - 关系	0. 346	0. 055	6. 29	***
竞争优势 < - - - 认知	-0. 027	0. 09	-0. 304	0. 761
竞争优势 < - - - 结构	0. 414	0. 049	8. 358	***
引 2 < - - - 引领	1			
引 1 < - - - 引领	1. 033	0. 057	17. 983	***
搭 2 < - - - 搭桥	1			
搭 1 < - - - 搭桥	0. 962	0. 043	22. 302	***
缓 2 < - - - 缓冲	1			
缓 1 < - - - 缓冲	0. 979	0. 082	11. 935	***
关 1 < - - - 关系	1			
关 2 < - - - 关系	1. 143	0. 071	16. 101	***
关 3 < - - - 关系	1. 131	0. 07	16. 152	***
认 1 < - - - 认知	1			
认 2 < - - - 认知	1. 008	0. 046	21. 855	***
认 3 < - - - 认知	0. 983	0. 044	22. 154	***
结 3 < - - - 结构	1			
结 2 < - - - 结构	1. 009	0. 035	28. 532	***
结 1 < - - - 结构	0. 968	0. 037	26. 097	***
ca1 < - - - 竞争优势	1			
ca2 < - - - 竞争优势	1. 108	0. 092	11. 982	***
ca3 < - - - 竞争优势	1. 113	0. 093	12. 006	***
ca4 < - - - 竞争优势	0. 863	0. 085	10. 126	***
ca5 - - - 竞争优势	0. 035	0. 086	0. 404	0. 686
CFI	0. 97			
RMSEA	0. 046			

下面，本书将根据路径的修正指数及其所涉及变量间关系的理论基础与实践意义对模型进行调整和修正，以达到最佳拟合效果。由初始结构方程拟合结果可见，共同解决问题～创新绩效的 CR. 值明显低于 1%，而且考虑到这条路径的标准化回归系数仅为 0. 062，因此考虑将这条路径从初始模型中删除。依据侯杰泰、

温忠麟和程子娟（2004）的建议，一个参数的修改可能引起其他参数系统的变化，因此进行模型修改时原则上每次仅调整一个参数。删除共同解决问题～创新绩效这一路径后，结构方程模型的 χ^2、/df、EFI、组织间资源对企业创新绩效的作用机制研究 TLI、RMSEA 均有所改进，此外，经过这次模型调整之后，所有路径系数的 CR. 均已达到大于 1% 的要求，具有显著意义。综合以上各方面的评判指标，对模型的拟合通过检验，模型得以确认。

4.4.4 模型确认和中介效应检验

总效应及直接效应相关表如表 4－34 所示。

表 4－34 总效应及直接效应相关表

总效应	缓冲	搭桥	引领	结构	关系	认知	竞争优势
结构	0.465	0.000	0.000	0.000	0.000	0.000	0.000
关系	0.000	0.000	0.262	0.000	0.000	0.000	0.000
认知	0.040	0.585	0.011	0.087	0.040	0.000	0.000
竞争优势	0.191	－0.016	0.090	0.411	0.345	－0.027	0.000
直接效应	缓冲	搭桥	引领	结构	关系	认知	竞争优势
结构	0.465	0.000	0.000	0.000	0.000	0.000	0.000
关系	0.000	0.000	0.262	0.000	0.000	0.000	0.000
认知	0.000	0.585	0.000	0.087	0.040	0.000	0.000
竞争优势	0.000	0.000	0.000	0.414	0.346	－0.027	0.000
间接效应	缓冲	搭桥	引领	结构	关系	认知	竞争优势
结构	0.000	0.000	0.000	0.000	0.000	0.000	0.000
关系	0.000	0.000	0.000	0.000	0.000	0.000	0.000
认知	0.040	0.000	0.011	0.000	0.000	0.000	0.000
竞争优势	0.191	－0.016	0.090	－0.002	－0.001	0.000	0.000
标准化间接效应	缓冲	搭桥	引领	结构	关系	认知	竞争优势
结构	0.000	0.000	0.000	0.000	0.000	0.000	0.000
关系	0.000	0.000	0.000	0.000	0.000	0.000	0.000
认知	0.039	0.000	0.013	0.000	0.000	0.000	0.000
竞争优势	0.231	－0.016	0.137	－0.003	－0.001	0.000	0.000

从模型中我们可以看出，自变量和中介变量之间、自变量和因变量之间以及

中介变量之间存在多条路径，变量之间的作用效果既包含了两个变量之间的直接路径的作用，也包含了通过其他变量间接路径的作用。为了清楚说明概念模型路径的全部影响，需要进行效应分解。表4－34列出了模型中的直接效应、间接效应和总效应的统计显著性关系。直接效应是指由原因变量到结果变量的直接影响；间接效应是指因变量通过一个或多个中介变量，而对结果变量的间接影响；总效应为直接效应和间接效应之和。从总效应来看，企业公民行为各战略都有非常明显的促进作用，而缓冲战略则由于对关系社会资本的提高影响到其总体效应的发挥，认知社会资本则主要通过引领战略和搭桥战略间接作用于竞争优势，影响的程度还较为有限。通过效应分解，进一步打开了企业公民行为到企业竞争优势影响机制的黑箱，再一次验证了企业公民行为、社会资本与竞争优势的关联性，解释了企业公民行为作用于竞争优势的影响机制（见图4－7和表4－35）。

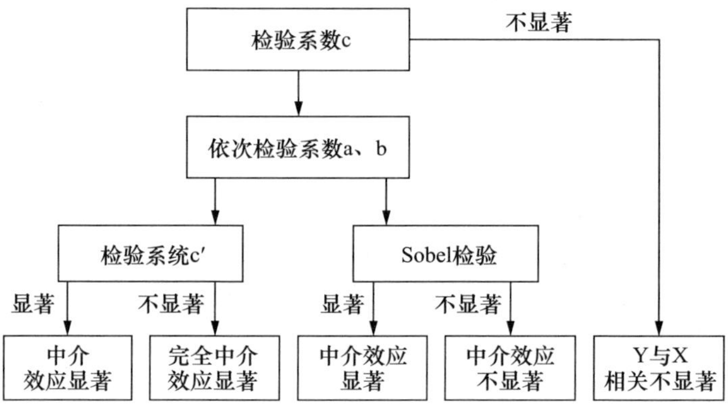

图4－7　中介检验流程

表4－35　缓冲行为通过结构社会资本对竞争优势的影响

		竞争优势			
缓冲行为		系数 c	系数 a	系数 b	系数 c′
	估计值	0.732	0.945	0.249	0.249
	标准化解	0.660	0.499	0.109	0.109
	S.E.	0.132	0.026	0.081	0.081
	T值	6.307	36.465	3.068	3.068
	显著性	显著	显著	显著	显著
	结论	完全中介效应显著			

运用结构方程模型对潜变量进行了中介检验，其他 8 种情况由于篇幅所限，从略，结果如表 4－36 所示。检验办法参见温忠麟的建议。

表 4－36 中介效应检验结果列表

路径	中介效应检验结果
缓冲行为模式——>结构社会资本——>竞争优势	完全中介效应显著
搭桥行为模式——>结构社会资本——>竞争优势	部分中介效应显著
引领行为模式——>结构社会资本——>竞争优势	部分中介效应显著
缓冲行为模式——>关系社会资本——>竞争优势	完全中介效应显著
搭桥行为模式——>关系社会资本——>竞争优势	完全中介效应显著
引领行为模式——>关系社会资本——>竞争优势	完全中介效应显著
缓冲行为模式——>认知社会资本——>竞争优势	部分中介效应显著
搭桥行为模式——>认知社会资本——>竞争优势	完全中介效应显著
引领行为模式——>认知社会资本——>竞争优势	完全中介效应显著

4.4.5 基于分组 SEM 的调节效应检验

表 4－37 环境的分组情况

序号	市场环境的动荡性	非市场环境的动荡性	样本数量
1	低	低	112
2	高	低	109
3	低	高	99
4	高	高	135
合计	455		

不同外部环境中的企业行为特征。在前文的假设检验结果中，主要是所有样本在整合市场环境和非市场环境中的行为模式。在这部分的研究结果中，主要描述了在不同外部环境中企业是如何整合市场环境和非市场环境的。

环境动荡性对竞争优势的影响。为了比较在环境动荡性程度不同的环境中，企业公民行为对竞争优势的影响，构建了下列回归方程：

$Y = a1X1 + b1$

其中，Y 代表竞争优势，X1 代表企业公民行为。

并用 SPSS 11.5 得到研究结果，说明无论外部环境的动荡性是高还是低，企业公民行为对竞争优势均有显著的正影响。当环境动荡性越高时，企业公民行为对竞争优势的积极影响越显著。

χ^2/df 为 1.596，TLI 为 0.974，CFI 为 0.979，RMSEA 为 0.067。

综合比较图 4－8、图 4－9、图 4－10 和图 4－11，可以得到以下结果：①无论在外部环境动荡性是高还是低的情况下，企业高管社会资本均能显著有助于整合模式的形成；②随着外部环境不确定程度增加，组织学习的作用也会相应增加；③比较企业高管社会资本与组织学习对整合模式的影响程度（主要是比较各路径系数）发现，企业高管社会资本对于整合模式的积极作用大于组织学习的作用。

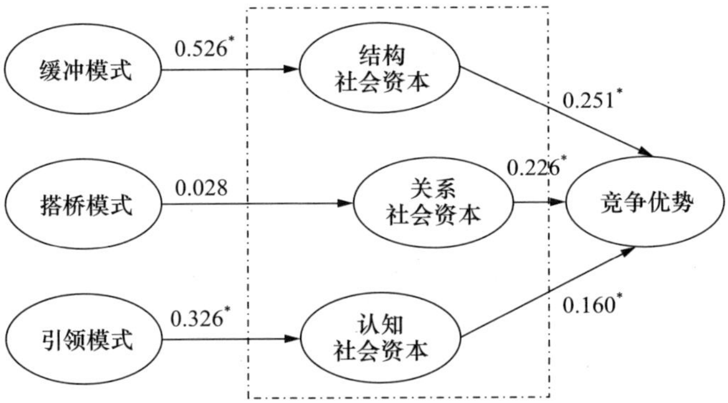

图 4－8　环境动荡性“双低”情况下结构方程模型及结构参数

注：＊表示 p<0.10。

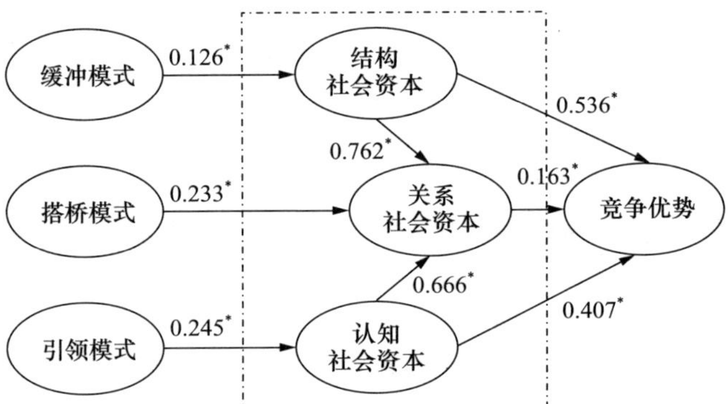

图 4－9　环境动荡性中市场环境高而非市场环境低情况下结构方程模型及结构参数

注：＊表示 p<0.10。

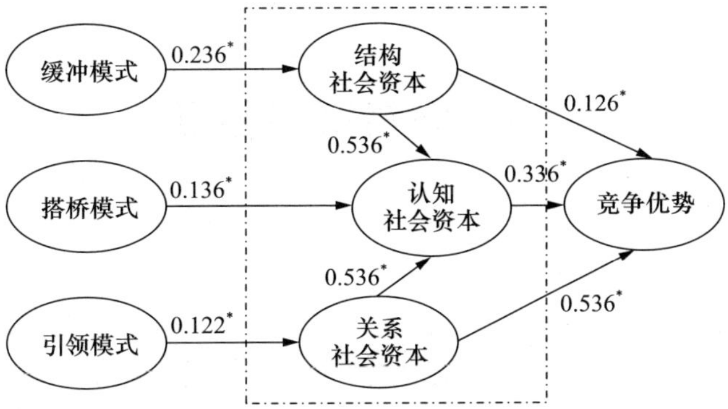

图4-10 环境动荡性中市场环境低而非市场环境高情况下结构方程模型及结构参数

注：* 表示 p<0.10。

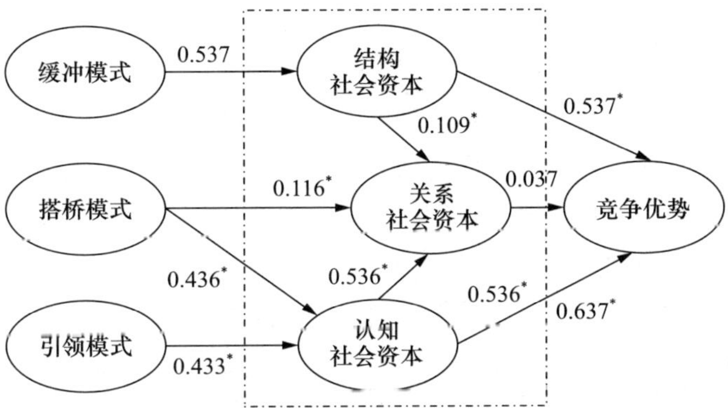

图4-11 环境动荡性“双高”情况下结构方程模型及结构参数

注：* 表示 p<0.10。

χ^2/df 为 1.457，TLI 为 0.91，CFI 为 0.933，RMSEA 为 0.087。

综合比较图4-8～图4-11，可以得到以下结果：

（1）无论在外部环境动荡性是高还是低的情况下，搭桥模式均能显著有助于企业社会资本的形成。

（2）随着外部环境动荡性增加，在上述企业公民行为影响竞争优势的关系中，企业公民行为各模式对于关系社会资本的作用也会相应增强。

（3）比较在企业公民行为、社会资本和竞争优势三者关系中，社会资本对竞争优势的影响程度（主要是比较各路径系数）发现，随着环境动荡性（不管是市场环境动荡性，还是非市场环境动荡性）的增强，认知社会资本对于竞争优势的积极作用逐渐增强。

4.5　研究假设验证

本书原假设的验证情况如表 4－38 所示。

表 4－38　本书原假设的验证情况

编号	假设内容	
H1a	缓冲型企业公民行为对竞争优势存在显著的正向影响	通过
H1b	搭桥型企业公民行为对竞争优势存在显著的正向影响	通过
H1c	引领型企业公民行为对竞争优势存在显著的正向影响	通过
H2a	缓冲型企业公民行为对结构社会资本存在显著的正向影响	通过
H2b	搭桥型企业公民行为对结构社会资本存在显著的正向影响	通过
H2c	引领型企业公民行为对结构社会资本存在显著的正向影响	未通过
H3a	缓冲型企业公民行为对认知社会资本存在显著的负向影响	未通过
H3b	搭桥型企业公民行为对认知社会资本存在显著的正向影响	通过
H3c	引领型企业公民行为对认知社会资本存在显著的正向影响	通过
H4a	缓冲型企业公民行为对关系社会资本存在显著的负向影响	未通过
H4b	搭桥型企业公民行为对关系社会资本存在显著的正向影响	通过
H4c	引领型企业公民行为对关系社会资本存在显著的正向影响	通过
	第三组假设：企业社会资本对竞争优势的影响	
H5a	结构社会资本对竞争优势存在显著的正向影响	通过
H5b	认知社会资本对竞争优势存在显著的正向影响	通过
H5c	关系社会资本对竞争优势存在显著的正向影响	通过
	第四组假设：在企业公民行为对竞争优势的关系中，环境动荡性具有显著的调节作用	
H6a	环境动荡性在缓冲型企业公民行为影响竞争优势中起正向调节作用，即当环境动态性高时，缓冲行为对竞争优势有更大的影响，反之亦然	通过
H6b	环境动荡性在搭桥型企业公民行为影响竞争优势中起负向调节作用，即当环境动态性高时，搭桥行为对竞争优势有较低的影响，反之亦然	通过
H6c	环境动荡性在引领型企业公民行为影响竞争优势中起正向调节作用，即当环境动态性高时，引领行为对于竞争优势有更大的影响，反之亦然	通过

4.6 本章小结

本章在前面章节关于概念模型构建、变量测度以及数据收集的基础之上，首先，对相关数据和变量的信度和效度进行了分析。结果显示，保留在计量模型分析中各变量的测度均满足信度和效度要求。在经检验不存在基本问题的条件下，对概念模型进行了多元线性回归分析，所有的理论假设均得到了实证支持，同时发现企业社会资本各维度之间可能存在关系。其次，本书采用结构方程模型的方法进一步验证了吸收能力对企业社会资本影响技术创新绩效的中介作用，并证实了企业社会资本通过其结构维和关系维影响认知维，从而正向作用吸收能力及技术创新绩效的机制。最后，对研究结果进行了进一步探讨。采用结构方程模型（SEM）方法，通过对长三角地区企业的实证研究。研究团队通过 455 家中国有效企业样本的实证调查，对企业公民行为进行探索性开发，通过 SPSS11.5 和 AMOS16.0的数据分析，对于中国本土企业在企业公民行为影响竞争优势及长治久安提供了一种新解释。

5 讨论

在现代社会中，企业努力保持竞争优势和追求高绩效、企业差异化和低成本运营的能力一般总是与其推进和补充社会价值的能力相一致的。学术界和实践界总是追求企业社会行为、对外部利益相关者需求的管理，以及社会资本管理和企业竞争优势的关系方面更深入的理解。

“做好事意味着做得好”这种观点在大部分人心中已被广为接受，然而企业公民行为影响经济绩效进而竞争优势的路径仍然并不清晰。一般认为，好的企业公民和有着良好企业公民行为表现的企业能够从社会和政府等关键利益相关者中得到有价值的资源，通过资源依赖理论可以得到较好的解释。然而，虽然这一理论非常简洁地解释了企业公民行为可以获得竞争优势，但掩盖在这种解释背后的却是存在着企业与外部关系网络如何互动，企业如何通过企业公民行为影响竞争优势的取得。

为了理解企业公民行为如何影响竞争优势，必须在企业战略高度进行把握，企业公民行为三种策略的动因、前提和结果，是理解企业公民行为实现高绩效的潜力的关键。企业可以从企业公民行为中获得竞争优势吗？这种机制是如何实现的？这类问题还没有被完全解释清楚并得到实证的检验。本书正是对于该问题的一次尝试，通过刻画、描述和检验从企业公民行为的三种策略影响竞争优势的内在机理。

5.1 企业公民行为对竞争优势直接影响关系

战略管理要回答的最根本问题之一是“企业如何获得竞争优势”（Porter，1985；Rumelt，1984）。目前的战略管理文献主要是基于两个视角来解释企业竞争优势的来源，即行业定位观点以及资源基础观点。企业尽全力维持竞争力，并渴望保持在这个现代社会中绩效优势的过程中，他们的差异化能力和实现低成本的做法往往必须促进其社会价值实现相配合和补充。这一现实已逐步导致学者和实践从业者寻求企业社会行为与社会资本和竞争优势之间关系更深入和更丰富的理解，企业公民行为和利益相关者管理的需求和竞争优势之间存在着怎样影响的关系仍没有清晰的认知和经过验证。

虽然在今天的市场经济条件下“做好事就能取得好的回报”模式仍有许多人质疑，但做一个好的企业公民已成为许多企业的理性追求。虽然从企业公民行为对公司业绩和竞争优势的影响路径还没有清楚地理解。传统上我们运用资源依赖观点，认为对社会负责的企业可以从它们的具体利益相关者关系获得宝贵的资源，掩饰在这一论点简单性的背后机理却是非常复杂的，是利益相关者和公司双方不断在决定如何分配其有限的资源中进行着博弈和互动。

理解企业公民行为的战略决策，其动机、前因和后果对于评估基于企业公民行为实现卓越的绩效的企业潜力是非常关键的。企业能否从来自企业公民行为那里获取公司的竞争优势，如果可以的话又是如何实现和影响的？这些问题尚未得到充分的探讨和实证检验。本书试图概述、划定和检验这一影响路径，以解决此类问题。

为了实现这一研究目标，有两个核心的问题：①公司通过其企业公民行为和活动实现什么有价值的、稀有的和独特的资源。②一旦被获取资源，作为公司利益相关者管理方法的企业公民行为又如何正向地影响着这一资源的整体价值。为了解决第一个研究问题，引入企业社会资本的概念，将其嵌入公民行为模式和企业竞争优势之间的关系之中。企业社会资本包含声誉资本，可以视为企业的态度、行为和公司的利益相关者选民的意图的认知评价（Weiss 等，1999；Fombrun 和 Shanley，1990），以前的研究中，将企业公民和分别与企业绩效以及社会资本结合研究（Roberts 和 Dowling，2002；Brammer 和 Pavelin，2004）。本书将企业社会资本概念化，将其作为企业公民行为与竞争优势的中介环节，具体而言，将企业社会资本视为珍贵的、稀有的和独特的来源于公司承担社会责任的企业信用资源，这相应促进其可持续竞争优势和企业价值的实现。

企业社会资本的价值和稀有性可以被认为是一把“双刃剑”。首先，企业公民行为提供了建立与其利益相关者选民关系的潜在的排他性通道，并可以拥有促进企业发展的关键资源。有效的、互惠的和高承诺的公司与利益相关者的关系，有利于积极培育企业社会资本，更有可能产生利益互惠，利益相关者表现出更大的意愿同他们分享资源和机会（Hillman 和 Keim，2001）。这种互惠常常转换为更大和更丰富的资源可及性，使得公司可以获得较其竞争对手更大的效率和成本优势。

此外，社会赞许公司的社会信誉将提高公司对于目前的和潜在的利益相关者的吸引力，这些伙伴关系可以给受尊敬的企业公民带来丰富的和扩大了的资源储备。卓越的企业社会资本和声誉资本可作为差异化战略的属性，可以增强品牌的忠诚度、定价机会，最重要的是销售业绩的杠杆机制（Levy，1999；Fan，2005）。类似于资源效率优势，企业公民行为所带来的公司和产品差异化的好处，对公司能力并获取和保持竞争优势会产生正向的影响。

利益相关者管理不是企业与单个利益相关者的孤立交易，而是企业在整个利益相关者关系网络中的整体谋划，多方利益相关者相互依存的关系网络将不断提高企业社会资本，因此可以说是通过有效的企业公民行为积累社会资本最终可以实现优异的财务绩效和竞争优势。在中国情境下，中国的公民社会并没有得到充分的发展，因此在西方企业公民行为的运作是企业与社会的两方博弈关系，而在中国则是企业、政府和社会的三方博弈，因此不是简单的从一人一事地观测企业公民行为所带来的社会声誉的提升，这也正是很多人认为企业公民行为难以看出其背后的动机和所带来的好处，因为其运作的是整个关系网络，而不一定是直接的“企业对社会的利益输入，社会提升企业的声誉”这简单双向的互换关系，而是中国的政府影响着企业的公民行为，对企业产生各种各样的制度压力，从而使得企业自愿和不自愿地从事企业公民行为。不论其动机如何，企业从这种利益关系大网中谋求到了自己的价值回报。这就是为什么西方的企业公民行为一般是简单的企业与社会的关系，而在中国则是企业、政府与社会的关系，西方企业公民行为通过来自社会和社区声誉机制、消费者的忠诚度和员工的忠诚度得以实现竞争优势，而在中国制度和文化环境中更多的是通过为企业与政府、NGO 和社区的社会资本和关系资本得以实现，因为社会声誉机制在中国并不一定能直接作用于企业，对企业构成某种压力，特别是某些企业在不引人注目时更难以实现其机制。

5.2 企业社会资本的中介作用

钱德勒认为，环境、战略与结构之间存在着这样的关系，即企业战略应当适应环境变化和满足市场需要，任何战略必须接受环境的影响，对环境的扫描和理解是制定战略的基础。安德鲁斯和安索夫也认为，战略管理追求企业的生存和发展，战略行为就是对外部环境的适应过程，企业制定战略就是在分析企业内外部环境的基础上制定的，因此环境是企业制定战略的核心。企业不能适应环境将被环境淘汰。

企业面临的复杂的、动荡不确定的外部环境，可能分为市场环境和非市场环境，费洪平认为“企业可以通过组织特定结构的功能行为而引起环境条件的变化”，在企业公民行为所面对环境中，非市场环境中影响更为重要和突出，企业的非市场环境构成了企业公民行为与之相适应的制度环境，企业必须运用公民行为等手段主动地谋划以求得自身的生存和发展，而这些是由社会显性契约和隐性契约所约束的，企业与环境不进行互动将会影响企业竞争优势。

除此之外，利益相关者参与对于企业本身还具有以下重要性：①有利于企业建立社会资本。在今天的商业环境下，社会资本和固定资本一样重要。社会资本涉及社会组织的一些特征，例如网络、规范和社会信任，它们都有利于互利合作。社会资本是企业更新其竞争优势的根本，也是员工愿意奉献的基础，它直接关系到企业的品牌价值。社会资本意味着牢固的信任关系，它是通过和利益相关者的积极的相互关系而逐渐形成的，但也会因为信任的破坏而很快失去。建立社会资本的好处在于可以获取更多信息，加强社会影响，更好地遵守团队规范，以准确地预见难以预料的问题。尽管不可能精确测量一个企业的社会资本价值，但我们可以评价一个企业与利益相关者的关系质量，以及社会资本对创造企业价值的潜在贡献。②有利于企业减少风险。在这个可以即时交流的全球环境下，利益相关者参与可以让企业提早预料到消费者对服务或产品偏好、社区对安全，人权和环境因素的担心以及股东对管理因素的担心。贯彻实施了利益相关者参与程序的企业可以在企业危机发生以前，及时应对利益相关者的担心。③有利于促进企业创新。利益相关者参与可以增加信息流动，识别商业机会，产生新的观念。如果一个企业在和利益相关者关系中营造了一种学习和透明的文化，就将在这个知识社会具有明显优势。

5.2.1 社会资本结构维度对企业公民行为影响竞争优势的中介作用

陈劲和张方华（2002）指出，企业是市场和等级制度的混合体，企业是由内部结构所组成的一种网络组织，即企业的内部网络和外部网络。内部网络主要包括内部各部门间、员工关系间的关系网络，在共同合作的基础上，为企业总体目标而对资源的配置方式，进行有效的决策与管理；外部网络主要包括使用者、供货商、大学、政府之间的关系网络，分述如下：

企业内部的社会资本，可以改善企业内部的各部门间交流，为新信息的评估提升个人解决问题的能力，个人有效地交流和分享企业内部专业化知识，就必须拥有一些共同的知识（Cohen 和 Levinthal，1990）。企业内部的社会资本可以促进共同知识，员工进行相互沟通和获得信息的能力取决于员工之间有共同故事、共同语言（Nahapiet 和 Ghoshal，1998）。Tsai 和 Ghoshal（1998）认为，企业内部的社会资本可以促进组织内部之间资源的交换与组合，进而为企业的组织绩效带动积极推动作用。本书一个主要任务是探讨了企业公民行为与企业社会资本的关联，统计结果确实为理论提供了一定的支持。

中国的传统文化对中国的社会转型产生了深远影响，不能完全从制度一个视角来解释中国许多特有的事情，如中国人做生意，中国人进行企业管理的实践方式，事实上中国企业战略管理从来就是市场与非市场混合在一起的，关系是由于中国人传统思维和文化心理的深刻影响已成为企业在做战略决策时不得不考虑的重心。企业公民行为涉及大量的企业资源流出企业，如果单从市场资源获取的经济学逻辑考虑，企业注定要选择被动的战略，在现实中我们也看到了许多企业和企业家对待企业公民行为和活动并不是非常积极的，对于企业履行社会责任则认为仅满足就业等基本的经济责任就可以了，认为搞慈善和公益是划不来的，是给企业增加负担，甚至有人担心会走回企业办社会的老路。如果单从企业公民行为能否短期增加企业的竞争性资源和市场机会看，企业会从事一部分社会公益活动，会表现出将企业社会责任属性增添到企业的产品和服务中去的战略意图，但这在企业公民行为中仅占一部分。更重要的部分是企业公民行为在非市场网络和外部利益相关者中的运用，企业通过公民行为与表现，通过看似吃亏的，与企业的求利本质不相容（实质是相容的，但从委托—代理理论看来是不相容的，从事企业公民行为必然降低企业的利润，公仆理论认为企业公民行为是企业与社会的双赢），是战略意图在企业的外部关系网络空间的谋划，为企业营造良好的外部生态环境，企业公民行为是企业与外部环境协同适应与协同演化的战略行为，通过增加企业的外部关系网络的能力，以实现其竞争优势。

上述内容主要涉及了两条路径：一条是企业公民行为通过增强市场资源以实现企业的竞争优势，另一条是增加企业的战略网络中的非市场能力，就是企业在网络中动作，在与制度环境互动中为企业谋求长久的发展空间和创新机会，以实现企业的竞争优势。笔者认为，后者更为重要。战略网络理论与 Peng 的观点不同，战略网络将网络也作为一种资源对待，甚至作为一种经济资源来使用。我们将企业社会资本界定为企业与外部利益相关者互动所形成的关系资源。从利益相关者关系的角度，企业所拥有的社会资本来源于外部的利益相关者团体，并不为企业所完全独占，即企业社会资本并不能形成真正的产权归属，虽然受益方是企业。企业社会资本只是在与企业利益相关者，尤其是政府和社会交往的过程中凝结成的一种无形的异质性资源（见图 5－7）。

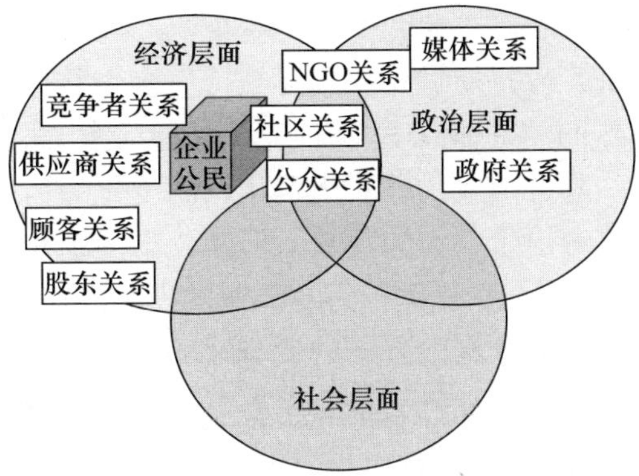

图 5－1 公司外部社会关系网络

5.2.2 社会资本关系维度对企业公民行为影响竞争优势的中介作用

企业摆脱防御性的行动，主动创造机会履行社会责任，把社会事业与企业竞争战略有机地结合起来，也是提升品牌知名度的有效途径。一个成功的实例是壳牌（Shell），壳牌对墨西哥湾的石油勘探开采非常感兴趣，但墨西哥沿岸正面临严重的海岸侵蚀与破坏问题，为此，壳牌全力投入了墨西哥湾的海岸保护计划并最终使环境得到了保护，而壳牌也得以涉足这一地区的石油开采权，企业品牌在当地也获得了较高的认同。相对通过突发事件承担社会责任，这更能获得公众的信赖和支持，更能有效地达成品牌知名的目的。正如盛田昭夫所说："牺牲利润来提高企业知名度，不但可以开始谱写本企业的历史，最终也可以获得更多的利润，牺牲知名度而赚取利润，就永远不会有企业的历史。"

企业社会责任是企业社会资本的源泉，社会资本的概念是由法国学者布尔迪厄在 20 世纪 70 年代提出的。今天较有代表性的社会资本的概念，是指个人通过社会联系摄取稀缺资源并由此获利的能力。将社会资本概念移植到企业，我们可以将其理解为是企业通过社会联系获取稀缺市场资源并由此获利的能力。在激烈的品牌竞争中，对企业而言，最典型的稀缺资源无疑是消费者对品牌的信赖和忠诚度。这种稀缺资源的获得，除了企业为社会提供优质的产品和服务外，更多的是靠企业承担社会责任来获取。因此，可以说，企业通过承担社会责任而获得的良好品牌形象和尊敬是企业的社会资本。

在传统观念来看，企业作为经济主体，它的使命就是为社会创造财富，为股东创造利润，是人们生活和开展公共活动的场域，这两者之间似乎没有直接的联系。由中国社会科学院社会政策研究中心杨团组织的公司与社会公益课题对企业捐赠问题开展了深入的研究。课题组共调查了北京、上海和广州 30 家企业，其中，15 家跨国公司、9 家国有企业和 6 家民营企业。通过调查发现，企业与社区实际有密不可分的关系，而且能够建立相互支持、合作共存的关系。

跨国公司有着成熟的"企业公民"理念，将企业捐赠与企业的发展战略和商业利益紧密联系在一起，形成一整套规范化、制度化的运作机制；而中国企业虽然在公益捐赠方面也做出了很大的贡献，但是，中国企业的公民理念为"回报社会，造福桑梓"，没有将企业公民行为与企业的发展战略和商业利益联系起来，也没有形成规范化。从对多家跨国公司的调查来看，都包含有关于"企业公民"制度化的运作机制，在其企业文化和企业发展宗旨中，都有企业社会责任、企业与环境的关系、企业与利益相关者关系这样的明确陈述。他们把"企业公民"理念提高到企业发展战略的高度并设有专门负责企业公民的机构。

5.2.3 社会资本认知维度对企业公民行为影响竞争优势的中介作用

"企业不是孤立的行动个体，而是与经济领域的各个方面发生种种联系的企业网络上的纽带。能够通过这些联系而摄取稀缺资源是企业的一种能力，这种能力就是企业的社会资本"（边燕杰、丘海雄）。可以说，企业在承担社会责任的过程中，与企业所处的社区、当地政府建立了联系，取得了消费者对企业的美誉度，这实际上也是在为企业长期发展积累丰厚的社会资本。企业社会资本理论实际上是从企业自身利益出发，把企业与社会的关系看成是企业发展的必要资源，并且把这种关系的积累看成是企业与社会积极互动的过程。企业的社会资本积累得越雄厚，企业在社区就越容易扎根，企业扩展的社会空间也就越大，企业的公众形象也就越好。企业社会资本理论认为，企业社会投资是指企业将利润的一部分用于支持慈善事业和发展社区公益事业，获得一定的回报。企业公民行为是一项社会投资，可以获得长期的利益，如企业可以资助当地的基础教育、技术院校和大学，并从中长期获得技术、人才和市场资源。企业社会投资在国外许多大企业特别是跨国公司已经形成了制度化的运作机制，有专门的部门负责，将慈善投资行为纳入企业的全球规划和年度预算，并且把它与企业发展战略结合在一起。但是，实际上这是一种企业社会资本的投资，在很大程度上不同于企业的经济资本的投资，它在基本假设、目的性、运作机制、回报方式等都有完全不同的模式。第一，企业经济资本的投资是基于利润最大化的"经济人"假设，即认为企业投资是为了股东利益最大化；而企业社会投资理论的基本假设是基于"利益相关者理论"和"企业公民"理念，即认为顾客、消费者、社区的利益同样重要，并且这些利益都是长远利益。第二，企业经济资本投资的目的在于经济资本的增值。在于成本收益计算的效率；而企业社会投资更加强调投资行为的社会效益，付出的成本不仅是资金和人力、物力，而且还有价值选排，投资所获得的收益不是经济资本的增值，而是社会资本的积累，如企业增进了与当地社区、当地政府的关系，获得了社会对企业的认同，获得了公众对企业较高的评价。第三，企业经济资本的投资强调投资行为的结果，而企业社会投资更强调投资行为的过程，在决策过程中参与更多的价值选择，需要企业各个部门的协调，需要全体员工共同参与，所以，其运作机制不同于经济资本的投资。

企业与外部社会其他组织的伙伴关系建立，过去彼此沟通较少，更别说将一起工作的组织和团体联合到一起。政府、公民社会组织和私人部门的职责范围和界限变得模糊。像海洋和森林经营理事会等，所谓的“多股东伙伴关系协议”，表明了一种创新的组织反应：针对一些困难的、系统的环境问题，要求许多不同的参与者共同发挥它们的作用。这些伙伴关系中有趣的一个方面是，它们能包含大小和范围非常不同的组织，而且由较小、但组织良好的运动团体发起的运动，能让它们的对手感到非常棘手，并把它们带到谈判桌上来。经验表明，这些伙伴关系有时能起作用的一个原因是，伙伴之间能真正地相互学习新东西，以助于解决共同的问题和增强采取行动时的相关程度，从而积累社会资本。

不同参与者的观点所产生的多元思维，尽管不一定舒服并且可能也存在着利益冲突，却有助于创造性的发挥。这表明，公司为了它们的社会和环境业绩，必须设法解决好企业与利益相关者之间的关系。逐渐地，通过这些伙伴关系，通过其他形式的社会参与，商业圈中新的关系能力和技巧的意识正在增长，未来成功商业行为的一个关键，可能是对什么是“社会”这个在公司会议室和教室里未被充分发展概念的更成熟的理解，是如何能使不同团体有更多的成功交流，与不断被提到更高议事日程的社会资本和影响利益相关者关系的能力的充分发展。

在中国这一特殊的非市场环境中，了解中国传统文化对于理解和领悟企业公民行为的作用也是非常必要的。李明芳和周海炜提出中国文化特有的含蓄内敛及凡事讲求关系的特点使得企业更愿意借助于社会关系网络寻找代言人或通过关系渠道递交信息报告等方式提出政策意见以影响之，而不愿直接出面发表看法。

樊帅和田志龙的实证研究部分验证了李明芳等的观点，研究结果表明在政府政策执行前，代言人及信息咨询多于直接参与及财务刺激方式的结果，这在一定程度上验证了中国文化对企业战略行为有广泛影响的结论。由于中国式的信息传达趋向于间接性（Indirect），即倾向于通过社会力量间接影响政策决策者，企业愿意花大量时间、精力通过经营活动政治关联（如慈善捐助、做政府赞许的事等）与决策者建立关系以获得影响政策的资源。这在某种意义上讲就是非市场战略中的企业公民行为表现，慈善捐助、做政府赞许的事、环保行为等非市场行为对于企业而言在非市场战略逐步走向规范的情况下，将发挥更大的作用。

考察了企业公民行为与竞争优势之间是否存在关系以及存在着什么样的关

系，逐步形成了企业公民行为与竞争优势存在权变关系的认识，从而将研究问题聚焦于企业公民行为对竞争优势如何影响的机制上面来，发现高层管理者及外部社会环境背后的中国传统文化是更深层次的影响因素。尤其是中国传统文化对“关系”的重视在很大程度上导致中国企业擅长采取搭桥战略，并积极主动地进行企业公民行为。本书的研究肯定了中国传统文化在中国企业非市场战略中的作用。中国传统文化对“关系”的重视和理解，使得中国企业能够迅速适应政治和社会环境，实施具有中国特色的搭桥战略。企业能够获得较良好的政治和社会人文环境，具有高质量的社会关系，应该说，中国传统文化对“利益相关者关系”的强调功不可没。

企业公民行为的利益可以随着企业外部环境动荡程度的不同而发生变化。在高度动荡的环境中企业总是受制于外部的利益相关者以获得关键资源，必须关注企业公民行为可以纳入非市场战略进行运作的工具价值，重视企业高管在实施企业公民行为中的主体作用，将企业公民行为纳入战略的关键在于战略管理者的理念变革。企业公民行为是非市场战略中的子战略，从人性观对企业公民行为进行理论透视，可以发现企业公民行为所基于的人性基础发生了经济人假设向社会人假设及道德人假设的嬗变，但在现阶段的中国对企业公民行为的理解还不能完全脱离技术经济理性，作为市场经济之舟的企业主体，脱离了现实的利益算计和对未来收益的常理筹划，将使企业公民成为无水之源和束之高阁的装饰，作为战略行为之一的企业公民行为其理性之基将无法脱离经济理性而存在。

美国战略管理学者迈克尔·波特将竞争优势理论运用于企业公民行为的分析，认为企业竞争力在很大程度上依赖于企业竞争环境，企业公民行为则常可以改善企业竞争环境。企业通过捐赠改善竞争环境（如教育与基础设施等）是间接推进了要素生产率的提高，进而提高企业竞争力。波特又指出并非企业所有的慈善公民行为都能提升企业竞争力，只有当企业支出的同时具有良好社会效益和经济效益时，企业慈善行为才能与股东利益一致，企业社会责任与经济目标才能兼容。波特将这种企业慈善行为定义为企业公民行为。由此可以看出，企业公民行为的要义在于其除了产生社会效益以外，还要具有不断更替和提升企业竞争环境因素的能力或潜力。波特认为企业公民行为对竞争环境各方面（即劳动力素质、基础设施条件、区域市场规模和完善程度以及政府效率等）都将产生十分重要的影响。当然波特隐含的价值前提是在履行社会责任时也要考虑经济目标，经济目标能否实现取决于竞争优势，而取得竞争优势不得脱离外部利益相关者的支持和帮助，这种帮助所需的成本是企业履行慈善责任。

“战略管理正统学说的主要内容概括为长期规划、环境适应和竞争优势，理论表现背后贯穿着某些共同的信念，即基于‘理性经济人’人性假设和技术经济理性主义的共同逻辑前提”。战略管理在追求科学性时，为了使战略管理行为变得容易理解和预测，以经济人假设为前提，将每一种战略行为变成剔除非理性成分的纯经济行为，以便使理论研究和模型变得简单。我们理解公司慈善行为将使之还原为当初的均衡状态，对于公司慈善行为的理解将抛弃经济学的研究范式“忽略价值研究的倾向”。企业将公司公民行为与企业的发展战略联系起来是出于自身利益的考量。企业采取公民行为的方式和手段发生了重大的变化，使得公司不仅要把钱捐出去，还需要将自身资助能力和慈善任务进行匹配。出于优化竞争环境的考虑，出于对竞争对手也有可能通过慈善行为获得比本企业更为有利的社会美誉，企业将公民行为作为一种战略手段在使用，同时也采取各种各样的别出心裁的慈善点子，当然其战略目标就是出于企业自身利益的考虑，其目标是少花钱多办事，办好事。

“企业公民”理念与技术经济理性不冲突。西方企业包括进入中国的跨国公司通过公司慈善行为彰显了其卓越的企业公民理念，然而值得一提的是在中国跨国公司的慈善之举与国外相比极不对称，即大部分企业在本土甚或别的国家有着大量的善举，然而在中国由于制度环境和相关捐赠法律不健全，导致慈善行为难以达到应有的水平。由此可见，并不否认中国本土企业和外资企业在慈善行为上的差异源于一部分文化因素，任何企业更多是考虑其自身的经济利益而采取了战略性公司慈善行为，西方成熟的企业公民同样与技术经济理性相行不悖。

营销大师菲利普·科特勒（Philip Kotler）于2005年完整地提出了“公益型市场营销”（Cause Related Marketing）的慈善行为理论，作为一种职能战略的善因营销，其存在根本是获得社会公众尤其是消费者的心理认同。

必须承认技术经济理性是外资企业与非市场力量博弈的基础。作为非市场战略子战略的公司慈善行为，公司慈善行为作为外资企业面对中国特殊制度环境的一种非市场战略行为，已成为外资企业与非市场力量博弈的主要工具，中国是调查商业和其外部环境之间的相互作用的一个唯一的情境。作为在GDP方面世界最大转型过渡经济，中国已在其转型过渡中遵循一条异质的路径，忽略许多被西方的经济学家提供的规定。通过企业公民行为构建企业生存所必需的关系网络，通过企业公民行为建立与利益相关者信任基础和联盟关系有利于实现竞争优势。“每个组织都有一种文化，不管组织的力量是强还是弱，文化在整个组织中有着深刻的影响，它实际上影响着组织中的每一件事：从某个人的提升到采用什么样的策略，以至职工的穿着和他们所喜欢的活动。”战略管理的文化学派认为，组织文化意义重大，组织文化对战略管理有着重要和长远的影响。

为了实现推进企业整体绩效的目标，企业以负责任和高效运作的方式进行统筹与资源的调配，其定位于市场空间和非市场空间的战略被巴伦教授称为整合战略，但其研究主要集中于欧美，而对中国的经济发达地区，企业在非市场环境中的表现如何，其非市场行为特征如何，在非市场战略文献领域针对中国企业进行系统研究，集中于企业与政府关系的研究较多，如田志龙团队的相关研究，而与公众关系和企业公民建设相关联的非市场运作的实证研究较为罕见。本书力求填补这一缺憾。

战略管理领域对传统的市场影响因素研究比较深入，而对非市场的研究相对薄弱，尤其在国内，从企业层面对非市场环境中的政府社会技术环境的研究并不多见，散见于伦理学、政治科学等相关论述中。

笔者倾向于学界人士 Maignan 和 Ferrell 等所提出的定义：企业的社会责任，乃企业对社会所承担的经济、法律、道德和慈善方面责任的总称。一个具有社会责任感的企业应该是：①在提供社会所需要的产品和服务方面能得利的（经济责任）；②遵纪守法的（法律责任）；③遵循合乎道德要求的行为准则的（道德责任）；④对企业运作于其中的社区的福利做出积极贡献的（慈善责任）。笔者以为，企业为其工商业务以外的活动花钱的社会责任行为，应体现企业对所在社区的关怀，意在培养一种人文环境方面的亲和力，为企业的长期生存和发展培养潜在市场空间，并据此培植一种与产品品质优劣、技术和工艺水平高低、市场占有份额多寡、资金实力强弱等“硬竞争力”相区别的、着重于未来的“软性竞争力”。毫无疑问，这种人文环境的培植应该是以长期的、连续的、积极主动的、不刻意追求近期回报的，且已渗透到普通人的日常生活、影响普通人的思维方式、帮助解决社区最主要的民生问题为行为特征。

由于中国现有的政治经济架构的继承性和稳定性特征，作为管理学所做的更多的是在承认现有的政治经济基本框架的情况下进行怎么做的研究（成思危），因此进行企业政治行为的研究是有一定的勇气和创新精神的，但是单从企业层面难以获得对企业政治行为的全面性认识，同时单一地研究企业政治行为，而离开诸如企业公民行为、企业公益行为等体现为企业处理外部利益相关者的企业理论，从系统论的角度难以全面地把握企业非市场战略行为的全面特征。因此，本书在质化研究的范式下，通过编码手段，不断提炼中国跨国经营的非市场战略要素，相对以往研究，从战略的整体观全面把握研究问题，从经济理性和道德利他的两种机制出发，提出了八种重要的非市场要素，重点把握八种非市场要素是实现企业竞争优势，提升企业绩效的战略要径。

企业公民行为属于企业的一种非市场行为，因此运用非市场战略的视角切入该种企业行为实现其战略使命，即企业竞争优势的实现，从而最终实现企业与社会的双赢，但首先企业必须通过其企业公民行为实现其竞争优势，因为只有通过价值创造，才能进一步实现企业的经济绩效和社会绩效。也就是说，企业只有实现竞争优势，才能使企业高管具有更多的合法性去进行企业公民活动和培育企业公民意识，如果不能在逻辑上说清具有战略性的企业公民行为与竞争优势的关联，那么人们就会从表象上拒绝企业公民行为的合法性和价值，即使人们也可以从伦理角度认同企业公民行为，但企业难以将企业公民行为纳入战略，因为毕竟企业公民行为实现竞争优势存在着障碍和困难。

理解企业公民行为的战略决策，其动机、前因和后果对于评估基于企业公民行为实现卓越绩效的企业潜力是非常关键的。企业能否从来自企业公民行为那里获取公司的竞争优势吗？如果可以的话，又是如何实现和影响的？这些问题尚未得到。

受中国传统文化的影响，中国企业的非市场战略表现出“因势而为”的搭桥战略特征。几千年“重农轻商”的封建社会，对企业在社会中的定位就是非主流的“辅助”位置。这在封建社会当然是没有问题的，但是在现代社会中，企业是社会经济发展的主力，这种“非主流”的定位就是不对的。虽然企业已经成为社会经济发展的最重要力量，但是，在中国企业家的思想深处，仍然天然地认为制定政策和法律法规是政府的事情，企业是不会也不应该随便干涉的。“肉食者谋之，公何间焉？”反映出典型的中国企业心态，因此，他们轻易是不会采取缓冲战略的。如何与当地政府保持良好的关系，是企业非市场战略关心的核心问题。

本书研究中国企业非市场战略中的企业公民行为，也希望了解中国传统文化中的管理文化在企业非市场战略的制定和实施中发挥了何种作用，为正确地评价中国传统文化在企业非市场战略中企业公民行为的作用提供理论依据。因此，本书的讨论也必须从中国传统文化的角度做出合理的解释。肯定中国传统文化对中国企业非市场战略中的企业公民行为的积极作用。中华文化博大精深、源远流长，以生生不息的生命力滋养着一代又一代的中华儿女顽强拼搏、励精图治。中国传统文化的儒家思想、《孙子兵法》等至今仍然为企业竞争战略提供指导。本书对企业公民行为的研究缘起于中国企业非市场战略及企业社会定位的认识，考察了企业公民行为与竞争优势之间是否存在关系以及存在着什么样的关系，逐步形成了企业公民行为与竞争优势存在权变关系的认识，从而将研究问题聚焦于企业公民行为对竞争优势如何影响的机制上面来，发现高层管理者及外部社会环境背后的中国传统文化是更深层次的影响因素。尤其是中国传统文化对“关系”的重视在很大程度上导致中国企业擅长采取搭桥战略，并积极主动地进行企业公民行为。本书的研究肯定了中国传统文化在中国企业非市场战略中的作用。中国传统文化对“关系”的重视和理解，使得中国企业能够迅速适应政治和社会环境，实施具有中国特色的搭桥战略。企业能够获得较为良好的政治和社会人文环境，具有高质量的社会关系，应该说，中国传统文化对“利益相关者关系”的强调功不可没。

在处于第一层次不确定性的情况下，企业前景非常明确、易于预测时，战略制定者通常就愿意采用与现有市场相吻合的适应环境战略。然而，必须注意，即使在最稳定的企业环境里，也会因为某些影响环境者开发出创新的产品、服务及营运系统，改变竞争格局，从而出现短期的大变动。在动荡性程度最低的情况下，影响环境的企业就是要寻求在规则之外创造出混乱。它们的努力不同寻常，风险也很大，有时候却很有效。不过，在动荡性程度较高的环境里，影响环境者则常常试图降低动荡性程度，在混乱中创造规则。当未来前景包括若干可能的情况时，影响环境者就试图促使有利于自己的情况最终发生。

5.3 企业公民行为对竞争优势影响的调节作用

5.3.1 环境动荡性对企业公民行为影响竞争优势的抑制作用

本书的实证研究结果支持了西方学者（Eznar 和 Nigh，1995）对环境不确定性的纬度划分方法，即环境不确定性分成动荡性和复杂性，这种划分方法适用于市场环境和非市场环境。同时本书的研究结果（见表 5－11）说明样本企业面临的非市场环境不确定性为 3.06，市场环境不确定行为 3.18，均处于较高的水平。这从实证的角度验证了中国学者陈棠和张敏（2005）、班楠楠（2005）、朱青梅和季竹君（2004）以及刘松先和李艳波（2002）等对中国企业面临的经营环境的定性分析，他们均认为中国企业面临的是复杂多变、动荡的环境。同时本书的研究结果表明非市场环境的不确定性会显著增加市场环境的不确定性，该结果从另一个视角支持了 Shaffer（1992）、Shaffer 等（2000）等学者的观点，即要形成对企业有利的竞争环境首先应该降低非市场环境的不确定性。

5.3.2 环境动荡性对企业公民行为正反馈作用的强化效应

利益相关者理论认为，随着社会的发展，企业所面对环境的动荡性和复杂性不断提高。在此情况下，如果企业希望取得可持续的发展，就必须迎合利益相关者合理合法的需要和期待。因为企业必须要与利益相关者打交道，所以它就必须采取合乎道德的做法。管理者的任务就是解决它们的需要，使他们的需要与企业的需要、其他利益群体的需要保持平衡。对于管理者而言，认识到利益相关者对于企业发展的作用，利益相关者管理问题非常重要，有效的利益相关者管理一方面要努力使企业的主要利益相关者实现其目标，合乎道德地对待其他利益相关者，使它们感到满意；另一方面还要努力实现企业的盈利，这就是所谓的“双衰”。那么如何做好利益相关者管理工作呢？认识清楚以下五个关键问题至关重要：谁是企业的利益相关者？企业的利益相关者都拥有哪些权益？企业的利益相关者给企业带来了哪些机会？企业对其利益相关者负有哪些责任？企业应该采取什么战略或举措以最好地应对利益相关者方面的挑战和机会？企业社会责任（CSR）一直是国际学术界研究的热点。绝大部分企业（公司）对于社会责任的认知以及应该履行的社会责任还停留在一个模糊的阶段（李立清、李燕凌，2005）。企业肩负着保障人民健康权的重任，其不同于其他企业在社会中扮演着极其重要的角色。

企业社会责任的理论研究最早可追溯到19世纪，欧美学界先后产生了企业社会责任古典观、企业社会责任社会经济观、企业社会责任利益相关者理论、基于SA8000标准的研究。目前，我国学者的研究大多基于Clarkson于1995年提出的利益相关者理论展开，如通过消费者视角（金立印，2006）、员工权益视角（赵涛、刘保民，2008）或是环境视角（朱永明，2008）、可持续发展视角（许洁莹，2009）研究如何实现企业主体追求经济利益与履行企业社会责任的均衡，是社会对企业的期望。本书认为当前已经进入“企业公民”时代，“企业公民”意味着法律保障下的权利和义务，即企业不仅承担社会责任的要求，而且其参与社会环境改造的权利和义务受到法律保证（邵炜、王晶晶，2009）。社会才是企业利润的真正来源，企业通过承担社会责任，可以得到社会声誉和社会认同（宗晓兰，2009），最终实现企业自身价值创造。从这个意义上讲，“企业公民”更加符合企业的社会存在本质和存在特性。因此，从一个崭新的视角——“企业公民”视角探讨企业社会责任行为有着重要的研究意义。

我国对于企业社会责任的研究已经由一般性企业进入具体行业企业研究阶段，如农林业、制造业、石油业、房地产业、银行业、燃气具产业等。关于行业企业社会责任的研究，国外学界刚刚起步，2005年Klaus M. Leisinger提出了“必须做/应该做/能够做”初步的定性研究框架；而国内的研究尚处于基本概念的定义阶段，对于行业企业社会责任的内涵和外延尚未界定明晰。关于企业社会责任评价体系研究，仅局限于一般性企业。目前主要是通过基于利益相关者：雇员、所有者、客户或消费者、供应商和分包商及其他商业伙伴、非政府组织、社区（Freeman、Clarkson M. 等），或是SA8000理论进行研究，具体行业企业的评价指标体系尚未建立。

企业行为会受到社会公众压力、政府立法等相关因素的影响，尤其是外部社会制度要求，因此履行社会责任既可以被理解为企业规避外部风险以及对外界压力的回应；同时，履行社会责任也可以作为企业自身内部创造竞争优势、创造新价值的新管理战略和工具。根据社会期望理论，企业社会责任的履行将有利于企业自身美誉度的提高以及使命感、成就感的建立，产生强化效应，因此，企业将获得更强的动机重复该行为并固化，从而行为结果对于行为形成正反馈。研究同时表明，在社会责任和企业绩效之间存在着正向的关联度，企业完全可以将社会责任转化为实实在在的竞争力，即通过主动实施社会责任为企业创造经济价值和社会价值（Andrew Crane 和 Wendy Chapple，2005）。研究社会对于企业行为的回应，分析社会与企业因素相互关系闭合因果链，构建系统学“S”形连接循环，并力图寻找促进该回路良性循环的钟摆（Dennis，2006），最终确立企业的竞争优势与可持续发展，实现我国企业价值创造。

国内的学者也发现了消费者的企业社会责任态度的调节作用。吴思、郑美穗和石恒（2007）运用实验研究方法，证实了企业慈善活动对感知质量、购买意愿、品牌忠诚等品牌资产度的三个维度具有显著的正向影响。研究还发现消费者的社会责任—企业能力信念对企业社会责任与感知质量、品牌忠诚度之间的关系具有调节作用：在高信念的情形下，企业社会责任对消费者感知质量、品牌忠诚具有显著性影响；在低信念的情形下，企业社会责任对感知质量、品牌忠诚度的关系并不显著；而企业社会责任和购买意愿之间的关系不受这种认同度的影响。薛求知、侯丽敏和韩冰洁（2008）操控了跨国公司环保责任水平，以在校大学生为被试，以生产手机的跨国公司为研究对象，研究跨国公司环保责任对公司评价、产品购买意愿的影响。研究表明：企业社会责任—企业能力信念在跨国公司环保责任与公司评价和产品购买意愿等消费者响应变量之间具有显著的调节作用；薛求知和侯丽敏（2008）的研究表明：企业的环保责任通过消费者—企业认同影响消费者的公司评价，企业社会责任—企业能力信念对企业社会责任和消费者—公司认同以及消费者对公司的评价之间的关系具有显著的调节作用。Sen 和 Bhattacharya 的研究表明，归因在企业社会责任和品牌评价之间的中介作用只在那些支持企业环保责任活动的消费者中发生。证明了消费者所持有的企业社会责任态度在其中的调节作用。

Hillman 提出在战略管理文献中已提及较多的以价格和促销为主要手段的市场战略，将政治战略融入战略管理研究，提出了四种战术，即信息、直接参与/压力、选民培养、合作战略。其中，公益慈善成为一种讨好政府的手段，或通过公益慈善帮助政府承担相关的社会责任，以期望政府给予回报。在这里她将公民战略作为政治战略的一种子战略运用。在其中常常提到的非市场环境和力量本身就是社会回应的内容。中国企业在中国社会转型等背景下，在复杂的制度和体制环境中逐步摸索出如何平衡众多利益团体，将市场战略、非市场战略有机结合起来的成功经验，可以在我国跨国经营中成为一种有益的借鉴。如果将这些经验在全球化竞争中加以发展利用，不仅是一种保健因素，或者说是保值因素，可以确保企业的合理性，不被社会所惩罚，同时如果运用得当，也可以取得意想不到的竞争优势。政府回应是指政府在公共管理中对公众的需求和所提出的问题做出积极敏感的反应和回复的过程，它已越来越成为公众及整个社会关注的问题。当前，政府本身正做出变革体制、加强监督、提高公务人员素质、推进民主进程等各种努力来提高政府回应。实践中我国政府已经在执行的有利于促进回应机制建设的举措，主要有承诺制、公示制、政务公开制、听证制度、国家相关部门的新闻发言人制度和行政质询制度等。这些实践对于促进“阳光行政”和提高公众参与的积极性，对于政府回应机制的建设起到良好的导向作用。但从其实际发挥的作用看，形式有余，效用不足。

5.4 本章小结

在前述章节实证分析的基础上，为了理解企业公民行为如何影响竞争优势，必须在企业战略高度进行把握，企业公民行为三种策略的动因、前提和结果，是理解企业公民行为实现高绩效潜力的关键。企业可以从企业公民行为中获得竞争优势吗？这种机制是如何实现的？这类问题还没有被完全解释清楚并得到实证的检验。本书正是对于该问题的一次尝试，通过刻画、描述和检验从企业公民行为的三种策略影响竞争优势的内在机理。引入社会资本概念来解释企业公民行为对于竞争优势的影响，用社会资本解释可以透视企业公民行为影响竞争优势的内在机理。三个社会资本的维度会在两者之间有着怎样的影响，中国情境下与西方情况企业公民行为只存在着声誉资本不同的是，中国企业公民行为对于竞争优势的影响往往是通过政府、社会、企业三方利益博弈和关系运作实现的，社会资本起到了决定性作用。本章通过分析上述内容提出一个理论框架。

6 结论与展望

6.1 研究结论

通过前面几章的详细分析，本书已对企业公民行为如何通过提高社会资本影响竞争优势进行了系统而全面的分析及实证研究。本章将对前面的研究做出总结，阐明本书的主要结论，形成的主要研究结论如下：

（1）本书将企业公民行为作为一种企业的非市场战略。企业公民行为按策略类型进行分类，分为引领型、搭桥型和缓冲型三种，这种分类是建立在企业社会事务战略的经典文献阅读、7 家大中型企业访谈和较大样本问卷调查的基础之上的。通过探索性因子分析和验证性因子分析得出企业公民行为三因子模型。

（2）基于企业社会资本的视角，提出了一个理论框架以分析企业公民行为与竞争优势的关系。在以往对于企业公民行为与竞争优势关系是正相关还是负相关命题的争论中，研究认为两者之间存在着因果关系，而不仅仅是简单的相关关系。在“企业社会绩效—企业经济绩效”关系以及非市场行为与竞争优势关系等相关经典文献的梳理基础上，建构企业公民行为影响竞争优势的理论逻辑，形成概念框架。本书通过较大样本的调卷问卷，对长三角地区的 455 家企业的中高层管理人员的有效样本数据，运用 SPSS11. 5 和 AMOS16. 0 进行了统计分析。通过环境动荡性和社会资本概念的引入，认为企业必须全面关注社会关系网络，必须像关注股东、企业员工、消费者、供应商和竞争对手一样关注政府、社会、NGO 和公众等非市场主体，在所嵌入社会关系网络中积累社会资本，谋划企业未来和竞争优势。通过回归分析和结构方程模型统计分析表现企业公民行为对竞争优势的影响路径存在着两种，一种是直接影响，另一种是间接影响，形成企业公民行为对于竞争优势的间接影响远大于直接影响的结论。

（3）运用多元回归方法和结构方程建模（SEM）来对影响关系、测量模型和结构模型进行了验证。研究结果表明，企业公民行为中的缓冲模式和搭桥模式对于企业社会资本产生正向的影响提供了证据支持，但没有提供引领模式与企业社会资本的结构维度关联的实证证据，引领模式与关系网络的广泛性或网络的一致性之间存在关联的情况在验证中也没有得到数据支撑，结果表明，企业社会资本，直接、正向地和显著地有助于公司实现和维持竞争优势以及其财务业绩（资产回报率）。此外，调查结果显示，企业公民行为与竞争优势的影响可能是间接的，其影响路径是通过一个逐步推动企业社会资本的智慧和谋划过程，这一过程，其最终目标是实现竞争优势。

企业公民行为与竞争优势的关系仍缺乏较为系统的认识，前人仍停留在相关性的研究，通过中介机制和调节机制的挖掘，即引入环境动荡性（环境的动态性和复杂性）和企业社会资本两个概念，形成本书的理论分析框架，进而应用访谈和问卷，综合运用层次回归分析等实证研究方法对这一“影响模型”的中介作用和调节作用进行了统计检验。

（4）以社会资本为视角构建企业公民行为影响竞争优势的影响模型，将社会资本的结构维度、关系维度和认知维度纳入研究模型中，通过分组结构方程模型分析，结果表明社会资本的关系维度在两者之间存在的部分中介作用大于结构维度和认知维度，基于不同的环境动荡性，关系维度的作用有逐渐增强的趋势。由此可见在中国情境下，转型社会背景下社会资本的关系维度，即信任和互惠等关系特征在企业公民行为影响竞争优势中起到至关重要的作用。与西方公民社会发育成熟度相比，中国企业战略管理者需要在企业公民建设中投入更大的精力，因为政府、社会和企业三方关系中的关系资本作为一种稀缺的异质化资源对于企业的长远发展起到重要的作用。企业公民行为对竞争优势存在积极的正向影响，不同的企业公民行为中的不同策略对竞争优势的影响略有差异，其中缓冲策略的直接影响最大，而引领策略的直接影响最小。企业公民行为通过影响社会资本继而影响企业竞争优势，企业公民行为对于竞争优势的间接影响大于直接影响。企业社会资本的各个维度在企业公民行为影响竞争优势中的作用存在差异，其中关系维度的中介作用最强且得到了数据支撑。环境动荡性在企业公民行为影响竞争优势的机制中发挥调节作用，企业公民行为中的不同模式影响竞争优势中引领模式。企业公民行为中的缓冲战略、搭桥战略和引领战略受到行业、企业规模、企业发展阶段等特征的影响。

随着利益相关者构成的非市场环境对于企业所提出的更高的社会期望，企业高层必须决定是否实施以及在多大程度上实施企业公民行为，因为这直接影响着与企业相关的利益相关者，而这些利益相关者又直接影响着企业的竞争优势和经济绩效。同时在多大程度上实施企业公民行为是企业高管自由处置的，企业管理层对于如何实施以及针对哪些利益相关者实施企业公民行为有着自由选择权。因此，高管的角色也应该在两者关系中被考虑进来。本书整合了非市场战略、利益相关者理论和社会资本理论，将企业公民行为的研究纳入战略管理的情况进行了较为系统的研究。在企业与利益相关者构成的这张社会网络中看待企业公民行为与竞争优势的关系，我们可以将许多经典的战略管理框架运用起来，如资源依赖理论对于这一关注是有益的，因为资源依赖理论强调企业外部利益主体对于企业战略决策及结果的影响。这一理论认为企业生存所必需的资源并不完全控制在企业的手中，而是控制在企业关键利益相关者手中，如政府等，企业在争取这些资源时具有不确定性。因此，企业应该通过表达对利益相关者的关心以降低在获取关键资源时所面临的动荡性。这一观点和近期工具化利益相关者的观点不谋而合，企业应该运用工具化方法管理利益相关者的对于企业整体绩效的影响。企业公民行为对于企业高管而言，高管具有酬情处置的自由选择权，因此，企业家和高管在促进企业公民行为获得竞争优势的过程中承担到了重要的角色。

6.2 主要创新点

陈昭全受到 Wagner 和 Berger（1985）关于理论发展观点的启发，归纳了四种发展理论的方法：深化、繁衍、竞争和整合。①深化。在原有理论的基础上增加一些新的成分，使得原来的理论更全面，更具体、更精确和更严谨。从而增加了理论的解释力和预测力。具体方法是增加调节变量和中介变量。②繁衍。研究者从其他理论中借鉴某个成果中的某些思想，将其应用到新领域的现象上。③竞争。针对某个已经完全建立起来的理论，提出新的理论，与原来理论做针锋相对的解释。④整合。在两个或者两个以上已经建立的理论基础上创建一个新的理论模型。四种方法并不互斥，可以将其看成研究者将自己的理论观点与已有文献联系起来的手段。本书的创新首先是理论的创新，不能说已建构了一个全新的理论模型，而主要体现在深化和繁衍方面，一方面对于现有理论增加了新的中介和调节变量，另一方面也引入了社会资本视角，将社会资本理论与现有的企业公民行为相结合，并且论证了这种借鉴的适用性。

创新点 1：提出并验证了中国情境下的企业公民行为测量模型。对企业公民行为的概念进行了界定，提出存在缓冲行为模式、搭桥行为模式和引领行为模式。这三种企业公民的战略对于竞争优势的影响程度是不同的，其影响机理也不相同。影响机理可以分为中介机制和调节机制，这两种机制均可以通过社会资本的视角予以解释和说明，即作为关系资源的企业社会资本作为中介机制，同时环境动荡性调节了企业公民行为对企业竞争优势的影响。由于本书是以中国企业为样本展开的，因此研究结论不仅可以为企业公民行为测量研究的发展提供实证支持，而且可以为我国企业公民行为的定量研究以及实践提供一定的借鉴。

创新点2：实证检验企业社会资本在企业公民行为对竞争优势正向影响关系中的中介作用。通过整合企业公民理论、社会资本理论和非市场战略等理论，将社会资本视角纳入企业公民行为对竞争优势的影响研究中，企业社会资本构成中介因素。社会资本视角是站在企业与高管和外部的社会环境进行互动的角度，将企业公民行为视为一种战略，其实质就是企业作为社会角色主体与消费者、供应商等市场主体以及政府、社会、NGO 等非市场主体的关系互动和利益博弈关系过程。利用企业问卷调查数据，运用统计分析方法对理论假设进行检验。在全面分析企业公民行为对竞争优势影响的同时，突出了对社会资本的中介作用的探讨。结果表明，中介作用确实存在。因此，企业战略管理应以充分运用企业公民行为，积极采取措施培育和发展社会资本，以影响企业竞争优势。

创新点3：采用结构方程模型方法证实在不同的环境动荡性下企业公民行为作用于竞争优势的调节机制。将环境动荡性特征引入企业公民行为对竞争优势影响关系的研究中，认为企业公民行为对于竞争优势存在着调节的正向影响，环境动荡性构成其调节因素。在前人提出存在着正相关和负相关等研究基础上，认为企业公民行为对于竞争优势的影响关系是一种正向关系，但同时存在着外部环境因素的调节，即在不同的时间和不同的地点，同一家企业的公民行为对竞争优势的影响关系并不存在统一关系，而是一种权变关系。这种影响关系受制于企业的外部环境，而非市场环境影响更大，非市场环境影响是利益相关者对于企业影响的一种表现。在企业公民行为影响竞争优势中，环境动荡性起到了调节作用，在环境动荡性高时，企业公民行为对竞争优势的正向影响关系表现得更为明显。

企业公民行为企业社会责任在国内管理学研究中已成为热点话题，但由于涉及研究问题多学科基础和测量难以突破，使研究变为难以概念化和操作化。本书对中国企业公民行为进行研究，从战略管理视角进行理论分析和实证验证，“使熟悉变得新颖”，本书的研究将中国企业公民行为研究纳入战略管理的理论之中，可以丰富社会责任战略的相关理论建设，同时中国企业特有的制度背景成为研究该问题的最好素材。

将社会资本的分析视角应用于企业公民行为的研究中，应用战略管理观点将社会资本作为重要战略资源的观点以透视企业公民行为实现竞争优势的影响机制，提出基于社会实践互动的企业公民观。将企业公民行为视为一个利己与利他的企业行为的连续系统，战略性企业公民行为不仅是工具性的运用，而且将企业公民行为视为整体，渗透于企业的战略形成与实践中。在竞争战略方面，关注产品的社会责任属性和企业的关系网络，从企业的行业定位、培育诸如社会资本、道德资本和创新资源等重要的核心资源入手，在与市场环境和非市场环境中，尤其是与社会与政府的良性互动中保持可持续的竞争优势。以对每一类（具体而言是中国国企/外企/民企/家企）企业的企业公民行为的刻画作为微观基础，并在中国境界下，对第一类企业的企业公民行为的特殊性的基础上，进一步提炼出一般性质，同时与西方企业公民行为理论进行对比，可以发现其相同、相异和相通之处，另外，行业的区别和比较也是一个思路。

6.3 研究局限与未来研究展望

6.3.1 局限性

尽管本书得出了一些较有意义的研究结论，由于个人时间、精力和财力等资源所限，本书的研究中有不少有待在未来研究中逐步完善的问题，主要表现在以下三个方面：

（1）样本收集。在本书研究过程中，笔者花费了大量的时间和精力进行问卷的发放和回收工作，最后回收的问卷数量也基本满足了实证分析的要求。然而，毕竟对于企业公民行为的研究处于学术前沿，企业对企业公民行为的认识仍存在许多误区，这些企业在填写问卷时都会采取非常谨慎小心的态度，涉及企业内部的一套复杂的审批程序，因此问卷的回收时间较长，回收率较低。虽然在收集问卷上尽量采用了随机方式，但也采取了方便的原则，这在一定程度上会有一定影响。

虽然样本涉及较多的行业和不同规模的企业，但未来的研究采取随机抽样方式将能够使样本的代表性和广泛性更强。此外，由于问卷调查的能力所限，本书的问卷调查对象主要是来自江苏、上海和浙江等东部经济较发达区域的企业，因此，本书收集的数据可能带有一定的地域特征，会对研究结论的推广和普及产生一定的制约作用。

（2）变量测度。本书采用七分量表的测量方法对竞争优势等变量进行测度，存在一定的主观性。尽管在书中对变量的测度进行了信度与效度的检验，以尽量保证所测度变量的有效性和可靠性。但是主观评分的方法不可避免地存在测度偏差和缺陷，从而可能影响研究的结果。对企业社会资本特征维度的测量主要是基于相关领域中现有研究成果设计。

多题项通过应答者主观评价的方式进行（采用李克特打分法）。同时考虑到被调查企业对技术创新绩效的客观评价指标具有普遍的抗拒心理，难以获得真实数据，因此本书对企业竞争优势的评价也是采取多题项主观评价的方式进行的。尽管在书中采取了多种方式尽可能增加测量的信度和效度，但是主观评价方法仍可能影响数据乃至研究结论的可靠性和准确性。在未来的研究中，设计相对更为客观的指标来评价企业公民行为、企业社会资本和企业竞争优势，将有助于提高研究的有效性。在本书研究的基础上，笔者认为后续的研究可以沿着以下方向展开。

6.3.2 未来研究展望

从上述实证研究中不难看出，在当前动荡的环境下，企业公民行为的确是影响中国企业竞争优势的关键因素，它不仅对体现企业竞争优势强弱的财务指标具有积极的显著性影响，也对非财务指标具有重大的积极影响。

在企业公民行为影响竞争优势的展开过程中，企业社会资本发挥着越来越重要的作用。企业公民行为中的三种策略模式不仅构成了竞争优势的关键驱动要素，在通过社会资本对竞争优势产生间接影响的同时，也会直接对企业的竞争优势产生影响。在当前状况下，除了市场环境的动荡性会对企业公民行为与竞争优势的关系产生影响以外，非市场环境的动荡性改变了企业公民行为对竞争优势的积极影响，意味着中国企业应该对非市场环境动荡性给予更多的关注，及时根据其动荡程度来动态地调整企业公民行为的策略模式选择，以便实现理想的绩效水平。需要特别强调的是，当代的中国企业不仅是在技术变革和超强竞争等因素所共同影响的动态环境中展开经营活动的，而且处在由传统的计划经济向有中国特色的社会主义市场经济转轨和产业不断升级换代的过程中，因而面临着更多的动态变化，更多的复杂性和动荡性，从而对动荡环境下的有效管理提出了更严峻的挑战和更迫切的要求。所以，科学地对待企业公民行为与竞争优势的影响关系及其对企业绩效的最终影响，是任何企业必须正视的难题。只有妥善处理企业公民行为和社会资本两者的关系，并借此构建起竞争优势的企业，才能在世界市场竞争中获胜。不过，有关统计成果的解释应该建立在对本书不足之处的认识的基础上，本书是一项横向设计，这表明未来研究可以收集和分析纵向数据。虽然我们借用了经典的企业非市场战略的一套有效测度企业公民行为内在战略倾向性的量表，但构建起广泛接受的基于具体内容的量表还任重道远。同时，由于不同地区有不同价值观念和文化习惯，并有可能对企业公民行为影响竞争优势产生差异，而本书主要立足于长三角地区的企业，未考虑中西部企业可能产生的差异性影响，所以有必要扩大样本分布区域范围进一步验证上述结论。在国内企业公民的研究并不多见，尤其是整合社会资本理论，后续研究者有很大的发挥空间，对于有意在企业公民行为与竞争优势方面进行研究的学者，提供几点展望如下：

（1）本书是以企业战略管理者角度进行的企业微观层面的研究，未来可从政府管理者的角色、进行较为宏观层面的相关研究。

（2）不同产业领域重视不同的公民责任，后续研究可针对不同产业的区别进行企业公民行为的研究。

（3）首次整合社会资本与企业公民行为之研究与分析，在技术上与内容上尚有很大发挥空间，有待后续研究者进一步发展与探究。

（4）因果模型最好采用历时性研究，同时企业公民行为影响竞争优势是处在不断的动态演化过程中的，是一个长期的过程，由于这些结论仍然是通过企业的截面数据分析得到的，使得结论的有效性还需要更为严格的实证检验。笔者充分认识到了本书存在的局限性，企业公民行为影响竞争优势的一条重要途径，对于其具体实现机制的研究将成为一个重要而有挑战的研究领域。

总之，企业公民行为的相关实证研究尚处于起步阶段，对其度量和定量研究具有一定的难度。本书希望能对我国企业公民行为的定量研究起到一定的推动作用，对于未来可能的研究方向，还有待于相关领域的学者对此进行更深入的研究。

附　录

附录1　2008年度企业公民行为特征及要素访谈提纲

1. 您所在企业在企业公民方面做了哪些事情？做这些事情与您所在单位的主营业务的相关度怎样？动机是什么？

2. 对于企业公民行为，请您描述一下它应该包括哪几大方面的责任？可以举个例子吗？

3. 您对贵企业在企业公民行为对企业竞争优势方面的实际效果怎么看？履行公民责任能够对公司的外部生存环境和进一步发展产生哪些意义和作用呢？

4. 在企业的发展过程中，您能不能描述一下在企业的初创期做了哪些公民责任的事情，在企业的高速发展期做了哪些事情，如果企业有了更大实力还可以再尽到哪些方面的公民责任？做这些事情是不是始终如一的？企业的高层将它放在什么位置上？

5. 做企业公民行为的事情，政府、社会、股东、员工和消费者对你们的态度怎样？企业形象得到提升了吗？消费者对你们更加忠诚了吗？

6. 你们的竞争对手在企业公民行为方面做得怎样？如果他们在这方面做得出色，你们会采取什么样的竞争对策？

7. 管理层会根据社会公众的要求，调整企业公民行为方面的政策和措施吗？您认为履行企业公民行为能够提升企业的竞争力吗？

附录 2　企业公民行为对竞争优势影响的调查问卷

问卷编码：____________________

调查说明：____________________

本次调查问卷的主要目的是从企业战略管理角度了解企业公民行为的表现，尤其在转型背景下的企业公民行为，企业公民行为对于竞争优势的影响如何。调查对象主要为企业在职的中高级管理人士和科技人员。

您的见解和意见仅供研究之用。

本问卷调查为匿名调查，请尽可能详细、真实地填写表中的每一项内容。

调查者将对本次调研内容严格保密。

相关词汇的含义：

企业公民：作为企业社会责任的拓展概念，企业公民是指公司将社会基本价值与日常商业实践、运作和政策相整合的企业行为，是企业责任和权利相对等的一种企业行为，具体包括公益行为和环保行为等。

1. 贵企业背景信息（仅用于统计目的）

请您就以下问题选择能代表您意见的选项，并在该选项前□中打“√”

您的企业名称是：

企业所在地：

您的企业所处的发展阶段：

□创业阶段　　□成长阶段　　□成熟阶段　　□衰退阶段

您的企业的性质是：

□国有企业　　□民营企业　　□外资企业　　□其他

您的企业所从事的行业是：

□机械制造、化工和纺织　　□软件、电子及通信设备制造业

□房地产业　　□物质流通业

□电力、燃气及水的生产和供应业　　□服装、鞋类、玩具业

□零售业　　□金融保险业

□住宿和餐饮业　　□文体娱乐业

□建筑业　　□石油业

□其他（请注明：__________）

您在企业中所担任的职务是：

□高层管理者　　□中层管理者　　□一般管理者　　□普通员工

在职职工人数：______人　　　企业成立年份：______年。

贵公司在无形资产拥有及研发方面的投入情况：

□非常多　　　□一般　　　□较多

在贵公司企业发展战略中，关于企业公民的表述在哪里最多出现过：

□ 在内部文件中包含　　　□对外公布的发展战略中包含

□企业高层人员公开演讲中提及

2. 您认为实际工作中，下列要素在企业公民行为的现实表现如何？在每个选题后面的相应数字上打“√”

非常低一般　非常高

1. 通过公益环保影响政府决策以使公司免受消极影响	1 2 3 4 5 6 7
2. 努力使我们的业务运作免受政府决策的影响	1 2 3 4 5 6 7
3. 在参与由公众和政府倡导的社会活动，例如慈善、环保和消费者权益保护方面的积极程度	1 2 3 4 5 6 7
4. 努力对可能影响我们业务的立法建议施加影响	1 2 3 4 5 6 7
5. 从事公益性广告以维护公司的社会和经济利益	1 2 3 4 5 6 7
6. 采用公益性活动提升公司的社会地位	1 2 3 4 5 6 7
7. 从事公共活动（如召开新闻发布会、会见社团组织等）提升公司的社会地位	1 2 3 4 5 6 7
8. 努力让当地政府官员和公众知道会依照社会期望做事	1 2 3 4 5 6 7
9. 不断审视环境以确保自身的行为符合社会的期望	1 2 3 4 5 6 7
10. 快速调整公司行为以适应社会和政府期望的变化	1 2 3 4 5 6 7
11. 密切关注政府行为和利益相关者的要求	1 2 3 4 5 6 7
12. 会遵照政府与社会要求改变公司的行为	1 2 3 4 5 6 7
13. 与政府一起致力于形成双赢的行业规范	1 2 3 4 5 6 7
14. 公司目前的行为实践超过现行法规的要求	1 2 3 4 5 6 7
15. 通常是对社会和政府期望变化做出最快反应的公司之	1 2 3 4 5 6 7
16. 产品设计研发方面将市场考虑（产品质量、品牌）与非市场力量（公众关系和政府关系）	1 2 3 4 5 6 7
17. 供应商选择与战略合作伙伴选择将考虑市场（产品质量、品牌）力量与非市场力量（公众关系和政府关系）	1 2 3 4 5 6 7
18. 战略目标是将市场目标和社会期望高度整合在一起	1 2 3 4 5 6 7
19. 总是在社区捐赠慈善上投入巨大精力和时间	1 2 3 4 5 6 7
20. 总是在环境保护方面做到行业领军的位置	1 2 3 4 5 6 7
21. 总是在执行社会责任标准方面超越其他竞争对手	1 2 3 4 5 6 7
22. 总是一如既往地投入到产品质量上	1 2 3 4 5 6 7
23. 总是一如既往地投入时间和精力在产品创新和服务创新上	1 2 3 4 5 6 7
24. 对于政府提倡的社会责任活动总是投入全力	1 2 3 4 5 6 7
25. 总是前瞻性地投入企业公民活动和实施企业公民行为	1 2 3 4 5 6 7

3. 请根据您公司的实际情况对下面选题进行判断，并在每个选择项后面相应的数字上打“√”

结构性社会资本	完全不符合			不能确定			完全符合
1. 与政府部门之间的联系较频繁	1	2	3	4	5	6	7
2. 与银行之间的联系较频繁	1	2	3	4	5	6	7
3. 与科研院所、行业协会之间的联系较频繁	1	2	3	4	5	6	7
4. 与客户、供应商之间的联系较频繁	1	2	3	4	5	6	7
5. 在同行业中的知名度很高	1	2	3	4	5	6	7
6. 一些单位会主动跟我们联系	1	2	3	4	5	6	7
7. 经常会得到合作方的称赞	1	2	3	4	5	6	7
8. 在与对方的业务往来中我们感到很愉快	1	2	3	4	5	6	7
9. 对方常常会考虑我们的利益	1	2	3	4	5	6	7
10. 不会做有损对方利益的事情	1	2	3	4	5	6	7
关系性社会资本							
11. 与对方有着长期的合作关系	1	2	3	4	5	6	7
12. 与对方彼此相互信任	1	2	3	4	5	6	7
13. 很相信合作方的业务水平	1	2	3	4	5	6	7
14. 与对方有时会存在口头协议	1	2	3	4	5	6	7
15. 在市场上的口碑很好	1	2	3	4	5	6	7
16. 对方良好的声誉是我们与其合作的前提	1	2	3	4	5	6	7
17. 会努力维护在对方心目中的形象	1	2	3	4	5	6	7
18. 一直以诚相待	1	2	3	4	5	6	7
19. 与对方的合作遵守着某种规则	1	2	3	4	5	6	7
20. 面对新问题我们与对方配合默契	1	2	3	4	5	6	7
21. 对方做事的风格我们比较了解	1	2	3	4	5	6	7
认知性社会资本							
22. 之间比较容易沟通	1	2	3	4	5	6	7
23. 平时的沟通比较愉快	1	2	3	4	5	6	7
24. 很容易就能达成一致意见	1	2	3	4	5	6	7
25. 都希望建立长久的合作关系	1	2	3	4	5	6	7
26. 合作的目标是一致的	1	2	3	4	5	6	7
27. 对未来的合作前景比较乐观	1	2	3	4	5	6	7

4. 请对企业的战略管理所面对的外部环境特征进行评价，在每个选题后面的相应数字上打“√”

	完全不符合			不能确定			完全符合
1. 贵企业面临的来自政府管制如宏观经济政策、政府人事变动、社会文化、社会公众的反对观点等风险有多大	1	2	3	4	5	6	7
2. 在开拓全国市场时，不同省（市、县）政府部门对贵企业影响的差异程度如何	1	2	3	4	5	6	7
3. 贵企业所面临的不同政府机构（包括不同的省、市、县政府以及不同的政府部门）对同一中央政府政策、法律法规条款等解释的差异程度如何	1	2	3	4	5	6	7
4. 贵企业面临的政府管制政策（例如行业发展战略、对产品质量标准的要求、行业准入条件、税收要求等各方面）等的变化情况	1	2	3	4	5	6	7
5. 贵企业所打交道的主要政府部门，其工作重点、人事等的变化情况	1	2	3	4	5	6	7
6. 贵企业面临的宏观经济环境（例如汇率政策、货币政策等）的变化情况	1	2	3	4	5	6	7
7. 贵企业顾客对产品的需求在多大程度上受到社会文化、政治或社会事件、政策导向等因素的影响	1	2	3	4	5	6	7
8. 贵企业的产品质量标准在多大程度上受到社会文化、政府政策等因素的影响	1	2	3	4	5	6	7
9. 贵企业的内部经营运作在多大程度上受到政府、社会公众、媒体、社区等的影响或干预	1	2	3	4	5	6	7
10. 贵企业有多少市场机会受到政府部门的控制和影响	1	2	3	4	5	6	7
11. 在贵企业所在的行业中，技术变化的速度如何	1	2	3	4	5	6	7
12. 在贵企业所在的行业中，顾客需求变化的速度如何	1	2	3	4	5	6	7
13. 贵企业竞争对手的竞争策略与行为变化的速度如何	1	2	3	4	5	6	7
14. 在贵企业所在的行业中，替代品出现的速度如何	1	2	3	4	5	6	7

5. 请根据您公司与同行业在最近二年（2007～2009年）的优势比较，在每个选题后面的相应数字上打“√”

	非常低			一般			非常高
我们的市场占有率与同行相比	1	2	3	4	5	6	7
我们的销售收入水平与同行相比	1	2	3	4	5	6	7
我们的盈利水平与同行相比	1	2	3	4	5	6	7
我们的资产规模增长速度与同行相比	1	2	3	4	5	6	7
企业在产品服务和过程中的创新情况	1	2	3	4	5	6	7

祝贵企业蒸蒸日上！

请您再次核对一下有没有漏选的选项，谢谢您百忙之中抽出时间给予我们帮助！

参考文献

[1] 何似龙，施祖留．转型时代管理学导论[M]．南京：河海大学出版社，2001.

[2] Baron D. P. Corporate Social Responsibility and Social Entrepreneurship [J]. Journal of Economics and Management Strategy，2007，16（3）：683－717.

[3] 霍季春．从“企业社会责任”到“企业公民”[J]．理论与现代化，2007（1）：67－70.

[4] 郭毅，徐莹，陈欣．新制度主义：理论评述及其对组织研究的贡献[J]．社会，2007（1）：20－46＋212.

[5] 田志龙，邓新明．企业政治策略形成影响因素——中国经验[J]．南开管理评论，2007（1）．

[6] 郑海东．企业社会责任行为表现：测量维度、影响因素及对企业绩效的影响[D]．杭州：浙江大学博士学位论文，2007.

[7] Waddock S. Parallel Universes：Companies，Academics，and the Progress of Corporate Citizenship [J]. Business and Society Review，2004，109（1）：5－42.

[8] Altman B. W.，Vidaver－Cohen D. A Framework for Understanding Corporate Citizenship [J]. Business and Society Review，2000，105（1）：1－7.

[9] Carroll A. B. The Four Faces of Corporate Citizenship [J]. Business and Society Review，1998，100（1）：1－7.

[10] Fombrun C. J.，Gardberg N. A.，Barnett M. L.. Opportunity Platforms and Safety Nets：Corporate Citizenship and Reputational Risk [J]. Business and Society Rereiw，2000，105（1）．

[11] Jones P. A. Corporate Compliance：The Social Work Role [J]. Continuum Soc Soc Work Leadersh Health Care，2000，20（5）：3－6.

[12] Akpan W. Corporate Citizenship in the Nigerian Petroleum Industry：A Beneficiary Perspective [J]. Development Southern Africa. 2008，25（5）：497－511.

[13] Clarkson M. A Stakeholder Framework for Analyzing and Evaluating Corporate Social Responsibility [J]. Academy of Management Review, 1995, 20 (9): 2 –117.

[14] 施星辉. 企业公民——中国企业社会责任状况调查报告[J]. 中国企业家, 2003 (1): 81 –84.

[15] 田雪莹. "企业公民" 参与社会公益的策略思考[J]. 经济论坛, 2008 (17): 64 –65.

[16] 赵曙明. 和谐社会构建中的企业慈善责任研究[J]. 江海学刊, 2007 (1): 100 –105.

[17] 盛南. 社会创业导向及其形成机制研究: 组织变革的视角 [D]. 杭州: 浙江大学博士学位论文, 2009.

[18] 盛南, 王重鸣. 社会创业导向构思的探索性案例研究[J]. 管理世界, 2008 (8): 127 –137.

[19] 付朝庆. 企业公民的模型构建及其与企业绩效的关系研究[D]. 上海: 复旦大学博士学位论文, 2007.

[20] 沈正立. 企业战略适应能力及其与绩效关系研究 [D]. 杭州: 浙江大学硕士学位论文, 2007.

[21] Russo M. V., Fouts P. A. A Resource – based Perspective on Corporate Environmental Performance and Profitability [J]. Academy of Management Journal, 1997, 40 (3): 534 –559.

[22] Peng M. W. Cultures, Institutions, and Strategic Choices: Toward an Institutional Perspective on Business Strategy [J]. Blackwell Handbook of Cross – Cultural Management, 2002 (6): 52 –66.

[23] Li M., Zhou H. Knowing the Business Environment: The Use of Non – market – based Strategies in Chinese Local Firms [J]. Ivey Business Journal Online, 2005 (1): 1 –5.

[24] Baron D. P. Private Politics, Corporate Social Responsibility, and Integrated Strategy [J]. Journal of Economics & Management Strategy, 2001, 10 (1): 7 –45.

[25] Davis I. What is the Business of Business? [J]. The McKinsey Quarterly, 2005 (3): 106.

[26] Peng M. W., Jessie QZ. How Network Strategies and Institutional Transitions Evolve in Asia [J]. Asia Pacific Journal of Management, 2005, 22 (4): 321 – 336.

[27] Gulati R., Nohria N., Zaheer A. Strategic Networks [J]. Strategic Management Journal, 2000, 21 (3): 203 –215.

［28］ Baron D. P. , Diermeier D. Strategic Activism and Nonmarket Strategy ［D］. In：Stanford Business School，2005：1－38.

［29］ Baron D. P. Integrated Strategy：Market and Nonmarket Components ［J］. California Management Review，1995，37（2）：47－66.

［30］ Hillman A. J. Political Strategy Formulation for International Firms：The Role of Firm，Industry，and Institutional Variables ［D］. United States—Texas：Texas A&M University，1996.

［31］ 周小虎，陈传明．企业社会资本与持续竞争优势［J］．中国工业经济．2004（5）：90－96.

［32］ Freeman R. E. Strategic Management：A Stakeholder Approach ［M］. New York：Pitman Publishing Inc，1984.

［33］ Freeman R. E，McVea J. A Stakeholder Approach to Strategic Management ［J］. Blackwell Handbook of Strategic Management，2001（7）：189－207.

［34］ 贺远琼．企业整合市场环境与非市场环境的行为模式研究［D］．武汉：华中科技大学博士学位论文，2006.

［35］ 贺远琼，田志龙．企业家行为与企业社会资本［J］．财贸研究，2006（1）：81－87.

［36］ 贺远琼，田志龙，陈昀．环境不确定性、企业高层管理者社会资本与企业绩效关系的实证研究［J］．管理学报，2008（3）：423－429.

［37］ 贺远琼，田志龙，陈昀．企业社会绩效及其对经济绩效的影响［J］．经济管理，2006（7）．

［38］ 田志龙，赵颖娜，贺远琼．社会资本对企业影响的机制研究［J］．华东经济管理，2006（1）．

［39］ Rowley T. J. , Moldoveanu M. When Will Stakeholder Groups Act? An Interest－and Identity－based Model of Stakeholder Group Mobilization ［J］. The Academy of Management Review，2003（6）：204－219.

［40］ 沈占波，赵永新．社会资本视角下企业社会责任的创新驱动分析［J］．江苏商论，2008（6）：154－156.

［41］ 吕琳．基于社会资本视角的企业社会责任研究［J］．商场现代化，2008（29）：367－368.

［42］ 易开刚．企业社会责任管理新理念：从社会责任到社会资本［J］．经济理论与经济管理，2007（11）：71－75.

［43］ 王利晓，田旭锋．企业社会资本与企业社会责任关系研究［J］．西安邮电学院学报，2008（2）：95－98.

[44] Bach D., Brown T. Where Business and Politics Meet [J]. Business Strategy Review, 2007, 18 (4): 55 - 59.

[45] Thomas A. H. Corporate Internal Investigations: Balancing Firm Social Reputation with Board Fiduciary Responsibility [J]. Corporate Governance, 2006, 6 (5): 635.

[46] Becker E. R., Potter S. J. Organizational Rationality, Performance, and Social Responsibility: Results from the Hospital Industry [J]. Journal of Health Care Finance, 2002, 29 (1): 23 - 48.

[47] Cathy D., Annie C. Stakeholder Legitimacy Management and the Qualified Good Neighbor: The Case of Nova Nada and JDI [J]. Business and Society, 2001, 40 (4): 442.

[48] Wang H. L., Choi J. P., Li J. T. Too Little or Too Much? Untangling the Relationship between Corporate Philanthropy and Firm Financial Performance [J]. Organization science, 2008, 19 (1): 143 - 159.

[49] Rumelt P. R., Schendel D. & Teece D. J. Strategic Management and Economics [J]. Strategic Management Journal, 1991 (12): 5 - 29.

[50] Rumelt R. How Much Does Industry Matter? [J]. Strategic Management Journal, 1991, 12 (3).

[51] Porter M. E., Kramer MR. The Competitive Advantage of Corporate Philanthropy [J]. Harvard Business Review, 2002, 80 (12): 56 - 69.

[52] 张阳，周海炜．管理文化视角的企业战略[M]．上海：复旦大学出版社，2001.

[53] Carroll AB. A Three - Dimensional Conceptual Model of Corporate Performance [J]. Academy of Management Review, 1979, 4 (4): 497 - 505.

[54] 李福英．中国古代管理思想与西方学习型组织理论之比较——从中国古代伦理思想论现代企业组织伦理管理[J]．江汉论坛，2003 (2): 36 - 39.

[55] 张阳．战略管理文化 [D]．上海：复旦大学博士学位论文，2000.

[56] 霍季春．企业公民：对企业社会责任的匡正与超越 [D]．北京：中共中央党校博士学位论文，2008.

[57] 姜启军，贺卫．企业社会责任的战略选择与民营企业的可持续发展 [J]．商业经济与管理，2005 (11): 51 - 56.

[58] 贺远琼，田志龙，陈昀．企业社会绩效与经济绩效的互动关系研究 [J]．软科学，2007, 21 (1): 1 - 4.

[59] 叶广宇，冯惠平．关系型企业政治战略决定因素与实施措施[J]．特区

经济，2006（11）：283－284.

[60] 陈维政，吴继红．企业社会绩效评价的利益相关者模式[J]．中国工业经济，2002（7）：57－63.

[61] Epstein E. M. Business Ethics，Corporate Good Citizenship and the Corporate Social Policy Process：A View from the United States [J]. Journal of Business Ethics，1989，8（8）：583－595.

[62] Moon J.，Crane A，Matten D. Can Corporations be Citizens? Corporate Citizenship as a Metaphor for Business Participation in Society [J]. Business Ethics Quarterly，2005，15（3）：429－453.

[63] [美] 迈克尔·波特．竞争优势[M]．北京：华夏出版社，1997.

[64] Barney J. B. Firm Resources and Sustained Competitive Advantage [J]. Journal of Management，1991（17）：139－157.

[65] Baron D. P. Integrated Strategy and International Trade Disputes：The Kodak－Fujifilm Case [J]. Journal of Economics & Management Strategy，1995（1）：1－1.

[66] Baron D. P. Corporate Social Responsibility and Social Entrepreneurship [D]. In：Working Papers（Faculty）—Stanford Graduate School of Business：Stanford Business School，2005：1－32.

[67] Peng M. W. Firm Growth in Transitional Economies：Three Longitudinal Cases From China，1989－1996 [J]. Organization Studies（Walter de Gruyter GmbH & Co. KG.），1997，18（3）：385.

[68] Orlitzky M.，Benjamin J. D. Corporate Social Performance and Firm Risk：A Meta－Analytic Review [J]. Business & Society，2001，40（4）：369.

[69] Orlitzky M，Schmidt FL，Rynes SL. Corporate Social and Financial Performance：A Meta－Analysis [J]. Organization Studies（1708406），2003，24（3）：403－441.

[70] 苏勇等．中国企业伦理重建：经营绩效与社会责任[M]．上海：东方出版中心，2008.

[71] 米尔顿·弗里德曼．资本主义与自由[M]．北京：商务印书馆，1986.

[72] Friedman L. J.，McGarvie MD. Charity，Philanthropy，and Civility in American History [M]. Cambridge：Cambridge University Press，2003.

[73] Porter M. E. How Competitive Forces Shape Strategy [M]. Harvard Business School Press，1979.

[74] Porter M. E. From Competitive Advantage to Corporate Strategy [M]. Har-

vard Business School Pub, 1987.

[75] Porter M. E. What is Strategy? [M]. Harvard Business School Press, 1996.

[76] Porter M. E. Competitive Strategy [M]. New York: Free Press, 1998.

[77] Porter M. E, Kramer M. R. Strategy & Society: The Link Between Competitive Advantage and Corporate Social Responsibility [J]. Harvard Business Review, 2006, 84 (12): 78 -92.

[78] McWilliams A., Siegel D. Corporate Social Responsibility and Financial Performance: Correlation or Misspecification [J]. Strategic Management Journal, 2000, 21 (5): 603 -609.

[79] 贺远琼，田志龙，陈昀. 企业高管社会资本与企业经济绩效关系的实证研究[J]. 管理评论，2007 (3).

[80] Waddock S. A, Raves S. B. The Corporate Social Performance - Financial Performance Link [J]. Strategic Management Journal, 1997, 18 (4): 303 -319.

[81] 陈维政，吴继红. 企业社会绩效评价的利益相关者模式[J]. 中国工业经济，2002 (7): 57 -63.

[82] Oliver C. Sustainable Competitive Advantage: Combining Institutional and Resource - based Views [J]. Strategic Management Journal, 1997 (1): 697 -713.

[83] 张铁，王希泉，周海炜. 管理视角的企业社会责任研究脉络及文献计量学研究[J]. 商业时代，2009 (13): 38 -40.

[84] Maignan I., Ferrell O. C, Hult G. T. M. Corporate Citizenship: Cultural Antecedents and Business Benefits [J]. Journal of the Academy of Marketing Science, 1999, 27 (4): 455 -469.

[85] Orlitzky M. Payoffs to Social and Environmental Performance [J]. Journal of Investing, 2005, 14 (3): 48 -51.

[86] Baron D. P., Diermeier D. Strategic Activism and Nonmarket Strategy [J]. Journal of Economics & Management Strategy, 2007, 16 (3): 599 -634.

[87] 贺远琼，田志龙. 组织因素与环境因素对企业政治战略的影响：一个研究综述[J]. 当代经济管理，2007 (3): 14 -18.

[88] 罗殿军，张思亮. 从企业社会责任到企业公民——新时代的企业竞争力[J]. 上海管理科学，2004 (6): 60 -61.

[89] 高勇强，田志龙. 企业政治行为的规范性问题研究[J]. 管理评论，2004 (9): 46 -50.

[90] 贺远琼，田志龙. 外部利益相关者对企业规范化行为的影响研究[J]. 华东经济管理，2005 (11): 92 -94.

［91］蔡宁，田雪莹．企业与 NPO 构建协同网络获取竞争优势：以彩虹文化公司与浙江慈善总会合作为例[J]．技术经济，2006（8）：37－41.

［92］Barnett M. L. Stakeholder Influence Capacity and the Variability of Financial Returns to Corporate Social Responsibility [J]. Academy of Management Review, 2005, 32（3）：794－816.

［93］Rowley T. J. Moving Beyond Dyadic Ties：A Network Theory of Stakeholder Influences [J]. Academy of Management Review, 1997, 22（4）：887－910.

［94］韦影．企业社会资本的测量研究[J]．科学学研究，2007, 25（3）：518－522.

［95］吴晓波，韦影，杜健．社会资本在企业开展产学研合作中的作用探析[J]．科学学研究，2004, 22（6）：630－633.

［96］韦影．企业社会资本与技术创新：基于吸收能力的实证研究［D］．杭州：浙江大学博士学位论文，2007.

［97］Nahapiet J., Ghoshal S. Social Capital, Intellectual Capital, and the Organizational Advantage [J]. The Academy of Management Review, 1998, 23（2）：242－266.

［98］Leenders R., Gabbay S. M. Corporate Social Capital and Liability [M]. Kluwer Academic Publishers, 1999.

［99］边燕杰，丘海雄．企业的社会资本及其功效[J]．中国社会科学，2000（2）．

［100］张方华．知识型企业的社会资本与技术创新绩效的关系研究［D］．杭州：浙江大学博士学位论文，2004.

［101］唐更华，许卓云．波特战略性企业慈善行为理论与启示[J]．南方经济，2004（8）．

［102］Peng M. W. The Resource－based View and International Business [J]. Journal of Management, 2001, 27（6）：803.

［103］Penrose E. T. The Theory of the Growth of the Firm [M]. New York：Wiley, 1959.

［104］Wernerfelt B. A Resource－based View of the firm [J]. Strategic Management Journal. 1984, 5（2）：171－180.

［105］Waddock S. The Multiple Bottom Lines of Corporate Citizenship：Social Investing, Reputation, and Responsibility Audits [J]. Business and Society Review, 2000, 105（3）：323－345.

［106］姜启军，贺卫．企业社会责任的战略选择与民营企业的可持续发展

[J]．商业经济与管理，2005：51－56.

[107] Lockett A.，Moon J.，Visser W. Corporate Social Responsibility in Management Research：Focus，Nature，Salience and Sources of Influence [J]. Journal of Management Studies，2006，43（1）：115－136.

[108] Valor C. Corporate Social Responsibility and Corporate Citizenship：Towards Corporate Accountability [Z]．In：Blackwell Synergy，2005：191－212.

[109] 沈洪涛．21 世纪的公司社会责任思想主流——公司公民研究综述 [J]．维普资讯，2006：1－9.

[110] 陈五洲，陈方．企业慈善——新时期我国企业与社会的双赢选择[J]. 湖南工程学院学报（社会科学版），2006（3）.

[111] 周祖城．企业社会责任：视角，形式与内涵[J]. 理论学刊，2005（2）.

[112] 苏东水．东方管理学[M]. 上海：复旦大学出版社，2005.

[113] 葛笑春，蔡宁．战略性企业慈善行为的比较研究[J]. 重庆大学学报（社会科学版），2009（1）.

[114] 田雪莹，叶明海．企业慈善捐赠行为的研究综述：现实发展和理论演进 [J]．科技与经济，2009（22）：60－63.

[115] 朱瑜，凌文铨．组织公民行为理论研究的进展[J]. 心理科学，2003，26（1）：186－187.

[116] Baron D. P.，Diermeier D. Introduction to the Special Issue on Nonmarket Strategy and Social Responsibility [J]. Journal of Economics & Management Strategy，2007，16（3）：539－545.

[117] 田志龙，高勇强，贺远琼．拓展企业生存空间：企业政治策略与行为的理论研究[M]. 北京：清华大学出版社，2007.

[118] 王新新等．企业社会责任研究——Csr，Csr2，Csp [J]. 工业技术经济，2007，26（4）：16－20.

[119] Gulati R.，Nohria，N.，Zaheer A. StrategicNetworks [J]. Strategic Management Journal，2000（21）.

[120] 王志乐．跨国公司与中国可持续发展：调查与分析[J]. 国际经济合作，2007（2）.

[121] 王志乐．强化公司责任 提升企业软竞争力[J]. 宏观经济研究，2006（8）.

[122] 王志乐．跨国公司在华战略与结构的调整[J]. 中国经贸导刊，2004（15）.

［123］［美］杰恩·巴尼．获得与保持竞争优势［M］．北京：清华大学出版社，2003.

［124］郭毅，朱熹．企业家的社会资本——对企业家研究的深化［J］．外国经济与管理，2002（1）：13－16＋39.

［125］Smith H. Corporate Philanthropy Poised for Take off［J］. Fund Raising Management，1983，14（5）：18－24.

［126］Andrews K. The Concept of Corporate Strategy［M］. Homewood，IL：Irwin，1971.

［127］陆月·安德鲁·卡内基研究［D］．上海：华东师范大学博士学位论文，2003.

［128］Porter M. E.，Kramer M. R. The Competitive［M］. Advantage of Corporate Philanthropy. In；2002：56－68.

［129］孟召将．我国企业的战略性慈善行为分析［J］．当代经理人（下旬刊），2006（6）．

［130］Jones L. R.，Baldwin J. H. Corporate Environmental Policy and Government Regulation［M］. Greenwich，Conn.：JAI Press，1994.

［131］Waldman D. A.，Siegel D. S.，Javidan M. Components of CEO Transformational Leadership and Corporate Social Responsibility［J］. Journal of Management Studies，2006，43（8）：1703－1725.

［132］McWilliams WC. The Active Society Revisited［M］. Lanham，Md.：Rowman & Littlefield，2006.

［133］［美］亨利·明茨伯格，布鲁斯·阿尔斯特兰德，约瑟夫·兰佩尔．战略历程——纵览战略管理学派［M］．北京：机械工业出版社，2001.

［134］Hemphill T. A. Self－Regulating Industry Behavior：Antitrust Limitations and Trade Association Codes of Conduct［J］. Journal of Business Ethics. 1992，11（12）：915－920.

［135］Shaffer B.，Quasney T. J，Grimm C. M. Firm Level Performance Implications of Nonmarket Actions［J］. Business & Society，2000，39（2）：126.

［136］卫武．中国环境下企业政治资源、政治策略和政治绩效及其关系研究［J］．管理世界，2006（2）．

［137］Mahon J. F.，Waddock S. A. Strategic Issues Management：An Integration of Issue Life Cycle Perspectives［J］. Business & Society，1992，31（1）：19－32.

［138］谢佩洪，王在峰．基于制度基础观的ICP范式的构建及其分析——对我国企业多元化经营的剖析［J］．财经科学，2008（2）．

[139] 林淑，顾标．企业非市场战略研究前沿探析[J]．外国经济与管理，2007（11）．

[140] 唐震．理性视域的西方战略管理思想批判[D]．南京：河海大学博士学位论文，2004.

[141] Frederick W. C. Values, Nature, and Culture in the American Corporation [M]. New York, N. Y.: Oxford University Press, 1995.

[142] Frederick W. C. Corporation, Be Good!: The Story of Corporate Social Responsibility [M]. Indianapolis: Dog Ear Publishing, 2006.

[143] Andrews D. L., Jackson SJ. Sport Stars: The Cultural Politics of Sporting Celebrity [M]. London, New York: Routledge, 2001.

[144] Preston M. H. Charitable Words: Women, Philanthropy, and The Language of Charity in Nineteenth – century Dublin [M]. Westport, Conn.: Praeger Publishers, 2004.

[145] Davis B. CEOs, Stymied in Capital on Trade, Lobby Hinterland CEOs, Stymied in Capital on Trade, Lobby Hinterland [J]. Wall Street Journal – Eastern Edition, 1998, 231 (115): A30.

[146] [美] 切斯特·巴纳德．经理人员的职能[M]．北京：中国社会科学出版社，1997.

[147] 周祖城．企业社会责任：视角、形式与内涵[J]．理论学刊，2005（2）．

[148] 周祖城．基于卓越伦理的竞争优势[J]．南开管理评论，2002（2）．

[149] 贾生华，郑海东．企业社会责任：从单一视角到协同视角[J]．浙江大学学报（人文社会科学版），2007，37（2）：79－87.

[150] 郑若娟．西方企业社会责任理论研究进展——基于概念演进的视角[J]．国外社会科学，2006（2）：34－39.

[151] Baron D. P. Theories of Strategic Nonmarket Participation [J]. Journal of Economics & Management Strategy, 2001, 10 (1): 47 – 89.

[152] Creswell J. W. Research Design: Qualitative, Quantitative, and Mixed Methods Approaches [M]. Sage Pubns, 2008.

[153] Meznar M. B., Nigh D. Buffer or Bridge? Environmental and Organizational Determinants of Public Affairs Activities in American Firms [J]. Academy of Management Journal, 1995, 38 (4): 975 – 996.

[154] Hillman A. J. Public Affairs, Issue Management and Political Strategy: Methodological Issues that Count – A different View [J]. Journal of Public Affairs,

2002, 1/2 (4/1): 356.

[155] 李正卫. 动态环境条件下的组织学习与企业绩效 [D]. 杭州: 浙江大学博士学位论文, 2003.

[156] 郑素丽. 组织间资源对企业创新绩效的作用机制研究 [D]. 杭州: 浙江大学博士学位论文, 2008.

[157] 李乾文, 张玉利. 内部创业环境中介效应的理论与实证研究[J]. 研究与发展管理, 2009, 21 (1): 1 -8.

[158] 魏江, 焦豪. 创业导向, 组织学习与动态能力关系研究[J]. 外国经济与管理, 2008, 30 (2): 36 -41.

[159] 李怀祖. 管理研究方法论[M]. 西安: 西安交通大学出版社, 2004.

[160] 侯杰泰, 温忠麟, 成子娟. 结构方程模型及其应用[M]. 北京: 教育科学出版社, 2004.

[161] 邱皓政. 结构方程模型——LISREL 的理论、技术与应用[M]. 台北: 双叶书廊有限公司, 2003.

[162] 李茂能. 结构方程模式软件 Amos 之简介及其在测验编制上之应用——Graphics & Basic [M]. 台北: 心理出版社股份有限公司, 2006.

[163] Meznar M. B. , Nigh D. Buffer or Bridge? Environmental and Organizational Determinants of Public Affairs Activities in American Firms [J]. Academy of Management Journal, 1995 (38): 975 -975.

[164] Powell T. C. Competitive Advantage: Logical and Philosophical Considerations [J]. Strategic Management Journal, 2001, 22 (9): 875 -888.

[165] Wiklund J. , Shepherd D. Knowledge - based Resources, Entrepreneurial Orientation, and the Performance of Small and Medium - sized Businesses [J]. Strategic Management Journal, 2003 (5): 1307 -1314.

[166] 田雪莹. 企业捐赠非营利组织的行为及竞争优势研究 [D]. 杭州: 浙江大学博士学位论文, 2008.

[167] Ansoff H. I. , McDonnell E. J. The New Corporate Strategy [M]. John Wiley & Sons Inc, 1988.

[168] Ansoff H. I. Critique of Henry Mintzberg's the Design School: Reconsidering the Basic Premises of Strategic Management' [J]. Strategic Management Journal, 1991, 12 (6): 449 -461.

[169] Ansoff H. I. , McDonnell E. J. Implanting Strategic Management [M]. Prentice Hall London, 1990.

[170] Miller T. L. , del Carmen Triana M. , Reutzel C. R. et al. Mediation in

Strategic Management Research: Conceptual Beginnings, Current Application, and Future Recommendations [J]. Research Methods in Strategy and Management, 2007 (4): 295 -318.

[171] Hitt M. A. , Gimeno J. , Hoskisson R. E. Current and Future Research Methods in Strategic Management [J]. Organizational Research Methods, 1998, 1 (1): 6.

[172] Baron R. M. , Kenny D. A. The Moderator - mediator Variable Distinction in Social Psychological Research: Conceptual, Strategic, and Statistical Considerations [J]. Journal of Personality and Social Psychology, 1986, 51 (6): 1173 -1182.

[173] MacKinnon D. P. , Lockwood C. M. , Hoffman J. M. et al. A Comparison of Methods to Test Mediation and Other Intervening Variable Effects [J]. Psychological Methods, 2002, 7 (1): 83 -104.

[174] Judd C. M. , Kenny D. A. Process Analysis: Estimating Mediation in Treatment Evaluations [J]. Evaluation Review, 1981, 5 (5): 602.

[175] Sobel M. E. , Leinhart S. Sociological Methodology 1982 [M]. Jossey - Bass San Francisco, 1982.

[176] Preacher K. J. , Hayes A. F. Asymptotic and Resampling Strategies for Assessing and Comparing Indirect Effects in Multiple Mediator Models [J]. Behavior Research Methods, 2008, 40 (3): 879 -891.

[177] Shrout P. E. , Bolger N. Mediation in Experimental and Nonexperimental Studies: New Procedures and Recommendations [J]. Psychological Methods, 2002, 7 (4): 422 -445.

[178] Bolino M. C. , Turnley W. H. , Bloodgood J. M. Citizenship Behavior and the Creation of Social Capital in Organizations [J]. Academy of Management Review, 2002, 27 (4): 505 -522.

[179] Schneider M. , Teske P. , Marschall M. et al. Institutional Arrangements and the Creation of Social Capital: The Effects of Public School Choice [J]. American Political Science Review. 1997, 91 (1): 82 -93.

[180] Habisch A. , Meister H. P. , Schmidpeter R. Corporate Citizenship as Investing in Social Capital [M]. Logos - Verl. , 2001.

[181] McIntosh M. , Thomas R. , Leipziger D. et al. Living Corporate Citizenship: Strategic Routes to Socially Responsible Business [M]. Pearson Education, 2003.

[182] Matten D. , Moon J. "Implicit" and "Explicit" CSR: A Conceptual Framework for a Comparative Understanding of Corporate Social Responsibility [J].

Acad Manag Rev, 2008, 33 (2): 404 – 424.

[183] 郭劲光，高静美．网络，资源与竞争优势：一个企业社会学视角下的观点[J]．中国工业经济，2003 (3): 79 – 86.

[184] McEvily B., Zaheer A. Bridging Ties: A Source of Firm Heterogeneity in Competitive Capabilities [J]. Strategic Management Journal, 1999, 20 (12): 1133 – 1156.

[185] Gnyawali D. R., Madhavan R. Cooperative Networks and Competitive Dynamics: A Structural Embeddedness Perspective [J]. Academy of Management Review, 2001, 26 (3): 431 – 445.

[186] 周海炜．战略管理中的企业谋略及运作机制研究 [D]．南京：河海大学博士学位论文，2004.

[187] 齐晓栋等．大学生强迫症状问卷的编制及信效度分析[J]．中国临床心理学杂志，2005, 13 (1): 25 – 27.

[188] 樊帅，田志龙．转型经济时期中国企业市场与非市场行为研究[J]．商业经济与管理，2008 (1).

[189] [美] R. M. 克朗．系统分析和政策科学[M]．北京：商务印书馆，1985.

[190] Hillman A. J., Keim GD, Schuler D. Corporate Political Activity: A Review and Research Agenda [J]. Journal of Management, 2004, 30 (6): 837 – 857.

[191] Getz K. A. Selecting Corporate Political Tactics [J]. Academy of Management Proceedings, 1991 (8): 326 – 330.

[192] 冯雷鸣，黄岩，邸杨．跨国经营中的市场与非市场战略[J]．中国软科学，1999 (4).

[193] Shaffer B. Firm – Level Responses to Government Regulation: Theoretical and Research Approaches [J]. Journal of Management, 1995, 21 (3): 495.

[194] Shaffer B, Hillman AJ. The Development of Business – government Strategies by Diversified firms [J]. Strategic Management Journal, 2000, 21 (2): 175.

[195] Pfeffer J., Salancik G. R. The External Control of Organizations: A Resource Dependence Perspective [M]. Stanford Business Books, 2003.

[196] 陈晓萍，徐淑英，樊景立．组织与管理研究的实证方法[M]．北京：北京大学出版社，2008.

[197] 陈瑞霞．中国社会变迁时期的企业慈善行为浅析[J]．承德民族师专学报，2006 (1).

[198] 陈瑞霞．浅析中国企业的慈善行为[J]．中国发展，2006 (1).

［199］陈五洲，陈方．“企业慈善”天地宽[J]．上海经济，2006（4）．

［200］高昱．企业责任不是慈善事业[J]．商务周刊，2006（11）．

［201］胡浩．基于改善竞争环境的跨国公司慈善行为研究[J]．管理评论，2003，15（10）：15－18.

致　谢

本书是在博士论文的基础上完善而成的，完成之际回顾攻读博士的时光，我深深地感谢我的导师张阳教授。论文从选题、写作、修改到最后的定稿，无不凝聚着他的心血。“天地君亲师”，对恩师的敬爱是一生的。

我对企业非市场行为有浓厚兴趣，并由此将研究拓展到了企业公民行为的研究源于偶然。许多灵感来自于与许多学者的相互交流和讨论。非常感谢河海大学各位教导过我的老师，他们渊博的学识开阔了我的思路，帮助了本论文的形成。尤其周晶教授、朱宪辰教授、张智光教授、王慧敏教授、周海炜教授、汪群教授给我提出了许多中肯的意见和宝贵的建议。感谢唐震教授的不断激励和帮助，另外，何似龙、汪群、施国良、于金、胡兴球、丁源、邓玉明和张龙等教授都给我的论文提出了许多宝贵建议。同时，非常感谢我的硕士导师王集权教授，他深厚的伦理学修养和宽广的胸怀，给我的影响是一生的。

感谢逝去的美国加州大学的李明芳教授，为我提出意见并邮来宝贵的资料，他对我在研究方法上的指导和提携使我深感自身能力的不足和今后需努力的方向。感谢上海交通大学周祖城教授在工作任务繁忙的情况下仍对我的论文提出了中肯的意见。同时感谢苏州科技学院副教授、同济大学博士后田雪蓉，武汉大学副教授龚丽敏和浙江大学的潘奇博士，他们的学术讨论也是不可或缺的。

感谢广大企业界朋友，南京地区企业和苏州工业园的领导和跨国公司管理人员，以及澳门科技大学和河海大学的 MBA 和 EMBA 们，没有他们的大力协助，本论文的调研工作将很难顺利完成。

最后，感谢我的家人，由于若干年来专心做学问，我忽视了他们的存在，但他们对我不离不弃。逝去的母亲和祖母、重病的父亲在我求学生涯中给予全力支持和帮助，在撰写论文的时候，给了我力量和勇气，感谢我的妻子韦晶星女士，帮助我照料年幼的女儿。最后感谢南京中医药大学卫生经济管理学院的院领导和工商管理系的宋宝香教授和翰林学院的高山教授，在此表示对他们的感激。

由于水平有限，书中还存在诸多问题，请各位专家批评指正！

王希泉于南京寓所

二〇一八年三月